CULTURE AND LAW

CULTURE ET DROIT

Ius Comparatum – Global Studies in Comparative Law

Founding Editors
Jürgen Basedow, Max Planck Institute for Comparative and International Private Law, Hamburg, Germany

George A. Bermann, Columbia University, New York, USA

Former Series Editors
Katharina Boele-Woelki, Bucerius Law School, Hamburg, Germany

Diego P. Fernández Arroyo, Institut d'Études Politiques de Paris (Sciences Po), Paris, France

Series Editors
Giuditta Cordero-Moss, University of Oslo, Oslo, Norway

Gary Bell, National University of Singapore, Singapore

Series Assistant Editor
Alexandre Senegacnik, IACL, Paris, France

Editorial Board Members
Ewa Baginska, Gdansk University, Gdansk, Poland

Vivian Curran, University of Pittsburgh, Pittsburgh, PA, USA

Nicolás Etcheverry, Universidad de Montevideo, Montevideo, Uruguay

Makane Moïse Mbengue, Université de Genève, Geneva, Switzerland

Marilda Rosado de S. Ribeiro, Universidade do Estado do Rio de Janeiro, Rio de Janeiro, Brazil

Marilyne Sadowsky, Université Paris 1 Panthéon-Sorbonne, Paris, France

Dan Wei, University of Macau, Macau, China

CULTURE AND LAW

An Inescapable Encounter

CULTURE ET DROIT

Un rendez-vous incontournable

Edited by
Jorge Sánchez Cordero

Cambridge – Antwerp – Chicago

Intersentia Ltd
8 Wellington Mews
Wellington Street | Cambridge
CB1 1HW | United Kingdom
Tel: +44 1223 736 170
Email: contact@larcier-intersentia.com
www.larcier-intersentia.com

Distribution for the UK and
Rest of the World (incl. Eastern Europe)
NBN International
1 Deltic Avenue, Rooksley
Milton Keynes MK13 8LD
United Kingdom
Tel: +44 1752 202 301 | Fax: +44 1752 202 331
Email: orders@nbninternational.com

Distribution for Europe
Lefebvre Sarrut Belgium NV
Hoogstraat 139/6
1000 Brussels
Belgium
Tel: +32 (0)2 548 07 13
Email: contact@larcier-intersentia.com

Distribution for the USA and Canada
Independent Publishers Group
Order Department
814 North Franklin Street
Chicago, IL 60610
USA
Tel: +1 800 888 4741 (toll free) | Fax: +1 312 337 5985
Email: orders@ipgbook.com

Culture and Law. An Inescapable Encounter
© The editor and contributors severally 2023

The editor and contributors have asserted the right under the Copyright, Designs and Patents Act 1988, to be identified as authors of this work.

No part of this book may be reproduced, stored in a retrieval system, or transmitted, in any form, or by any means, without prior written permission from Intersentia, or as expressly permitted by law or under the terms agreed with the appropriate reprographic rights organisation. Enquiries concerning reproduction which may not be covered by the above should be addressed to Intersentia at the address above.

Artwork on cover: Art 4 Homes / Alamy Stock Photo

ISBN 978-1-83970-326-3
ISSN 2214-6881
D/2023/7849/9
NUR 820

British Library Cataloguing in Publication Data. A catalogue record for this book is available from the British Library.

CONTENTS

About the Authors vii

PART I. INTRODUCTION TO THE CONFERENCE

Highlights of the Culture and Law Conference in Mexico
Katharina BOELE-WOELKI 3

Le rendez-vous entre la culture et le droit au Mexique
Diego P. FERNÁNDEZ ARROYO 7

Forum Culture et Droit : une rencontre inévitable
Luis Antonio MONTES DE OCA MAYAGOITIA 11

PART II. DISCUSSIONS ON THE RELATIONSHIP BETWEEN
CULTURE AND LAW

Culture and Family Law
Katharina BOELE-WOELKI 15

Droit d'auteur et savoirs traditionnels : une impossible réconciliation ?
Marie CORNU 19

Savoirs traditionnels et protection de la nature : interaction avec le droit de l'environnement
Jérôme FROMAGEAU 37

Le fantasme de la censure : arts visuels, littérature et musique
Javier GARCÍA FERNÁNDEZ 45

The Public and the Private in Art Collections: Access by the General Public, Cultural Exchange, and Heritage Protection
Andrzej JAKUBOWSKI 73

Food as Culture: Framing, Legal Harmonization, and Transnational Law as a Regulatory Gateway
Lucas LIXINSKI 89

Relations between Law and Culture
Ricardo Lorenzetti 119

La culture en droit international public : une approche systémique
Makane Moïse Mbengue 135

The Two Faces of Collectors, Reconciled by Common Sense
James A.R. Nafziger 171

Changement climatique et culture
Diego Prieto Hernández 179

Nature and Culture: The Scaffolding of Latin American Heritage
Jorge Sánchez Cordero 183

Aesthetic(s) of the Law: Room for Comparisons?
Alexandre Senegacnik 233

Culture and Human Rights in Times of Crisis
Ana Filipa Vrdoljak 257

Index 269

ABOUT THE AUTHORS

Katharina Boele-Woelki is President of Bucerius Law School in Hamburg, Germany, where she also serves as the Claussen Simon Foundation Professor of Comparative Law. Until September 2015, she was Professor of Private International Law, Comparative Law and Family Law at Utrecht University, the Netherlands. She was President of the International Academy of Comparative Law (2014–2022) She is a member of the Curatorium of The Hague Academy for International Law and was awarded honorary doctorates from Uppsala University, the University of Lausanne, the University of Antwerp, and the University of Pretoria, as well as the Anneliese Maier-Forschungspreis from the Alexander von Humboldt Foundation. She is an elected member of the Akademie der Wissenschaften in Hamburg.

Marie Cornu est directrice de recherches au CNRS (ISP, Institut des Sciences sociales du politique, UMR 7220, ENS Paris Saclay, Université Paris Nanterre). Ses thématiques portent sur le droit de la culture et du patrimoine, sur les rapports entre langue et droit et sur l'évolution des figures de la propriété. Elle a publié *Droit, œuvres d'art et musée* avec Nathalie Mallet-Poujol (CNRS ed., 2006), *Dictionnaire de droit comparé du patrimoine culturel* avec Jérôme Fromageau et Catherine Wallaert (CNRS, 2012), *Dictionnaire des biens communs* avec Fabienne Orsi et Judith Rochfeld (PUF, 2e édition, 2021) ; et avec Noé Wagener, « Ni droits culturels, ni droits à la culture, la brèche ouverte par la Déclaration des droits de la culture de 1987 » dans *Faire Cité : du partage des chefs-d'œuvre à la garantie des droits culturels, ruptures et continuité dans la politique culturelle française* (Comité d'histoire du ministère de la Culture, 2020).

Jérôme Fromageau est Doyen honoraire de la Faculté Jean Monnet de l'Université Paris Sud, professeur à l'Ecole du Louvre, chercheur associé de l'Institut des Sciences du Politique de l'Ecole Normale Supérieure de l'Université Paris Saclay, conseiller pour la culture de la Commission Nationale Française de l'UNESCO (CNFU), Président de la Société Française pour le Droit de l'Environnement (SFDE) et Président de la Société Internationale pour la Recherche en Droit du Patrimoine Culturel (ISCHAL).

Javier García Fernández est Professeur émérite de droit constitutionnel à l'Université Complutense de Madrid. Dans l'administration espagnole, il a occupé, entre autres, les postes suivants : Secrétaire général de la Culture, Sous-secrétaire de la Culture et des Sports, Directeur général du recrutement et de l'éducation militaire, Secrétaire général technique des Ministères du logement, de la Présidence et des relations avec les tribunaux et du Secrétariat du Gouvernement, Membre du Conseil d'administration du Patrimoine national, et Membre des Conseils d'administration du Musée national du Prado, du Musée national Tyssen-Bornesmiza, du Musée national Reina Sofia, du Musée national d'Arte de Catalogne, du Musée d'art contemporain de Barcelone et de la Bibliothèque nationale d'Espagne. Ses principaux livres publiés sont : *L'origine de la municipalité constitutionnelle* (1983) ; *Législation sur le patrimoine historique* (1987) ; *Le gouvernement en action* (1995) ; *Études sur le droit du patrimoine historique* (2008) ; *Vingt-cinq militaires de la République* (coord.) (2011, 2e éd., 2020) ; *Études sur l'histoire du droit public* (2019) ; *Réglementation juridique et action politique du gouvernement en Espagne* (2020) ; et *Nouvelles études sur le droit du patrimoine historique* (2020). Il est fondateur et directeur de l'annuaire *Patrimoine culturel et droit*. Jusqu'en 2018, il a été Vice-président d'Hispania Nostra, Association pour la défense et la promotion du patrimoine historique.

Andrzej Jakubowski is a lawyer and art historian, affiliated with the UNESCO Chair in Cultural Property Law at the University of Opole (Poland). He has served as Chair of the ILA Committee on Participation in Global Cultural Heritage Governance. He is also appointed to the pool of mediators and conciliators of the UNESCO Intergovernmental Committee for Promoting the Return of Cultural Property to its Countries of Origin or its Restitution in case of Illicit Appropriation (ICPRCP), and to the Arbitrator Pool of the Court of Arbitration for Art (CAfA). He is the author of numerous publications on diverse intersections between law, heritage and human rights, including *State Succession in Cultural Property* (Oxford University Press, 2015). Currently, he acts as co-editor (with Ana Filipa Vrdoljak and Alessandro Chechi) of *Commentary on the 1970 UNESCO and 1995 UNIDROIT Conventions* (under contract with Oxford University Press).

Lucas Lixinski is Professor at the School of Global and Public Law, Faculty of Law and Justice, UNSW Sydney (Australia). He researches, teaches, and publishes primarily in the areas of cultural heritage law, international human rights law, and comparative public law (the latter normally with a focus on Latin America). He holds a PhD in Law from the European University Institute (Italy), an LLM in Human Rights from Central European University (Hungary), and an LLB from the Federal University of Rio Grande do Sul (Brazil). He sits on the Boards of Editors of the *International Journal of Cultural Property* and the *International Journal of Heritage Studies*, among others. His latest monograph is *Legalized Identities: Cultural Heritage Law and the Shaping of Transitional Justice* (Cambridge University Press, 2021).

Ricardo Luis Lorenzetti is a Justice of the Argentinian Supreme Court, President of the Drafting Civil and Commercial Code Committee now in force,

Member of the UNIDROIT's Governing Council and Professor at the University of Buenos Aires, and has been awarded doctorates honoris causa by numerous national and foreign universities. He is the author of several books on private and environmental law.

Makane Moïse Mbengue est Professeur ordinaire à la Faculté de droit de l'Université de Genève et Directeur du Département de droit international et organisation internationale (INPUB). Il est également Professeur affilié à l'Ecole de droit de Sciences Po Paris. Il exerce comme conseil et arbitre devant différentes juridictions internationales et agit comme consultant pour plusieurs organisations internationales dont notamment l'Union africaine. Il est l'auteur de nombreuses publications en droit international général, en droit international de l'environnement, en droit international économique et en règlement des différends internationaux. Depuis 2017, il est Président de la Société africaine pour le droit international (SADI). En outre, il est Membre du Curatorium de l'Académie de droit international de La Haye et Membre associé de l'Institut de Droit International (IDI).

James A.R. Nafziger holds the Thomas B. Stoel Chair as Professor of Law and Director of International Law Programs at the Willamette University College of Law. He was also a Fulbright lecturer at the National Autonomous University of Mexico and the National and Otgontenger Universities in Mongolia as well as a visiting faculty member at several universities in the United States. He is Vice Chair of the International Law Association and a member of its Management Committee, having formerly served for many years as rapporteur and chair of the ILA's committee on cultural heritage law and as president of the ILA's American Branch. He is also Secretary of the American Society of International Law. Professor Nafziger's extensive scholarship includes many published articles as well as sole and co-authored or edited books on cultural heritage law as follows: *Handbook on the Law of Cultural Heritage Law and International Trade*; *Cultural Heritage Law*; *Cultural Heritage Issues: The Legacy of Conquest, Colonization and Commerce*; *The Cultural Heritage of Mankind* for the Hague Academy of International Law; and the seminal *Cultural Law: International, Comparative and Indigenous*. His most recent book (2021) is *Frontiers of Cultural Heritage Law*.

Diego Prieto Hernández est anthropologue social, diplômé de l'ENAH, titulaire d'une maîtrise en sciences anthropologiques de l'UAM-Iztapalapa. Il est actuellement Directeur général de l'INAH depuis janvier 2017 et il a également été son Secrétaire technique, Coordinateur national d'Anthropologie et Directeur du Centre INAH de Querétaro. Il est professeur chercheur à l'INAH et professeur à l'Université Autonome de Querétaro. Il a publié plus d'une centaine d'ouvrages dans des revues spécialisées et des livres, en tant qu'auteur et co-auteur, sur l'ethnographie, les mouvements sociaux, le patrimoine culturel et les politiques culturelles. Il a été Président du Collège des Ethnologues et des Anthropologues sociaux, A.C. Il a notamment reçu les distinctions suivantes : Prix national INAH Miguel Covarrubias 2012 ; Prix national INAH Manuel Gamio 2010 ; Prix national INAH Fray Bernardino de Sahagún 2010 Prix national INAH Francisco de la Maza 2005 ; et Prix national INAH Miguel Covarrubias 2000.

Jorge Sánchez Cordero is a Member of the American Law Institute and fellow of the European Law Institute. He is a Member of the Governing Council and of the Permanent Committee of the International Institute for the Unification of Private Law (UNIDROIT), and President of its General Assembly (2020–2021). He served three times as Vice President of the Governing Council and was appointed for the fourth time for the period 2023–2024. He is also a Member of the Committee on Participation in Global Cultural Heritage Governance of the International Law Association (ILA) and a Member and former Vice-President of the International Academy of Comparative Law (IACL). He is Vice-President of the Executive Committee of the International Association of Legal Science of UNESCO (IALS). He is a Member of the Board of Directors of the International Cultural Property Society, an Honorary Member of the Royal Spanish Academy of Legislation and Jurisprudence, and Director of the Mexican Center of Uniform Law. He is a scientific member of the Société Internationale pour la Recherche sur le Droit du Patrimoine et le Droit de l'Art (ISCHAL). He was awarded a Silver Medal the Henri Capitant Association, and awarded the rank of chevalier by the French Government under the l'Ordre National du Mérite for his contributions to human cultural heritage, as well as the 2022 Gold Medal awarded by the Mexican Endowment of Arts. He is recognized by the IACL as a distinguished comparatist. He is the author and editor of various books penned and translated in various languages, and of several articles and essays published in Mexican and international reviews. He is also a member of several editorial boards in international reviews.

Alexandre Senegacnik, PhD, is a researcher and lecturer at Sciences Po Law School. He is actively involved in the practice of international arbitration. His research interests include (private and public) international law, comparative law and inter/transnational dispute resolution. He has been a visiting scholar at Columbia Law School, the Max Planck Institute for Comparative Public Law and International Law in Heidelberg, Kyoto University, the National University of Singapore, and the Max Planck Institute for International European and Regulatory Procedural Law in Luxembourg. He participates as an observer for ASADIP in the sessions of the Working Group III of the UNCITRAL on reform of Investor-State Dispute Settlement. He is Deputy Secretary-General of the International Academy of Comparative Law.

Ana Filipa Vrdoljak is the UNESCO Chair in International Law and Cultural Heritage and Professor at the Faculty of Law, University of Technology Sydney.

She is the author of *International Law, Museums and the Return of Cultural Objects* (Cambridge University Press, 2006, 2nd ed. forthcoming) and editor of the *Oxford Handbook on International Cultural Heritage Law* (Oxford University Press 2020), *The Cultural Dimension of Human Rights* (Oxford University Press, 2013), *International Law for Common Goods: Normative Perspectives in Human Rights, Culture and Nature* (Hart Publishing, 2014), and the *Oxford Commentary on the 1970 UNESCO and 1995 UNIDROIT Conventions* (Oxford University Press, forthcoming). She is a General Editor, with Francesco Francioni, of the *Oxford Commentaries on International Cultural Heritage Law* (Oxford University Press) and the book series *Cultural Heritage Law and Policy* (Oxford University Press). She is President of the International Cultural Property Society (U.S.) and Chair of the Management Committee of the *International Journal of Cultural Property* (Cambridge University Press). She has been the Fernand Braudel Senior Fellow, Marie Curie Fellow and Jean Monnet Fellow at the Law Department, European University Institute, Florence. She holds a Doctor of Philosophy (in Law) from the University of Sydney.

xi

PART I
INTRODUCTION TO THE CONFERENCE

HIGHLIGHTS OF THE CULTURE AND LAW CONFERENCE IN MEXICO

Katharina Boele-Woelki

The conference on Culture and Law was organized by Jorge Sánchez Cordero of the Mexican Center of Uniform Law in cooperation with the International Academy of Comparative Law. It took place on 21–22 April 2022 in Mexico City, an excellent venue to discuss this topic from a comparative law perspective. Mexican culture is rich, colorful, and vibrant, influenced by its ancient civilizations such as the Aztecs and Maya, as well as European colonization. It is unique and probably one of the most fascinating cultures in the world. The traditions and customs are varied and diverse. Many of the ancient traditions of Mexican ancestors have been preserved, making Mexico also a fascinating destination to explore for legal scholars.

The conference began with a profound contribution on what culture means, how cultural rights and cultural heritage should be defined, and how to distinguish one from the other. The theoretical exercise of capturing culture from a legal perspective resulted in several conclusions, one of which is that culture is a collective good which is subject to law, it cannot be divided, it is common property, and cannot be owned by one person. In turn, it is also associated with certain duties.

The relevant and prominent conventions, agreements and declarations of UNESCO and UNIDROIT – they are the main international organizations in this area – were addressed: how have they shaped international law on the protection of cultural heritage? In addition, the current international projects and developments were reported. Mexico has not only decided to accede to the 1995 UNIDROIT Convention on Stolen and Illegally Exported Cultural Property but has also recently proposed to include private art collections in the UNIDROIT legislative program.

The interconnectedness of food, cultural heritage and how they are influenced by international law was discussed, including the pros and cons of including Mexican cuisine in the list of intangible cultural heritage. As one of the first listed, this makes Mexico distinctive; by connecting food to Indigenous people, it shapes Mexican identity, as well as demonstrating the biodiversity of people.

The two faces of private art collectors were outlined, and it transpires that in many cases art collectors are also scholars. Generally, they are united by common sense, they care about cultural heritage, and they work together for the common good. It has been acknowledged that partnerships between public and private collections should be encouraged, and that responsible collaboration requires trust. Public access should be supported, without of course encouraging looting.

The functions of art collections were then explained and how private and public collectors should be supported in protecting cultural heritage. The idea that cultural exchange also promotes human rights was emphasized, and the role of legal trade and the compilation of legal collections was highlighted.

The parallels between the protection of culture, on the one hand, and the protection of nature, on the other, had to be addressed at the conference, of course, because there are many similarities, but also – if one makes a close comparison – differences. In particular for the protection of cultural heritage, we can learn a lot from nature conservation and vice versa.

The relation between copyright and traditional knowledge was subjected to a thorough analysis. We face many obstacles and difficulties. International conventions are also relevant here. The determination and transfer of ownership or better the 'relationship' to cultural artifacts/collections is among the key problems. In the discussion the huge problem of plagiarism was addressed.

Then we turned to the topic of climate change and culture. For many years, the effects of climate change (wildfires, floods, drought) on culture have shown a very alarming picture. According to reports, climate change poses a threat to 70% of registered cultural sites. Therefore, urgent action is needed. The link between the protection of culture and the protection of the environment was internationally recognized by the 1972 UNESCO Convention. However, the impact of climate change on culture was recognized very late, only in 2015 by the Paris Agreement, which for the first time explicitly referred to human rights. It has been called a paradigm shift. Now we need to build bridges between international cultural law and international environmental law to make the Paris Agreement work. It has become abundantly clear that climate change is a cultural problem.

During the colorful and enriching tour through the Guggenheim Museum, there was much that was recognizable, but we also learned new things about the aesthetics of law. Does it bring about cultural identity? There is no clear answer, but showcasing the different aspects – legal architecture, legal costumes, legal style, legal symbols, legal form – has provided food for thought.

Finally, what about the role of culture in comparative law? This was addressed by taking the changes in Mexican law as a striking and convincing example. Apart from that, the comparative perspective was present everywhere. Different experiences from many different countries were exchanged. This is not surprising, because the protection of cultural rights and heritage is not only a national task, but a global one and challenge, though to our great regret we have to combat looting, destruction, illegal origin, smuggling, money laundering and so on. From a functional point of view, we all face more or less the same problems. On several occasions, examples from specific countries were given and the international experts present were asked for advice on national problems.

We witnessed that our charming host, organizer, initiator, networker, scholar, and friend Jorge Sánchez Cordero was deservedly praised by all speakers and moderators for his commitment to the protection of cultural property. He is paving the way towards a new community cultural order. I happily and cordially join this praise with a big thank you for the organization of this conference. We can look back on excellent cooperation between him and the IACL. The present book is a telling example of this.

LE RENDEZ-VOUS ENTRE LA CULTURE ET LE DROIT AU MEXIQUE

Diego P. Fernández Arroyo*

Le mot culture, particulièrement en Amérique latine, fait presque inévitablement penser au Mexique. Les raisons de cette association sont multiples, allant des structures organisationnelles ancestrales sophistiquées à l'originalité de ses manifestations artistiques modernes et contemporaines qui continuent de captiver le monde, en passant par une série d'éléments tels que la qualité de la muséologie et la muséographie mexicaines. Il va sans dire que ce qui précède ne revient pas à ignorer la notion même de culture, encore moins le constat évident que chaque âge, groupe social, région, etc., a une culture. Pourtant, le mot culture ne vient pas forcément à l'esprit quand on y pense. En ce qui concerne le Mexique – prenant l'association susmentionnée dans le sens opposé – ce mot, en revanche, est inclus. En d'autres termes, le Mexique et la culture (mexicaine) sont presque interchangeables.

Ce qui a été dit serait plus que suffisant pour justifier le choix du lieu de cette rendez-vous, mais ce ne serait qu'une partie de l'explication, c'est-à-dire la partie objective. Il y a aussi une raison personnelle et subjective. Sans celle-ci, l'autre partie ne se serait peut-être pas concrétisée, nonobstant son poids conclusif. L'élément subjectif était essentiel pour consommer ce – disons-le ainsi – « dolus bonus ». Quelqu'un pourrait penser que je fais référence à une passion pour le Mexique. Le motif principal, le décisif, s'incarne en la personne du Maestro Jorge Sánchez Cordero. Cela ressemble à une phrase toute faite, mais ce n'est pas le cas : sans lui, sans son énergie et son efficacité proverbiales, notre rendez-vous n'aurait pas été possible. Du moins, cela ne l'aurait pas été de la même manière et avec la même substance.

J'ai dit à plusieurs reprises en public et en privé que Jorge est bien plus qu'un juriste hors pair, aussi brillant dans la théorie que réussi dans la pratique, qui accorde aux biens culturels et à l'harmonisation du droit un intérêt privilégié. C'est un véritable bâtisseur de ponts : entre les disciplines, entre pays, entre cultures, entre peuples. Un bâtisseur, de surcroît, aussi soucieux de la réussite

---

*   Former Secretary-General of the International Academy of Comparative Law.

de ses travaux que désintéressé de ses revenus personnels. Un oiseau rare parmi l'univers juridique.

L'idée de cette rendez-vous a en effet surgit à Fukuoka, à l'occasion du Congrès général de l'Académie internationale de droit comparé en 2018. Là, Jorge, qui terminait un long mandat de vice-président, m'a dit que, bien qu'il n'ait plus de poste dans l'Académie, il allait toujours être disponible et prêt à collaborer avec ses activités. À titre d'exemple, il a proposé d'organiser un événement à Mexico, le même endroit où, grâce à ses efforts, les congrès thématiques de l'Académie ont été inaugurés en 2008, une idée lancée par Jürgen Basedow, mon illustre prédécesseur au poste de secrétaire général. Inutile de dire que j'ai accepté la proposition de Jorge sur-le-champ.

Culture et Droit s'est imposé comme thème dès ce moment. La qualification de l'évènement académique est venue un peu plus tard ; elle honore la qualité de bâtisseur de ponts déjà évoquée. La culture et le droit, à l'évidence, matérialisent une rendez-vous, au-delà de celle spécifique que notre généreux hôte organisait avec tant de soin et de bonhomie. Le droit est une manifestation culturelle et la culture est affectée, de diverses manières et pas toujours positives, par le droit. Le droit comparé est le cadre naturel de cette rencontre. Et l'Académie qui la cultive se réjouit de cette rendez-vous.

*
* *

The word culture, particularly in Latin America, almost inevitably leads one to think of Mexico. The reasons for this mental association are multiple, from the sophisticated ancestral organizational structures to the originality of its modern and contemporary artistic manifestations that continue to captivate the world, not forgetting a series of elements such as the quality of Mexican museology and museography. It goes without saying that the foregoing does not mean ignoring the very notion of culture, much less the obvious fact that each age, social group, region, etc., has a culture. However, the word culture does not necessarily come to mind when we think of them. Regarding Mexico – taking the aforementioned association in the opposite direction – this word, on the other hand, becomes obvious. In other words, Mexico and (Mexican) culture are almost interchangeable.

What has been said would be more than enough to justify the choice of the venue for this Meeting, but it would only be part of the explanation, the objective part. There is also a personal, subjective reason. Without the latter, the event might not have materialized, despite the strength of the evidence. The subjective element was essential to consummate this – let's put it this way – 'dolus bonus'. One might think that I am referring to a passion for Mexico. The main reason, the decisive one, is embodied in the person of Maestro Jorge Sánchez Cordero.

It sounds like a set phrase, but it is not: without him, without his proverbial energy and efficiency, our Meeting would not have been possible. At least, it would not have been in the same way and with the same substance.

I have said several times – in public and private – that Jorge is much more than an outstanding jurist, with as much brilliance in theory as success in practice, and who had always given cultural assets and the harmonization of law particular interest. He is a true bridge builder: between disciplines, between countries, between cultures, between people. A builder, moreover, as committed to the success of his works as uninterested in his personal profit. A rare bird within the legal universe.

The idea of this Meeting, in fact, emerged in Fukuoka, during the General Congress of the International Academy of Comparative Law in 2018. There, Jorge, who was finishing a long term as vice-president, told me that, although he no longer held any position in the Academy, he would always remain available and ready to collaborate in its activities. As an example, he offered to organize an event in Mexico City, the same place where, thanks to his efforts, the thematic congresses of the Academy were inaugurated in 2008, an idea launched by Jürgen Basedow, my illustrious predecessor as Secretary-General. Needless to say, I accepted Jorge's proposal on the spot.

Culture and Law imposed itself as a theme from that very moment. The characterization of the academic event came a little later; it is a tribute to the quality of bridge builder already evoked. Culture and law, as is obvious, bring about a meeting, beyond the specific one that our generous host organized with such care and bonhomie. Law is a cultural manifestation and culture is affected, in various and not always positive ways, by law. Comparative law is the natural setting for that meeting. And the Academy that cultivates it delights in this Meeting.

FORUM CULTURE ET DROIT

Une rencontre inévitable

Luis Antonio Montes de Oca Mayagoitia[*]

Salutations aux participants du Présidium.
Salutations aux personnalités compétentes des organisations internationales.

Je remercie mon collègue, Jorge Sanchez Cordero, d'avoir pensé au Collège des Notaires de la Ville de Mexico pour accueillir les travaux inaugurés aujourd'hui. Vous êtes tous les bienvenus dans cette maison, la maison du notariat de Mexico, pour développer ces travaux sur des sujets aussi particuliers que spéciaux.

Je les qualifie de spéciaux car il est difficile de voir un forum réunissant autant de spécialistes du droit international pour analyser des aspects spécifiques de ces questions et leur interrelation avec la défense des droits entourant l'art et la culture

Le titre lui-même explique la nature de ce forum : Culture et droit : une rencontre inévitable. Deux concepts qui semblent avoir des chemins parallèles, mais lorsqu'on les considère d'un point de vue juridique et légal, on voit que l'un, le droit, complète l'autre, la culture, pour défendre un droit fondamental qui enrichit la vie des sociétés.

Il est probablement courant pour les notaires, pour les spécialistes du droit, d'aborder ces questions comme une manière de défendre les droits entourant

---

[*] Responsable de l'Office notarial 29 à Mexico. Il a suivi la Licence en Droit à l'Université Iberoamericana (1981–1985) et a obtenu son diplôme avec Mention très honorable le 2 avril 1987 avec le mémoire « L'expiration dans le testament ». Il a remporté le concours pour le 29e Office notarial de Mexico, à l'époque District Fédéral, le 2 mars 1993. Il est membre de plusieurs commissions du Collège des Notaires de la Ville de Mexico, et Président des commissions suivantes : Commission pour la régularisation des régimes fonciers (CoReTT), Direction générale de la régularisation territoriale (DGRT), Commission du logement, et Commission des examens. Il a été quatre fois membre du Conseil du Collège des Notaires de la Ville de Mexico : 1999–2000, 2007–2008, 2015–2017 et 2022–2024, en tant que président au cours de cette dernière période. Il est professeur à l'université Anahuac, à l'Université Iberoamericana et à l'Université Panamericana. Il est actuellement Secrétaire académique du Conseil de Direction du Collège national du notariat mexicain et Président du Conseil de Direction du Collège des Notaires de la Ville de Mexico. This text was translated into French by Jorge Sánchez Cordero.

la culture et l'art ; cependant, il est difficile de voir un forum qui rassemble autant de spécialistes pour assumer la tâche d'analyser des aspects spécifiques de manière publique, comme le fera ce forum.

Nous examinerons des questions connexes telles que la fonction juridictionnelle et la culture, ou l'alimentation, la culture et le droit.

Le droit d'auteur, par exemple, prédomine dans le domaine des arts visuels, de la littérature et de la musique. Comme l'a dit l'une de nos tables rondes, ils avancent, ils produisent de l'art, mais toujours avec le spectre de la censure en arrière-plan.

En ce qui concerne les collections d'art, nous analyserons également cette frontière, très ténue et difficile à trouver, entre le public et le privé ; nous démêlerons les limites de la propriété, de la commercialisation et de l'accès au grand public, pour lesquelles les conclusions auxquelles nous parviendrons seront fondamentales.

Ce ne sont là que quelques-unes des questions qui seront abordées. Les conclusions de ce forum seront certainement très utiles non seulement pour les domaines du droit, de la culture et de l'art, mais aussi pour les autorités et la construction d'une réglementation plus précise au bénéfice de la population et de l'État de droit.

Pour toutes ces raisons, je me félicite de la tenue de ce forum, mais je reconnais encore plus le mérite de son organisation, qui a su réunir des spécialistes de grand prestige.

Soyez tous les bienvenus.

Mon cher Jorge, merci beaucoup et toutes mes félicitations.

PART II

DISCUSSIONS ON THE RELATIONSHIP BETWEEN CULTURE AND LAW

CULTURE AND FAMILY LAW

Katharina BOELE-WOELKI

As we all know, the meaning of culture is broad. Culture can be defined as 'all the ways of life including arts, beliefs and institutions of a population that are passed down from generation to generation'. Culture has been called 'the way of life for an entire society'. At the conference we encountered culture in its various meanings.

Culture and law are neither antonyms nor synonyms. Instead, culture is to be regarded as the overarching concept, while law is a part thereof. 'Legal cultures and traditions' is an expression with which we are all familiar, whereas in particular legal sociologists speak of 'law as culture'.[1] Culture forms the context within which law emerges and develops. Culture influences the content of law and its application, but it is not the sole determinant. Political and economic circumstances are equally important, and in some areas they are even dominant.

Culture and law is a combination that I have frequently encountered in my work on comparative family law. The cultural constraints argument is often invoked when, for example, the unification or harmonization of family law rules or legal transplants are at issue. After listing some current issues in family law, I would like to briefly explain which arguments are being used in this debate.

One of the features of family law is that it concerns everyone and therefore everyone has an opinion on it. In-depth and specialized legal knowledge such as in tax law or insolvency law is not required when discussing a general problem. Should same-sex couples be allowed to adopt? Should the period of separation required for divorce be shortened or even abolished? Should only a judge grant a divorce? Should children be heard in proceedings regarding the divorce of their parents? Should sperm and egg donation be allowed in order to help childless couples? The number of topics is immense and reflects the diversity and complexity of family relations. Everyone's ability to discuss such

---

[1] See e.g. the Käte Hamburger Center for Advanced Study in the Humanities 'Law as Culture' in Bonn (https://www.recht-als-kultur.de), which has been financed by the German Ministry of Education and Research since 2007.

matters is obvious: everyone has some form of family relationship, most people enter into intimate relationships with other people at some point in their lives, some separate and find a new partner, many have children and support these children and even the children of their new partner.

Family relations are lived within the boundaries and possibilities that the law – and particularly human rights law – permits. Those opposing any attempts to harmonize or unify family law or to transplant an institution or a rule from another jurisdiction into one's own system often rely on the rationale that family laws are embedded in the unique and cherished national cultural heritages of particular countries.[2] However, there exists a strong case against the cultural constraints argument if we take a closer look at specific groups of jurisdictions, for example the common or civil law jurisdictions, or if we follow the geographical division – the West and the North in contrast to the East and the South. Depending on the region, the argument of cultural constraints – even if widely (and rather uncritically) adopted – should be carefully scrutinized.

In Europe and North and South America there are, indeed, a number of national peculiarities; their influence is, however, insignificant compared to the interplay between ideological trends. The reform of divorce laws that has taken place during the past and the beginning of this century exemplifies how the influence of religion and culture over the law has subsided. These elements have been replaced by unpredictable and often rapidly changing public attitudes, which interact with an intensely political process.[3] During the last decade, it has become apparent that when left-wing parties gain key roles in government or a majority in parliament, reforms liberalizing family law tend to follow soon afterwards. This has occurred in several European countries but also in Latin America. The introduction of unilateral divorce in Mexico City in 2008, which was followed by the majority of the other 31 states in this country, is a striking example,[4] whereas in Latin America only in 1977 was divorce introduced in Brazil, followed in 1987 by Argentina and in 2004 by Chile. In Europe, the picture is quite similar. Until 1971 in Italy, 1981 in Spain, 1996 in Ireland and 2011 in Malta, divorce was forbidden, whereas a unilateral divorce – no ground for divorce is to be stated and proved and no period of separation must have elapsed – is only possible in Finland and Spain.

---

[2] MARIE-THÉRÈSE MEULDERS-KLEIN, 'Towards a European Civil Code on Family Law? Ends and Means', in: *Perspectives for the Unification and Harmonisation of Family Law in Europe*, European Family Law series 4 (2003), 105.

[3] STEPHEN CRETNEY, 'Breaking the Shackles of Culture and Religion in the Field of Divorce', in: *Common Core and Better Law in European Family Law*, European Family Law series 10 (2005), 3.

[4] EDITH AGUIRRE, 'Do changes in divorce legislation have an impact on divorce rates? The case of unilateral divorce in Mexico', *Latin American Economic Review* 28 (2019), 9.

The recent evolution of family laws in Europe and their underlying reasoning provides evidence that 'the cultural constraints argument is beyond redemption. Its core assumptions cannot be upheld'. Moreover, 'pertinent national family laws are determined by political, rather than cultural factors, and these are fluid'.[5]

While cohabitation without marriage was frowned upon half a century ago, it is now almost universally accepted and is thus one of the issues that need family law regulation. Monogamy remains the basis for the regulation of relationships, but who would have thought only 30 years ago that marriage would be opened up to same-sex couples?[6] Today this is the reality in 16 European countries,[7] in North America, and in the South American jurisdictions which are bound by the groundbreaking ruling by the Inter-American Court of Human Rights in 2018 that same-sex marriages should be recognized.[8]

Another area where major changes have taken place is shared parenting after divorce/separation. A quarter of a century ago, the situation where the child would reside with only one parent having sole parental responsibility, to be determined by the court, was not open to question. Today, parents generally share joint responsibility, which in several jurisdictions obliges the court to examine whether shared residence is an option in the case of the separation of the parents. The child has the right to be cared for by both parents, and the prevailing opinion in those jurisdictions is that shared residence is the best way to give effect to that right.[9]

The recent changes in family law are based on several values, concepts, ideals, and standards, such as the equality of the sexes, the best interests and welfare of the child, private autonomy, solidarity among spouses and partners, and the protection of the family home, as well as a fair share of the matrimonial property for each spouse. The content of these general values is hardly surprising; they are the starting point designated by international and regional treaties, conventions and agreements, and are binding for every legislature. Thus, the equality of the sexes and the mandate of non-discrimination are to be found in the European and American Conventions on Human Rights, the European

---

[5] MASHA ANTOKOLSKAIA, 'Family Law and National Culture: Arguing against the Cultural Constraints Argument', *Utrecht Law Review* (2008), 25, 34.

[6] CAROLINE SÖRGJERD, 'Reconstructing Marriage. The Legal Status of Relationships in a Changing Society', European Family Law series 31 (2012).

[7] HYUNG JUNG LEE, 'Legal Recognition of Same-Sex Relationships in Korea and Europe'. In: *Discrimination Based on Sexual Orientation*, Interdisciplinary Studies in Human Rights series 8 (2022).

[8] On 9 January 2018 the Inter-American Court on Human Rights adopted an Advisory Opinion on Gender Identity and Equality and Non-Discrimination to same-sex couples. The texts of the Opinion and the separate votes of two of the judges are available at https://www.corteidh.or.cr/docs/opiniones/seriea_24_esp.pdf.

[9] NATHALIE NIKOLINA, 'The Influence of International Law on the Issue of Co-Parenting – Emerging Trends in International and European Instruments', *Utrecht Law Review* (2012), 122.

Charter on Fundamental Rights, the Convention on the Elimination of All Forms of Discrimination against Women (CEDAW),[10] and the UN Convention on the Rights of the Child (CRC), with the latter defining the concept of the best interests of the child. In the future, these common values will stimulate further family reforms, whereby private autonomy will take up more space towards less state intervention. Recent decades have shown that, once a 'progressive' family law has been adopted, a return to a 'conservative' system does not take place. Family law reforms move towards liberalizing the rules.

This brief excursion into my research in comparative family law forms a small sample of the rich facets that culture and law present.

---

[10] See the most recent and comprehensive study published by MAARIT JÄNTERÄ-JAREBORG/ HÉLÈNE TIGROUDJA, Women's Human Rights and the Elimination of Discrimination/Les droit des femmes et l'élimination de la discrimination, The Hague Academy of International Law/Académie de droit international de La Haye (2016).

DROIT D'AUTEUR ET SAVOIRS TRADITIONNELS

Une impossible réconciliation ?

Marie Cornu

1. Quels points de friction ?..22
   1.1. Le lien entre les personnes et les choses 22
   1.2. La nature et la temporalité des droits 26
2. Quelles réconciliations possibles ?..28
   2.1. De l'intérieur du droit d'auteur, comment ménager des spécificités ?..28
   2.2. L'introduction d'un système sui generis, quelles pistes ?...........31

Les lieux de rencontre entre culture et droit sont multiples et, comme le titre de ce colloque, incontournables. Ils renvoient à des questions fondamentales, qui ont trait à l'exercice des libertés, des droits fondamentaux, des droits culturels collectifs, à la préservation des héritages dans toutes leurs dimensions symboliques, culturelles, sociales etc. J'évoque ici les relations qu'entretiennent le droit d'auteur et les savoirs traditionnels. Quelques mots des deux termes du sujet, le droit d'auteur, d'abord figure universelle consacrée par la Convention de Berne adoptée en 1886,[1] ratifiée par 181 États. Un certain nombre d'entre eux s'étaient déjà dotés de textes de protection, mais la propagation des œuvres de l'esprit – c'est leur vocation naturelle – et leur circulation transfrontière appelaient une protection élargie à l'espace international. Il fallait notamment s'assurer qu'une œuvre protégée dans un État partie jouisse d'une protection égale dans tout autre. C'est un des grands principes de la Convention. Il fallait aussi s'entendre sur un périmètre : les œuvres littéraires et artistiques et enfin

---

[1] La Convention de Berne, conclue en 1886, a été révisée à Paris en 1896 et à Berlin en 1908, complétée à Berne en 1914, révisée à Rome en 1928, à Bruxelles en 1948, à Stockholm en 1967 et à Paris en 1971, et elle a été modifiée en 1979.

sur une technique de protection. Aux termes de l'article 2 de la Convention de Berne :

> Les termes « œuvres littéraires et artistiques » comprennent toutes les productions du domaine littéraire, scientifique et artistique, quel qu'en soit le mode ou la forme d'expression, telles que: les livres, brochures et autres écrits; les conférences, allocutions, sermons et autres œuvres de même nature; les œuvres dramatiques ou dramatico-musicales; les œuvres chorégraphiques et les pantomimes; les compositions musicales avec ou sans paroles; les œuvres cinématographiques, auxquelles sont assimilées les œuvres exprimées par un procédé analogue à la cinématographie; les œuvres de dessin, de peinture, d'architecture, de sculpture, de gravure, de lithographie; les œuvres photographiques, auxquelles sont assimilées les œuvres exprimées par un procédé analogue à la photographie; les œuvres des arts appliqués; les illustrations, les cartes géographiques; les plans, croquis et ouvrages plastiques relatifs à la géographie, à la topographie, à l'architecture ou aux sciences.

La liste est longue et semble couvrir l'essentiel des champs de la création artistique. C'est en outre un certain modèle que porte la Convention de Berne, reconnaissant sur la tête de l'auteur un droit exclusif d'autoriser ou d'interdire toute exploitation de son œuvre, considéré dans ses deux branches patrimoniales et extrapatrimoniales. Le dispositif consacre un droit économique pour toutes sortes d'actes (reproduction, représentation, adaptation, traduction, etc.) et un droit moral, celui de revendiquer la paternité de l'œuvre et d'en défendre l'intégrité.

Deuxième terme du sujet, les savoirs traditionnels, le matériau est là plus complexe à saisir. Sur la scène publique internationale, c'est un sujet qui vient peu après les indépendances. C'est à ce moment-là que s'expriment des revendications de protection avec des demandes émanant d'États nouvellement indépendants, mais aussi de groupes infraétatiques, de communautés locales, de communautés autochtones. Cette revendication de protection passe positivement par la reconnaissance de droits et défensivement par l'allocation de moyens de s'opposer à des appropriations jugées spoliatrices, illicites, à des utilisations non consenties. Si cette aspiration a été partagée par de nombreux acteurs, comme en témoigne la production d'une littérature abondante dans l'espace international, les significations que ces acteurs en donnent sont loin d'être uniformes. Je me concentre sur les savoirs traditionnels susceptibles de croiser le champ de la création. L'OMPI, l'Organisation internationale de la propriété intellectuelle qui avec l'UNESCO prend en charge la question des savoirs traditionnels et au sein de laquelle on discute, on élabore ou on tente d'élaborer des solutions de protection, en a livré quelques éléments de définition. Selon l'OMPI, ils « représentent des valeurs culturelles, sont généralement détenus collectivement [et leur] maîtrise n'est pas nécessairement aux mains d'individus qui se servent de savoirs fragmentés, mais aux mains de la communauté ou de la collectivité tou[t] entière ».

En 2005, toujours dans le cadre de l'OMPI, le projet de dispositions relatives à la protection des expressions culturelles traditionnelles ou expressions du folklore dispose :

> La culture traditionnelle et populaire [« folklore » dans le texte anglais] est l'ensemble des créations émanant d'une communauté culturelle fondées sur la tradition, exprimées par un groupe ou par des individus et reconnues comme répondant aux attentes de la communauté en tant qu'expression de l'identité culturelle et sociale de celle-ci, les normes et les valeurs se transmettant oralement, par imitation ou par d'autres manières. Ses formes comprennent, entre autres, la langue, la littérature, la musique, la danse, les jeux, la mythologie, les rites, les coutumes, l'artisanat, l'architecture et d'autres arts.

À partir de ces travaux, on peut tenter une première synthèse, quant à la caractérisation des savoirs traditionnels. Premier élément : leur mode de production émane en principe du collectif, et donc exprime un lien à une identité culturelle collective : ce sont par exemple les savoirs locaux ou les savoirs autochtones. Comme l'indique Janet Blake, « [l]es connaissances traditionnelles constituent un élément essentiel du capital social propre à un groupe d'individus ». Deuxième élément, ce collectif est appréhendé dans le temps long. Ces savoirs, qualifiés de traditionnels, constituent un héritage, et tout en même temps ils sont susceptibles de générer une production intellectuelle et créative, et sont appelés à se transmettre. Ils sont par conséquent inscrits dans cette chaîne du temps. Et cette dimension transgénérationnelle poste ces savoirs dans un entredeux, mordant tout en même temps sur les territoires du patrimoine et de la création. Les vocabulaires mobilisés sont chargés de sens sur ces deux versants. Côté patrimoine, on parle d'héritage, de valeurs culturelles, d'identité culturelle et, côté création, d'activités créatives ou inventives, d'innovation.

Comment tenir ensemble le ressort du droit d'auteur et cet objet singulier que sont les savoirs traditionnels ? On m'a demandé de réfléchir à la possibilité ou non d'une réconciliation entre ces deux univers, celui du droit qui s'exprime sur les œuvres littéraires et artistiques, celui de ce fait de la création ou de la production intellectuelle que sont les savoirs traditionnels (2). Parler de réconciliation suppose qu'il y a désaccord entre ces deux modes d'appréhension de la réalité sociale de la création. Et l'invocation d'une impossibilité postule que ce désaccord a des ressorts profonds et puissants. Est-il seulement surmontable ? Le point d'interrogation invite à se pencher sur l'éventualité d'une articulation possible. En somme, ce registre du droit d'auteur répond-il aux attentes de protection de la part des détenteurs et producteurs de ces savoirs ? Surtout est-il la bonne entrée pour penser juridiquement les savoirs traditionnels ? S'engager dans une réflexion de cet ordre suppose d'identifier dans un premier temps où sont les points de friction (1), sur quels fronts s'expriment sinon les oppositions du moins les distances. En quoi ces formes de production intellectuelle sont du point de vue de leurs traductions juridiques sinon inconciliables, du moins difficiles à articuler ?

1. QUELS POINTS DE FRICTION ?

Les difficultés se manifestent, d'une part, dans le rapport institué entre les personnes, individuellement ou collectivement, et ces productions que sont les œuvres de l'esprit et les savoirs traditionnels, d'autre part, dans la conception des droits et de leur inscription dans le temps. Les mises en forme du droit d'auteur sont, sous ce double rapport, peu compatibles avec les aspirations des communautés productrices de ces savoirs.

1.1. LE LIEN ENTRE LES PERSONNES ET LES CHOSES

Ces deux espaces-temps normatifs délimitent en propre leur objet et, dans cet exercice, la distance se creuse entre œuvres et savoirs traditionnels. Le droit d'auteur qualifie d'œuvres de l'esprit, « toutes productions du domaine littéraire, scientifique et artistique, quel qu'en soit le mode ou la forme d'expression ». C'est la formule de la Convention de Berne. Cela signifie que sont protégées les seules formes d'expression à l'exclusion des idées. Chaque État en précise plus ou moins largement le périmètre mais, d'une façon générale, ils partagent tous une même vision des objets à protéger, même si les méthodes définitoires ne sont pas les mêmes. Les pays de *Common Law* sont plus enclins à énumérer, ceux de *Civil Law* à préférer des concepts génériques, encore que les deux méthodes sont fréquemment hybridées.[2] Mais, au-delà de ces différences de méthode légistique, on s'entend à peu près sur la qualification d'œuvre de l'esprit, qu'il s'agisse des objets ou des critères en particulier l'exigence d'une forme d'expression sous la condition d'originalité.

Qu'en est-il des savoirs traditionnels, peuvent-ils entrer dans cette catégorie juridique du droit d'auteur ? On pourrait le suggérer dès lorsqu'il s'agit d'une production intellectuelle qui dans certains cas prospère dans ce champ de la création. Mais, si création et savoirs traditionnels peuvent avoir un périmètre commun, il est des savoirs qui n'accèdent pas à la protection faute de satisfaire aux deux critères conjoints de forme et d'originalité. Cette figure sociale ne rencontre pas en toute hypothèse le droit d'auteur tel qu'il est défini dans les droits interne, européen, international. Par ailleurs, si tant est qu'un savoir traditionnel puisse être protégé dans sa forme, il ne le sera pas nécessairement dans son contenu idéel.

---

[2] Marie Cornu, Pierre Sirinelli, Catherine Wallaert (dir.), *Dictionnaire comparé de droit d'auteur et de copyright*, CNRS éditions, 2003.

On observe en outre une grande variation dans les approches conceptuelles et dans les désignations de ces savoirs traditionnels mis au contact de la création. Toute une galaxie de termes ramène peu ou prou à cette notion, celle de culture traditionnelle, celle de folklore ou d'expression du folklore, relayée par celle d'expression culturelle traditionnelle – on en redoutait le côté désuet. Il faut par conséquent composer avec une forme d'indétermination conceptuelle. Selon l'OMPI, « [d]éfinir l'objet de la protection est depuis longtemps l'une des principales difficultés rencontrées dans les travaux relatifs à la protection des expressions culturelles traditionnelles ».[3]

Une deuxième série de difficultés, non des moindres, concerne l'allocation des droits. C'est toute la question des titularités et plus fondamentalement du recours au concept de propriété.

La Convention de Berne énonce et détaille les droits dont dispose l'auteur, sans spécialement les qualifier. On ne parle pas à ce moment-là de propriété, puisque « la protection dans le pays d'origine est réglée par la législation nationale ». Et il appartient aux États membres d'intégrer ces droits ou de les mettre en conformité avec leur droit interne. Ce sont eux qui ont, très généralement, promu cette figure de la propriété, déployant ainsi une certaine conception des droits qui dérivent de la création. Ce modèle propriétaire a été aussi fortement relayé par la génération des textes sur le droit du commerce international en particulier les accords ADPIC adoptés en 1995, et par les textes européens. Les premières directives adoptées à partir de 1991 relient explicitement le droit d'auteur au domaine de la propriété intellectuelle et celle de 2001, texte généraliste qui a pour objet de donner un cadre juridique harmonisé en assurant un niveau élevé de protection précise dans son considérant 9 : « La propriété intellectuelle a donc été reconnue comme faisant partie intégrante de la propriété ». On pense clairement le droit d'auteur comme un droit de propriété. Et on peut avancer que le droit de l'UE comme le droit du commerce international ont contribué à renforcer le droit de propriété dans sa structure individualiste et dans sa dimension privative taillée sur le modèle de la propriété foncière ou matérielle.[4] Dans l'espace européen et international et dans un très grand nombre de législations c'est ce modèle qui triomphe.

Penser la protection de la création en termes de propriété, la solution n'était pas si évidente. D'autres options étaient possibles. En France, dès le XIXème siècle, cette question de la nature juridique du droit d'auteur a opposé plusieurs écoles de pensées, certains soutenant que l'aide à la création et les droits reconnus aux auteurs participent de l'idée de contrat social, d'autres, au contraire, voyant dans

---

[3] *La protection des expressions culturelles traditionnelles : projet actualisé d'analyse des lacunes*, WIPO/GRTKF/IC/40/8, avril 2019, p. 3.

[4] Pour une approche très critique de ce modèle, Benjamin Coriat, *Le retour des communs, la crise de l'idéologie propriétaire*, Les liens qui libèrent, 2015.

la propriété le seul modèle pertinent.⁵ Ces controverses semblent aujourd'hui ressurgir,⁶ en particulier dans le contexte de dissémination et de partage des œuvres dans l'espace numérique. Mais il reste que le droit d'auteur a développé et continue de développer une conception individualiste de la propriété. La matière se définit précisément dans le rapport entre l'auteur et son œuvre. Si certaines œuvres ont pu être créées à plusieurs mains, c'est ce schéma du droit exclusif individuel sur la création qui domine. L'auteur a des droits du fait de la création, c'est lui le titulaire des droits, le point d'attache est relativement aisé à déterminer.

Tout au contraire, la dimension collective des savoirs traditionnels, leur évolutivité et le fait qu'ils puissent être constamment réinvestis non seulement rendent la question de l'auteur peu pertinente – il est dans un certain nombre d'hypothèses, un auteur inconnu, voire une pluralité d'auteurs inconnus – mais encore posent la question de l'attribution de droits à une communauté parfois indistincte ou diffuse. L'OMPI en 2019 précisait que « les expressions culturelles traditionnelles peuvent aller d'éléments préexistants datant du passé lointain qui furent élaborés jadis par des « auteurs inconnus » aux expressions contemporaines les plus récentes des cultures traditionnelles, en passant par d'innombrables ajouts et évolutions sous forme d'adaptation, d'imitation, de revitalisation, de régénération et de recréation ». On voit là l'extrême complexité de l'exercice qui devrait consister à rattacher à une personne juridique ce type de production, dès lors qu'il n'y a pas une personne isolée et identifiable et une œuvre au singulier.

Cette indétermination de celui qui crée, cette impossibilité de personnifier juridiquement l'auteur rend éminemment complexe la question de la titularité et, à sa suite, celle du pouvoir d'agir. Est-ce l'État en tant qu'il endosse juridiquement le collectif, la communauté par exemple titulaire de droits collectifs, trouvant des traductions multiples : droits fondamentaux, droits collectifs culturels comme il en existe dans un certain nombre de constitutions latino-américaines, formes de propriété collective, droit des individus ? Se pose en outre la question de savoir comment organiser les rapports entre individu et communauté, lorsque par exemple des artistes puisent dans ce matériau pour créer. La pluralité d'intérêts collectifs et individuels qui s'expriment sur l'œuvre rend l'exercice d'autant plus ardu. On pourrait certes avancer que l'économie du droit d'auteur ne se résout pas à ce vis-à-vis entre l'auteur et l'œuvre et que d'autres personnes y ont aussi un intérêt à faire valoir juridiquement : l'État,⁷ le collectif que forme le public,

---

5   Sur ces controverses, Laurent Pfister, *L'auteur, propriétaire de son œuvre ? La formation du droit d'auteur du XVIème siècle à la loi de 1957*, thèse université R. Schuman, Strasbourg, 1999.

6   Sur ce phénomène de résurgence, Laurent Pfister, « Mort et transfiguration du droit d'auteur ? Éclairages historiques sur les mutations du droit d'auteur à l'heure du numérique », *Les Cahiers de la justice*, n° 4, 2012, p. 1.

7   Pour une belle réflexion sur les rapports entre l'État et le droit d'auteur, Émilie Terrier, *Vers une nouvelle figure du droit d'auteur : l'affirmation d'une logique publique culturelle*, Bruxelles, Larcier, 2021.

notamment. Mais l'exaltation du modèle exclusiviste dans le droit contemporain tend à en nier la réalité.

Ce sont pour l'essentiel sur ces aspects de titularité, de pluralité d'acteurs ayant un intérêt à une chose par nature collective et d'allocation de droits collectifs que s'expriment les distances d'avec le modèle propriétaire du droit d'auteur. Dans un cas célèbre opposant un chercheur et une communauté autochtone, la question se posait de savoir de quels droits disposait le premier. En tant qu'universitaire, il avait étudié et collecté les chansons, les chants, les légendes et les objets du peuple Aranda en bonne intelligence avec les aborigènes. Il avait constitué une collection unique « y compris des films et des enregistrements sonores de rituels secrets et sacrés et d'autres cérémonies » avec l'accord de la communauté mais avait publié et exploité ces éléments sans son consentement. À ce propos Lyndel Prott et Patrick O'Keefe évoquent « l'extrême complexité de la détermination de la propriété dans de telles situations ». La relation des aînés autochtones avec ces matériaux était-elle la propriété ? Même si ce n'était pas le cas, pourquoi le concept de propriété de la Common Law devrait-il l'emporter ? Le transfert de possession à Strehlow « doit-il être considéré comme un transfert de propriété ou simplement de garde ? » Ils se posent la question de savoir « Inversement, quels droits devrait-on reconnaître aux Arandas d'aujourd'hui sur le matériel ? » et de conclure que « l'application formaliste des règles juridiques relatives à la propriété semble tout à fait inappropriée dans un tel contexte et peut entraîner une injustice considérable ». Le cas était d'autant plus complexe que, de surcroît et sur un autre terrain, « la propriété a été contestée entre Strehlow et l'Université d'Adélaïde, et entre l'Université d'Adélaïde et le gouvernement ».[8]

Ce sont aussi ces différences très marquées entre les conceptions propriétaires que signale Janet Blake :

> Souvent le droit coutumier ne comporte aucun droit de propriété distinct qui serait l'équivalent du concept juridique « occidental » de propriété sur lequel repose la réglementation du droit d'auteur. La « propriété » du patrimoine aborigène, par exemple, est régie par un système complexe d'obligations, et les artistes opèrent dans le cadre de ce système et conformément à des règles traditionnelles strictes. La forme de contrôle que la communauté culturelle exerce sur ce patrimoine est fréquemment assimilée à une sorte de conservation, et l'expression culturelle considérée n'est pas un bien ou une propriété, mais elle est bien plutôt représentative des valeurs et des interrelations.

Les difficultés se manifestent sur un autre terrain, celui de la conception des droits et de leur inscription dans le temps.

---

[8] Lyndel V. Prott, Patrick O'Keefe, 'Cultural Heritage or Cultural Property?' *International Journal of Cultural Property*, vol. 1, 1992, p. 307.

1.2. LA NATURE ET LA TEMPORALITÉ DES DROITS

Les prérogatives de l'auteur se déploient sur un double plan, celui de l'exploitation économique de l'œuvre et celui du respect de l'intégrité de l'œuvre et de sa paternité. Ces deux branches, droit patrimonial et droit moral, structurent le système, étant entendu que la propriété intellectuelle a été conçue comme une propriété temporaire. Les droits économiques s'épuisent au-delà de 50 ans après la mort de l'auteur dans la Convention de Berne. Le droit de l'Union européenne les a étendus à 70 ans après sa mort. Quant au droit moral, les solutions varient d'un État à un autre, en durée et en intensité. Il est perpétuel en droit français et dure tant que dure l'œuvre, même si, avec le temps, il perd en vigueur. Il est qualifié de droit-fonction exercé par ses titulaires non pour leur propre compte mais pour celui de l'auteur, par l'État ou toute personne y ayant intérêt. Mais dans d'autres systèmes, il est de même durée que les droits économiques.[9] En outre, certains États reconnaissent le droit moral de façon très limitée, en particulier dans les systèmes dits de copyright. Aux États-Unis, seules les œuvres d'art visuelles (sculpture, peinture not.) jouissent de cette protection quant au respect de leur paternité ou de leur intégrité.[10]

Plusieurs de ces prérogatives sur l'œuvre peuvent évidemment avoir du sens s'agissant des savoirs traditionnels, en ce que notamment elles assurent un pouvoir de contrôle sur l'accès et l'usage de la ressource, ou encore sur sa conservation. Les droits moraux sont une ressource intéressante de ce point de vue, qu'il s'agisse du droit à l'intégrité ou du droit de divulgation, prérogative qui conditionne toutes les autres. Cette dernière pourrait assurer la protection des savoirs secrets ou sacrés. Mais elle n'est pas présente dans tous les systèmes.

Quoi qu'il en soit, la difficulté majeure vient à la fois de la nature de ces droits, du mode sur lequel s'exerce le contrôle sur l'œuvre et en grande partie de leur temporalité. La propriété intellectuelle est contenue dans un certain espace-temps normatif qui procède d'un arbitrage entre différents intérêts. Les droits de l'auteur laissent place à l'issue d'un certain temps au droit du public, l'économie du droit d'auteur est, dans son principe, bâtie sur cet équilibre entre droit des créateurs et droit du public. C'est la raison d'être de la limitation temporelle des droits et de l'institution d'un domaine public, sphère de libre parcours dans laquelle chacun peut puiser librement. C'est aussi la justification de la non-protection d'éléments du fonds commun de la pensée, du savoir, de la connaissance qui échappent, pour partie, à toute emprise propriétaire. « Dans les cultures "occidentales" on a tendance à considérer la connaissance comme une abstraction isolée de la pratique à l'inverse des sociétés traditionnelles ».[11]

---

[9] Sur ces variations, *Dictionnaire comparé du droit d'auteur et du copyright*, supra n. 2.
[10] Ibid.
[11] JANET BLAKE, *L'élaboration d'un instrument international de protection du patrimoine culturel immatériel, éléments de réflexion*, OMPI, 2002, version révisée.

C'est cette démarche de pensée qui gouverne dans le droit d'auteur la dissociation entre le règne des idées et celui des créations de forme, ces dernières étant seules protégeables.

Les droits du public sont aussi reconnus au travers des exceptions. L'auteur ne peut interdire dès lors que l'œuvre a été divulguée, c'est-à-dire que l'auteur a entendu la placer dans l'espace public. Or, précisément, cette délimitation du pouvoir de contrôle est en décalage avec certaines attentes. Ces franchises du droit d'auteur sont en outre susceptibles d'entrer en contradiction avec les besoins de protection des savoirs traditionnels, notamment en ce qu'ils sont investis d'une valeur culturelle, qui emporte avec elle un devoir de conservation et de transmission ce que n'intègre pas le droit d'auteur. Ou plus justement la dimension de conservation des œuvres de l'esprit découlant du droit à l'intégrité de l'œuvre, l'un des attributs du droit moral, est sans égard à la valeur esthétique, symbolique ou patrimoniale de l'œuvre. Et l'auteur n'a pas de devoir de conserver ou de transmettre. L'OMPI souligne à ce propos en 2019 que :

> La notion même de « titularité » prévalant dans le système conventionnel [est] incompatible avec les notions de responsabilité et de conservation qui sous-tendent les lois et systèmes coutumiers. Alors que le droit d'auteur confère des droits de propriété exclusifs et individuels aux particuliers, les auteurs autochtones sont soumis à des règles et responsabilités complexes et dynamiques, plus proches des droits d'utilisation ou de gestion, qui sont communautaires par nature.[12]

Et cette notion de responsabilité dérive très directement de l'idée que les savoirs traditionnels sont une part importante de l'héritage collectif, dont les communautés ont la charge. L'OMPI à propos du folklore et des expressions culturelles traditionnelles indique que « cet héritage doit être développé et maintenu par les communautés, au sein de la nation ou par les individus répondant aux aspirations de cette communauté ».[13]

Parce que ces savoirs traditionnels sont inscrits dans une chaîne transgénérationnelle, parce qu'ils forment un héritage, l'idée même d'une limitation dans le temps des droits et du même coup le modèle de propriété temporaire du droit d'auteur ne sont alors guère pertinents. Un des points d'achoppement les plus saillants est cette question du domaine public. Et il faut bien le dire cette dimension de la temporalité, le fait de considérer une chose dans le temps est pour le juriste un défi assez considérable.

---

[12] Voir la page 3 du document WIPO/GRTKF/IC/3/11 ; Ian McDonald, https://heritagensw.intersearch.com.au/heritagenswjspui/retrieve/6bd05fe6-03d0-4fc4-8b7c-699f6743d7c9/H06037%20-%20AUST.pdf, p. 45.

[13] Pierre-Alain Collot, « La protection des savoirs traditionnels, du droit international de la propriété intellectuelle au système de protection sui generis », *Droit et cultures* [en ligne], vol. 53, 2007-1, p. 4.

Ces deux modes de production intellectuelle obéissent à des logiques propres, à des rationalités propres, ils renvoient à des conceptions très différentes du droit. Dans quelle mesure sont-elles conciliables, réconciliables, comment penser leur articulation ? C'est le deuxième point que je voudrais ici explorer, avec en perspective la question des modes sur lesquels ces savoirs traditionnels devraient être davantage pris en compte dans leurs particularités.

2. QUELLES RÉCONCILIATIONS POSSIBLES ?

Mettre ensemble savoirs traditionnels et droit d'auteur, la question a été abondamment traitée, dans la littérature académique, la littérature grise, les rapports des organisations internationales, en particulier ceux conduits sous les auspices de l'OMPI et de l'UNESCO.[14] Tous ces travaux pointent la nécessité de l'exercice et tout en même temps sa complexité. Si l'on revient aux points de friction observés plus haut en termes de qualification, de titularité, de temporalité, quelles solutions sont envisageables pour les surmonter ?

Deux directions de travail ont été explorées. Les solutions ont été recherchées au sein du droit d'auteur, avec l'idée de ménager des solutions propres à cette catégorie de créations mais aussi, en dehors, du côté de la reconnaissance d'un droit ou d'une protection sui generis. Dans cette seconde démarche le droit d'auteur, dans les ressources intéressantes qu'il recèle, a pu servir de boussole. Ces deux voies ne sont cependant pas sans soulever des difficultés, ce qui explique pourquoi jusqu'à présent aucune solution universelle n'a été trouvée.

2.1. DE L'INTÉRIEUR DU DROIT D'AUTEUR, COMMENT MÉNAGER DES SPÉCIFICITÉS ?

La démarche consiste à réfléchir à partir de ce cadre juridique imparti que constitue le droit d'auteur et à mettre à l'épreuve la capacité de ce droit à intégrer les savoirs traditionnels. Jusqu'à quel point il pourrait accueillir l'idée d'un traitement particulier, compte tenu des distances observées. D'abord il faut se demander comment admettre les savoirs traditionnels comme objet du droit

---

[14] On pense notamment aux travaux de JANET BLAKE en 2001 sur *L'élaboration d'un instrument international de protection du patrimoine culturel immatériel* pour l'OMPI, ou encore l'étude de SÉVERINE DUSOLLIER réalisée pour l'OMPI sur le domaine public, *Étude exploratoire sur le droit d'auteur et les droits connexes et le domaine public*, Comité du développement et de la propriété intellectuelle (CDIP), Septième session, Genève, 2–6 mai 2010, et les travaux d'ANITA VAIVADE, *Conceptualizing Intangible Cultural Heritage in Law*, thèse université de Lettonie, 2011, et de LILY MARTINET, *Les expressions culturelles traditionnelles en droit international*, thèse Paris 1, 2017.

d'auteur. Si l'on s'en tient à cet enjeu de qualification, l'on pourrait se dire que de la façon dont le droit d'auteur délimite son objet, il n'y a guère de difficulté à intégrer dans le cercle des œuvres de l'esprit les expressions culturelles traditionnelles, qui ont à voir avec le champ de la création. Ce sont par exemple les expressions verbales (contes, poèmes, histoires), expressions musicales, expressions par action (danses folkloriques, jeux, rituels et formes artistiques) et toute autre expression tangible telle que l'art folklorique (dessins, peintures, sculptures, poteries, objets en terre cuite, mosaïques, travaux sur bois, objets métalliques, bijoux, vanneries, travaux d'aiguille, textiles, verreries, tapis, costumes), les instruments de musique et les formes architecturales.[15]

C'est vrai si l'on considère les expressions de ces savoirs et non les savoirs en soi. Ne pourront être considérés comme œuvres de l'esprit que les savoirs qui s'expriment sous une forme serait-elle immatérielle, et assurément le critère est rempli en ce qui concerne les expressions culturelles traditionnelles, mais la production d'un savoir n'est pas protégée autrement. Le règne des idées, des connaissances, des hypothèses scientifiques est, en droit d'auteur, de libre parcours ou plutôt ne rentre-t-il pas dans l'assiette de la protection. Dans plusieurs affaires, ces savoirs ont été librement réappropriés par des tiers qui, ensuite, ont reconstitué des monopoles, privant les producteurs originaires de leurs droits. Lyndel Prott et Patrick O'Keefe ont détaillé dans l'affaire *Strehlow* précitée, cette entreprise de réappropriation des rites secrets et sacrés aborigènes par enregistrement notamment, acte de création qui fait naître une œuvre et ainsi un droit privatif sur quelque chose qui n'est pas, en amont, protégé en tant qu'œuvre.[16] En outre, certains de ces savoirs sont dépourvus soit d'originalité au sens du droit d'auteur, soit, purement et simplement, de protection parce qu'ils sont anciens et alors non couverts par le monopole. Dans ces deux hypothèses, ils seront considérés comme appartenant au fonds commun de la pensée, par conséquent librement appropriables. Et l'on peut se dire que l'économie du droit d'auteur et l'équilibre trouvé entre droit du public et droit des auteurs ou intermédiaires rendent peu probable un élargissement du périmètre à l'ensemble de ces savoirs traditionnels.

Dans la Convention de Berne, on a tout de même ressenti le besoin sinon de rendre visible, du moins de faire une place à cette catégorie d'œuvres. Sur la recommandation d'un groupe de travail qui se penchait spécialement sur ce point a été intégré un nouvel article (article 15 4(a) des Actes de Stockholm et de Paris de 1967 et de 1971) qui, même s'il n'en contient pas de référence explicite, visait clairement les œuvres du folklore en évoquant les œuvres dont l'identité de l'auteur est inconnue, et réservait la possibilité à la législation de l'État

---

[15] Telles que décrites dans les dispositions types adoptées en 1982 par l'OMPI et l'UNESCO, v. Pierre-Alain Collot, *supra* n. 13, p. 4.
[16] Lyndel V. Prott, Patrick O'Keefe, *supra* n. 8.

d'origine « de désigner l'autorité compétente représentant cet auteur et fondée à sauvegarder et à faire valoir les droits de celui-ci dans les pays de l'Union ». Cette formulation suggérait qu'une « opportunité de protection [était] offerte aux communautés traditionnelles sur leurs expressions du folklore », par le canal d'une législation étatique. C'est l'interprétation qu'on peut tirer des travaux préparatoires à cette inclusion.

Au cours de cette période, plusieurs États légifèrent et adoptent des mécanismes basés sur le droit d'auteur comme le rappelle Janet Blake[17] : « En 1976, l'Unesco adopta la Loi type de Tunis sur le droit d'auteur à l'usage des pays en développement, dont un article était expressément consacré à la protection du folklore national (article 6) ». On reconnaît ainsi des droits à la communauté. Un peu plus tard, en 1977, est adoptée, par l'Organisation africaine de la propriété intellectuelle, la Convention concernant la propriété intellectuelle africaine (texte de Bangui) révisé en 1991, « qui consacre une partie de son annexe VII à la protection du folklore : (i) par le droit d'auteur, (ii) par la protection et la promotion du patrimoine culturel ». Il y traite des « créations du folklore » comme une catégorie distincte des œuvres artistiques et littéraires traditionnellement protégées par le droit d'auteur et, chose intéressante, se réfère à la « création du folklore par des communautés plutôt que par un auteur unique ».[18]

D'une façon explicite, le Traité de l'OMPI sur les interprétations et exécutions et les phonogrammes, adopté à Genève le 20 décembre 1996, introduit le principe d'une protection des expressions culturelles traditionnelles en prescrivant que les artistes interprètes ou exécutants sont des « acteurs, chanteurs, musiciens, danseurs et autres personnes qui représentent, chantent, récitent, déclament, jouent, interprètent ou exécutent de toute autre manière des œuvres littéraires ou artistiques ou des expressions du folklore » (article 2 (a)). Des droits voisins ou connexes sont ainsi consacrés.

On le voit, il y a des avancées dans le sens d'une intégration de ces savoirs traditionnels dans le champ du droit d'auteur, un aménagement de certaines règles. Mais ces avancées restent modestes. Le modèle universel de la propriété oppose de fortes résistances, non pas tant quant à l'inclusion de cet objet particulier comme objet du droit d'auteur, mais plutôt quant à l'énoncé de droits distincts qui précisément prendrait en compte cette temporalité particulière et assumerait pleinement cette dimension collective. C'est très net dans la Convention de Berne et dans les textes européens. Si plusieurs droits nationaux ont développé des figures intéressantes de propriété collective sous le manteau du droit d'auteur, le corpus international a peu innové de ce point de vue.

Une autre démarche a consisté non à partir du droit d'auteur pour en éprouver les potentialités de transformation mais à considérer les besoins de

---

[17] JANET BLAKE, *supra* n. 11, p. 20, qui cite un grand nombre de ces législations.
[18] Ibid.

protection de cet objet, à prendre pour point de départ les savoirs traditionnels et à déterminer quels droits devraient être reconnus pour assurer leur protection et leur transmission.

2.2. L'INTRODUCTION D'UN SYSTÈME SUI GENERIS, QUELLES PISTES ?

Plusieurs suggestions ont été avancées, l'idée d'un droit ou d'une protection sui generis, un réaménagement du domaine public, la protection par les instruments du droit public. La réflexion est très poussée dans le rapport de Janet Blake sur « l'Elaboration d'un nouvel instrument normatif pour la sauvegarde du patrimoine culturel immatériel », rendu en 2001, donc avant l'adoption de la Convention UNESCO. Janet Blake y aborde la question d'un double point de vue, celui de la reconnaissance de droits liés à la production de ces savoirs et celui de la consécration de ces éléments en tant qu'héritage. Elle commence par identifier les possibles atteintes portées à cette production :

> Parmi les principales questions qui se posent au sujet de la protection de ce patrimoine, il convient de mentionner : la reproduction des objets d'artisanat traditionnel dans des usines étrangères, ce qui porte atteinte aux intérêts culturels et économiques des détenteurs de la tradition et des communautés auxquelles ils appartiennent, la question de la propriété collective, par opposition à la propriété individuelle du patrimoine (et les droits collectifs associés), la protection des intérêts économiques des communautés productrices et le respect du caractère sacré et secret de certains aspects de ce patrimoine, en particulier chez les peuples autochtones.[19]

Elle pointe ici les principales difficultés qu'aurait à affronter un instrument international.

Du point de vue de la méthodologie, ayant défini les besoins de protection, elle dégage les droits dont devraient disposer les communautés, ces droits formant un corpus de règles sui generis, quand bien même elles s'inspirent du droit d'auteur.

Parmi ces droits, on trouve, notamment, la reconnaissance des formes collectives traditionnelles de la propriété (à travers des dispositions contractuelles ou législatives) ; le principe du consentement libre, préalable, le respect des procédures d'autorisation traditionnelles, et du droit des détenteurs et autres droits moraux ; des compensations économiques au bénéfice des détenteurs en échange de l'exploitation commerciale des connaissances traditionnelles ; la protection des connaissances traditionnelles accordée à perpétuité sans que lesdites connaissances ne tombent jamais dans le domaine public après une

---

[19] Ibid., p. 15.

période de temps déterminée ; l'interdiction de tout enregistrement illicite portant atteinte au caractère sacré et à l'importance culturelle de ces savoirs traditionnels et des symboles qu'ils mobilisent ; l'interdiction de toute utilisation dégradante, destructrice ou mutilante du patrimoine immatériel ; la protection du droit d'auteur pour les œuvres orales ; la protection de la documentation des connaissances traditionnelles par la protection des bases de données originales et non originales ; et la protection des « droits moraux » des détenteurs de traditions.

On aperçoit ici les voisinages avec le droit d'auteur, tant du côté des droits patrimoniaux que de celui du droit moral, mais on voit aussi où se nichent les particularités. Ce nouveau droit mêlerait à la fois mécanismes classiques empruntés au droit d'auteur et figures de droit coutumier en particulier du côté de la reconnaissance de modèles collectifs de propriété. C'est une forme de pluralisme juridique qu'on essaie d'ordonner ici.

Dans le sillage de ces travaux, l'OMPI a tenté de faire avancer le dossier de la protection, produisant un nombre imposant de rapports en particulier le Comité intergouvernemental de la propriété intellectuelle relative aux ressources génétiques, aux savoirs traditionnels et au folklore. En 2005, il élabore un projet de dispositions relatives à la protection des expressions culturelles traditionnelles ou expressions du folklore dans le but d'« empêcher l'appropriation illicite de leurs expressions culturelles et des dérivés de celles-ci, [de] contrôler l'utilisation qui en est faite en dehors du contexte coutumier et traditionnel et [de] promouvoir le partage équitable des avantages découlant de leur utilisation »,[20] projet que l'OMPI fait évoluer au fur et à mesure mais qui n'aboutit à aucun moment sur un texte qui ferait consensus au niveau international.

La méthode suivie par l'OMPI est tout à fait identique à celle que propose Janet Blake, qui consiste à partir des atteintes et des besoins de protection pour réfléchir à la protection la plus adéquate. On retrouve le même diagnostic, les mêmes aspirations à des reconnaissances de droit. En 2019, retravaillant ces dispositions, le Comité intergouvernemental fait apparaître plus distinctement ce qu'elle nomme les lacunes conceptuelles et opérationnelles, c'est-à-dire les besoins économique, culturel ou social non satisfaits, que l'expression de ces besoins émane des États ou des communautés pour ensuite réfléchir aux différents modes sur lesquels ils pourraient être comblés.

Parmi les atteintes, l'OMPI cite un certain nombre d'exemples :

a) des peintures, dont des peintures rupestres, faites par des autochtones ont été reproduites par des non-autochtones sur des tapis, des tissus imprimés destinés à l'habillement, des T-shirts, des robes et autres vêtements, ainsi que sur des

---

[20] Pierre-Alain Collot, *supra* n. 13.

cartes de vœux; ces produits ont été ensuite diffusés et mis en vente par ces non-autochtones. De l'art traditionnel a également été mis en ligne comme papier peint. Des tatouages indigènes ont aussi été reproduits et utilisés en dehors de leur cadre traditionnel;

b) de la musique traditionnelle a été rassemblée et fusionnée numériquement avec des rythmes de « technohouse » pour produire un album de « world music » à succès, protégé par le droit d'auteur;

c) pour alimenter le marché des articles de souvenir, des objets d'artisanat (comme des paniers tressés, des peintures de petit format et des figurines sculptées) faisant appel à des styles artistiques traditionnels courants ont été reproduits et imités à des fins de production en série sur des supports non traditionnels, tels que des T-shirts, des torchons, des napperons, des cartes de jeu, des cartes postales, des dessous de verre, des glacières, des calendriers et des tapis de souris d'ordinateur;

d) cas d'une sculpture comprenant un symbole traditionnel sacré : le sculpteur revendique le droit d'auteur sur cette sculpture mais la communauté l'accuse d'avoir utilisé son symbole sans son autorisation;

e) des enregistrements ethnographiques contenant des éléments confidentiels décrivant des rites d'initiation ont été mis à disposition par une institution culturelle à des fins éducatives ou commerciales. La communauté n'est pas titulaire des droits sur les enregistrements et ne peut se fonder juridiquement sur la législation en matière de propriété intellectuelle pour contester.[21]

Parmi les solutions préconisées, l'OMPI propose la reconnaissance des droits communautaires dont un droit moral communautaire, l'institution d'un domaine public payant, l'élaboration d'un statut d'œuvres orphelines et d'œuvres dérivées, une loi spéciale et autonome, des registres et bases de données, un mécanisme de gestion collective, des protocoles, codes de conduite, contrats et autres instruments pratiques. À nouveau se mêlent ressorts inspirés du droit d'auteur et du droit coutumier.

Mais, en dépit de ces efforts assez considérables, la possibilité d'adoption d'un instrument international qui offrirait une protection sui generis plus adaptée semble peu probable tant les conceptions des uns et des autres sont sinon impossibles du moins extrêmement difficiles à concilier. Cela étant, les choses avancent à d'autres niveaux ; l'UNESCO et l'OMPI en particulier se sont aussi largement investies dans l'accompagnement des législateurs nationaux avec par exemple l'adoption par l'UNESCO, dès 1982, de dispositions types de législation nationale sur la protection des expressions du folklore contre leur exploitation illicite et autres actions dommageables, et plus récemment, en 2002, sous les auspices de l'UNESCO, l'adoption de la loi type sur la protection des savoirs

---

[21] https://www.wipo.int/edocs/mdocs/tk/fr/wipo_grtkf_ic_45/wipo_grtkf_ic_45_7.pdf, p. 23.

traditionnels et des expressions de la culture, texte très intéressant qui relie explicitement savoirs traditionnels et expressions culturelles :

> Par savoirs traditionnels, on entend, entre autres, tout savoir : « a) créé, acquis ou inspiré à des fins économiques, spirituelles, rituelles, narratives, décoratives ou récréatives traditionnelles; b) transmis de génération en génération; c) considéré comme appartenant à un groupe, à un clan ou à une communauté traditionnel particulier de [nom du pays légiférant]; et d) issu d'une collectivité et détenu par elle ».

Le texte distingue les droits culturels traditionnels des droits moraux. On y trouve des mécanismes empruntés au droit d'auteur, droit d'autoriser toute exploitation, reproduction et représentation assez proche du schéma classique du droit d'auteur, droit de paternité, régime d'exceptions. Mais le dispositif de protection est aussi marqué par de fortes particularités, notamment la façon dont sont délimitées les exceptions qui tranche à certains égards avec les méthodes du droit d'auteur « modèle classique ». Elles sont inspirées par des motifs culturels et éducatifs, ou l'on trouve entre autres la création d'œuvres originales. Il s'agit là d'un enjeu important. Les autres dispositifs spécifiques sont la perpétuité des droits, l'inaliénabilité des droits, ressorts de protection particulièrement puissants ; la compensation équitable aux propriétaires des savoirs traditionnels du fait d'une utilisation commerciale, on n'est pas loin des systèmes qu'on trouve dans le droit de l'environnement ; le principe de consentement préalable en toute hypothèse.

Pour conclure, si, actuellement, l'hypothèse d'une Convention internationale est encore très incertaine, on ne peut pas ne pas évoquer les textes consacrés aux droits des peuples autochtones, en particulier la déclaration de 2007, qui va assez loin dans la reconnaissance de ces droits culturels. On peut dégager de ce texte plusieurs séries de droits collectifs : celui d'accéder, celui d'utiliser et de revivifier, celui de protéger et de transmettre. Il est vrai que l'on peut discuter de l'efficacité et de l'effectivité de ce texte. Notamment si la déclaration somme les États de prendre « des mesures efficaces pour protéger ce droit », elle n'apporte guère de précision sur la nature et l'étendue de ces prérogatives. Par ailleurs, il ne s'agit pas d'un instrument contraignant mais d'une simple déclaration. Mais ces points de faiblesse n'excluent pas qu'ils déploient une influence sur le comportement des États et sur la façon dont ils envisagent les relations avec les groupes infraétatiques, il ne faut pas négliger les phénomènes d'influence indirecte qui souvent se réalisent sur du temps long.

S'il n'est pas aisé d'apporter des réponses très concrètes et opérationnelles à la question de l'irréconciliable ou du réconciliable entre droits d'auteur et savoirs traditionnels, il ne semble pas inconcevable de pouvoir retravailler des institutions telles que la propriété en contemplation d'intérêts collectifs, d'y insuffler davantage de ce collectif. C'est un peu la démarche des théories autour des communs ou des biens communs, qui à partir de modèles propriétaires classiques, construisent des modes de gouvernance dont l'objet est d'instituer du commun. Mais il y a aussi un risque à penser les savoirs traditionnels par la propriété, à savoir risque d'enfermer la matière dans des figures juridiques de forte charge conceptuelle, risque d'abandonner à des cadres existants prédéterminés la réflexion juridique. Il me semble qu'une autre démarche intéressante et sans doute plus féconde consiste à partir des savoirs traditionnels pour comprendre en quoi ces éléments de culture peuvent produire des catégories propres. L'intérêt de la démarche est aussi d'échapper aux cloisonnements juridiques qui structurent très puissamment un certain nombre de nos systèmes, en particulier les divisions et plus encore les césures patrimoine/création, nature/culture, connaissance/création de forme, et d'éviter ainsi la fragmentation juridique de l'objet selon le ressort considéré.

Reste un certain nombre de difficultés à surmonter. En particulier, la production de normes propres n'évacue pas la question de l'articulation avec les droits de propriété intellectuelle. Ils sont là, dans un corpus nourri de règles internationales et européennes. Ensuite, la question se pose des niveaux pertinents d'intervention, assurément le niveau national, mais aussi le niveau régional, d'une façon plus incertaine le niveau international. Peut-être que les réflexions autour du domaine public, chantier actuellement en cours dans le cadre de l'OMPI, pourraient être investies et pensées aussi en intégrant la question des droits des groupes et communautés en matière de savoirs traditionnels. Il y a, on le voit, une certaine marge de progression dans ce domaine.

SAVOIRS TRADITIONNELS ET PROTECTION DE LA NATURE

Interaction avec le droit de l'environnement

Jérôme Fromageau[*]

1. En milieu forestier 39
2. Les zones humides 40
3. La résilience des communautés aux catastrophes naturelles
   et au changement climatique.. 42

Il existe une profonde interdépendance entre le patrimoine culturel immatériel et le patrimoine culturel matériel, tangible, mais aussi avec le patrimoine naturel, avec l'environnement. En effet, le patrimoine culturel immatériel est créé par les communautés en fonction de leur environnement et de leurs interactions avec la nature. De ce point de vue, il s'agit de connaissances et de pratiques relatives à la nature et l'univers qui peuvent être assimilées à de véritables systèmes de gestion des ressources écologiques qui, au sens de l'article 2 de la Convention pour la sauvegarde du patrimoine culturel immatériel, se transmettent de génération en génération. Ce patrimoine culturel immatériel est recréé en permanence par les communautés en fonction de leur histoire, de leur milieu et de leur lien avec la nature. Les pratiques agricoles, pastorales, les modalités d'exploitation forestière, de pêche, de chasse et de cueillette sont étroitement liées aux spécificités des espaces naturels sur lesquels elles s'exercent. Pour le dire autrement, les savoirs traditionnels résultent du développement des connaissances relatives aux ressources naturelles biologiques et génétiques, au sens de l'article 2 de la Convention sur la diversité biologique (adoptée à Rio de Janeiro le 5 juin 1992). Fondement de la vie des communautés, ces savoirs

---

[*] Ce texte reprend en grande partie les réflexions menées dans le cadre du groupe de recherche sur le droit du patrimoine culturel immatériel (Institut des Sciences du Politique ENS Université Paris-Saclay/Académie de la Culture de Lettonie).

sont relatifs à la conservation, à l'utilisation et à l'amélioration des ressources dont elles disposent dans leur environnement comme le précise le 12e alinéa du préambule de la Convention sur la diversité biologique : « Un grand nombre de communautés locales et de populations autochtones dépendent étroitement et traditionnellement des ressources biologiques sur lesquelles sont fondées leur[s] traditions ». Une véritable « solidarité écologique » s'impose du fait de la rareté de la ressource partagée, naturellement contrainte par les spécificités du milieu[1] et, dans ce cadre, la sauvegarde du patrimoine culturel immatériel contribue directement à la préservation de l'environnement et à la conservation de la biodiversité. Accumulés et transmis depuis des millénaires, ces savoirs et techniques « constituent un trésor de connaissances efficaces en même temps que la base d'une gigantesque banque de variétés d'espèces cultivées qui constituent pour l'humanité un précieux patrimoine végétal ».[2]

Dans tous les cas, il s'agit d'assurer une sorte de gestion intégrée et patrimoniale, de se prémunir contre toute transformation radicale des milieux en assurant la pérennisation des pratiques durables (comme l'on souhaite en garantir aujourd'hui le « développement durable » pour les générations futures) par la préservation sur la longue durée des usages, constituant ainsi, au sens juridique du terme, une forme de droit spontané qui nécessite, pour être reconnu comme tel, constance et régénération. Ce savoir collectif est « accumulé et transgénérationnel développé par les peuples et communautés autochtones relatif aux propriétés, usages et caractéristiques de la diversité biologiqu[e] ».[3]

Et, comme le montre bien Geoffroy Filoche, le droit concernant les savoirs traditionnels est difficilement saisissable et si les autochtones possèdent bien des savoirs naturalistes particuliers, ceux-ci se métissent et évoluent souvent. De plus, les titulaires du droit concernant les savoirs et pratiques peuvent varier, allant de la communauté dans son ensemble à des individus déterminés.[4] D'origine ancestrale, ce droit spontané offre une souplesse et une variété de force que peut difficilement offrir la loi.[5] Non écrit, malléable, fondé sur le consensus (consentement soit explicite, soit tacite de la communauté à laquelle il correspond),

---

[1]   En ce sens voir : Raphaël Mathevert, *Solidarité écologique : ce lien qui nous oblige*, Arles, Actes Sud, 2012, et Alain Supiot (dir.), *La Solidarité, enquête sur un principe juridique*, Paris, Éditions Odile Jacob, 2015. Pour Alain Supiot, cette solidarité écologique sera de plus en plus amenée à se développer face à l'urgence des questions environnementales : réchauffement climatique, inondations, tsunamis, catastrophes industrielles, etc. Plus généralement, pour approfondir ce sujet, voir François Huleux, *La contribution de la Convention pour la sauvegarde du patrimoine culturel immatériel à la conservation de la biodiversité*, thèse de doctorat en droit, Université Paris-Saclay / Université Laval, 2020.

[2]   Philippe Descola, « Diversité biologique, diversité culturelle », dans *Nature sauvage, nature sauvée ? Écologie et peuples autochtones*, revue *Ethnies*, avril 1999, pp. 213–235.

[3]   Formulation extraite de l'article 2b de la loi péruvienne 27811 du 24 juillet 2002.

[4]   Geoffroy Filoche, *Ethnologie, développement durable et droit en Amazonie*, Bruxelles, Bruylant, 2006.

[5]   En ce sens, voir Catherine Thibierge (dir.), *La Force normative. Naissance d'un concept*, Bruxelles, Bruylant (« LGDJ »), 2009.

il apparaît bien comme la garantie d'une sorte de démocratie locale directe. Norme de droit objectif, fondée sur une tradition populaire, il confère à telle ou telle pratique constante un caractère juridiquement contraignant qui s'impose de manière durable. Véritable corps de règles de droit d'origine non étatique, que la collectivité a fait sien par habitude dans la conviction de son caractère obligatoire, *opinio necessitatis*, il organise les échanges et « assure une proximité sociale ».[6] Cette durabilité « coutumière » est fondée sur la légitimité du précédent et l'ancienneté des pratiques de gestion des communs,[7] tout particulièrement dans le domaine forestier, dans les zones humides ou en situation de résilience face aux catastrophes naturelles.

1. EN MILIEU FORESTIER

Nombreuses sont les communautés qui entretiennent un rapport à la nature particulièrement adapté aux conditions exceptionnelles du milieu. Ces communautés humaines tirent traditionnellement leurs moyens de subsistance de la forêt, leur mode de vie y est étroitement associé, d'où l'importance de la préserver, comme par exemple la « cosmovision andine », élément inscrit en 2008 sur la Liste représentative du patrimoine culturel immatériel de l'humanité. Il est certain que de tels modes d'appropriation de l'espace présentent un intérêt d'autant plus important qu'ils s'appuient sur un fort consensus des communautés directement intéressées par l'exploitation courante des multiples ressources issues du milieu forestier, tout en préservant l'intérêt des générations futures. L'existence de ces communautés, qui dépend pourtant exclusivement de l'écosystème forestier, favorise la cohabitation de toutes les espèces animales et végétales. La conservation de la biodiversité y « procède d'un souci constant de gestion durable des ressources naturelles alliant une faible appropriation matérielle de la nature [à] un système de connaissances symboliques et objectives dignes de l'écologie moderne ».[8]

À cet égard, il n'est pas indifférent de noter que, dans bien des zones forestières, surtout tropicales et subtropicales, se développe une ingénierie de sylviculture, consacrant de fait l'existence de forêts coutumières pour tenter, certes avec

---

[6] *Cf.* Étienne Leroy, « Justice africaine et oralité juridique, une réinterprétation de l'organisation judiciaire "traditionnelle" à la lumière d'un thème général du droit oral d'Afrique noire », *Bulletin de l'IFAN*, tome 36, n° 3, 1974, pp. 559-591.

[7] De nombreux exemples sont donnés dans le *Dictionnaire des biens communs*, dir. Marie Cornu, Fabienne Orsi et Judith Rochfeld, Paris, PUF, 2017.

[8] C'est précisément le cas des Kasua de Papouasie-Nouvelle-Guinée, comme le développe Florence Brunois : « Les Papous à l'âge du Bois », dans *Nature sauvage, nature sauvée ? Écologie et peuples autochtones*, revue *Ethnies*, n°s 24-25, avril 1999, Documents, pp. 39-51 (p. 46).

beaucoup de difficultés, d'en limiter la disparition.[9] Car l'urbanisation rapide et l'extension des terres agricoles ont un effet sensible sur l'environnement naturel des communautés et sur la connaissance qu'elles en ont. Ainsi, le déboisement peut provoquer la disparition d'une forêt sacrée, pourtant traditionnellement très fortement protégée.[10] Les effets du changement climatique, la déforestation continue et l'extension permanente du désert menacent inévitablement de nombreuses espèces en péril et se traduisent par le déclin de l'artisanat traditionnel et de la médecine par les plantes et plus généralement des connaissances traditionnelles, du fait de la disparition des matériaux bruts et des espèces végétales. En outre, si les autochtones possèdent bien des savoirs naturalistes particuliers, ceux-ci se métissent, évoluant souvent, et, de plus, les titulaires du droit concernant de tels savoirs et pratiques peuvent varier, allant de la communauté dans son ensemble à des individus déterminés.[11]

2. LES ZONES HUMIDES

Les modalités de gestion des zones d'irrigation, étangs salés, marais salants, mangroves, tourbières, plaines alluviales, etc., souvent très sophistiquées, relèvent d'un corps de règles cohérentes, correspondant à la spécificité du milieu physique, pouvant varier à l'infini dans le détail et s'adaptant avec plus de précision et d'efficacité à chaque situation particulière. Dans tous les cas, qu'elle soit abondante ou rare, l'eau est à la disposition de tous les usagers. Il s'agit de tenir compte des différentes utilités, de la complémentarité qui peut exister entre le travail de la terre et l'alimentation en eau. Un tel espace génère un grand nombre d'activités, comme la pisciculture, la riziculture, la production des produits maraîchers, de fourrage, de sel sur le littoral, de la tourbe, etc.[12].

Pour qu'un tel système fonctionne, il ne peut y avoir appropriation privative de l'eau. L'appropriation du sol est conçue en termes de saisine, limitant ainsi les droits de chaque catégorie d'usagers, afin d'assurer la conservation du patrimoine de la collectivité dans lequel on souhaite faire fructifier des biens sans les épuiser.

---

[9] En ce sens voir, par exemple, PATRICE LEVANG et NICOLAS BUYSE, « Droits fonciers coutumiers ou contrôle des ressources naturelles. Conflits autour du niveau de la coutume à Kalimantan-Est, Indonésie », *Colloque international « Les frontières de la question forestière – At the frontier of land issues »*, Montpellier, 2006, pp. 1–15.

[10] C'est tout particulièrement le cas des forêts sacrées de Kayas des Mijikenda au Kenya ou encore de celles d'Osun-Oshogbo au Nigéria : NORA MITCHELL, MECHTILD RÖSSLER et PIERRE-MARIE TRICAUD, *Paysages culturels du patrimoine mondial. Guide pratique de conservation et de gestion*, Paris, UNESCO, 2011.

[11] GEOFFROY FILOCHE, *supra* n. 4.

[12] *Cf.* JEAN-MICHEL DEREX, *La Mémoire des étangs et des marais. À la découverte des traces de l'activité humaine dans les pays d'étangs et de marais à travers les siècles*, Paris, Ulmer, 2017, pp. 116–117.

L'utilité collective prime l'utilité individuelle : le démembrement de la propriété est réalisé au bénéfice des droits d'usage locaux. Il en est ainsi, par exemple, sur le versant des Andes péruviennes,[13] des « rizières de Jatiluwih » à Bali, système d'irrigation traditionnel, coopératif de gestion de l'eau, inscrit sur la Liste du patrimoine mondial, comme paysage culturel en 2012,[14] ou encore des rizières en terrasses d'altitude des Ifugao des cordillères des Philippines, inscrites sur la Liste du patrimoine mondial, comme paysage culturel en 1995, qui, « épousant les courbes des montagnes, sont le fruit d'un savoir-faire transmis de génération en génération, des traditions sacrées et d'un équilibre social délicat. Elles créent un paysage où se lit l'harmonie conquise et préservée entre l'homme et l'environnement ».[15]

De la même façon, les directives opérationnelles pour la mise en œuvre de la Convention pour la sauvegarde du patrimoine culturel immatériel (Paris, 4–6 juin 2018, chap. VI, § 1.5) relèvent que nombre de systèmes traditionnels de gestion de l'eau favorisent un accès équitable à l'eau potable et l'utilisation durable de l'eau, comme c'est le cas dans les communautés des oasis du Maghreb, qui ont créé des structures parfaitement adaptées à des conditions écologiques très contraignantes dans des milieux particulièrement arides.[16] « Reconnus par les communautés, groupes et, le cas échéant, les individus, ils font partie de leur patrimoine culturel immatériel » et sont autant de réponses aux besoins environnementaux et de développement liés à l'eau et renforcent leur résilience face au changement climatique.

Deux exemples de classement au titre du patrimoine culturel immatériel constituent de très intéressants précédents tout à fait exemplaires à cet égard : d'une part, le tribunal des eaux de Valence (Espagne) et, d'autre part, celui des juges de l'eau de Corongo (Pérou). Ainsi, le Consejo de Hombres Buenos de la Huerta de Murcia et le tribunal de las Aguas de la Vega de Valencia ont été consacrés à ce titre par l'UNESCO en 2009. La décision d'inscription du Comité intergouvernemental a notamment retenu que ces institutions « assurent la cohésion des communautés traditionnelles, veillent à la complémentarité des métiers (gardiens, inspecteurs, émondeurs …) et contribuent à la transmission orale des savoir-faire d'irrigation qui sont issus d'échanges culturels anciens ainsi que d'un lexique spécialisé riche en arabismes … Ils sont les dépositaires d'une

---

[13] *Cf.* Dominique Hervé, Henri Poupon et Philippe Rousseau, « Irrigation et maîtrise de l'eau sur un versant des Andes péruviennes », en *Études rurales*, 1999, pp. 115–116, pp. 159–176.

[14] Rubrique « Paysages culturels » du site de la Convention sur le patrimoine mondial, culturel et naturel : https://whc.unesco.org/fr/paysagesCulturels/.

[15] Nora Mitchell, Mechtild Rössler et Pierre-Marie Tricaud, *supra* n. 10.

[16] *Cf.* Genevieve Bédoucha, « Libertés coutumières et pouvoir central. L'enjeu du droit de l'eau dans les oasis du Maghreb », Prégnance du droit coutumier, *Etudes rurales*, pp. 155–156, pp. 117–141.

identité locale et régionale de longue durée et de grande importance pour les habitants ».[17] Quant au système traditionnel des juges de l'eau de Corongo, dans la province d'Ancash au nord du Pérou (élément inscrit en 2017), dont l'origine remonte à la période préincasique, il permet d'assurer l'approvisionnement en eau de façon équitable et durable à l'ensemble des habitants.

> Cela se traduit par une excellente gestion des terres, et l'assurance, pour les générations à venir, de bénéficier de ces deux ressources. Les habitants de Corongo sont les principaux détenteurs de l'élément. Le système régit en effet leurs activités agricoles … La plus haute autorité de ce système est le juge de l'eau. Son rôle consiste à gérer l'eau et à organiser les principales festivités de Corongo. L'élément constitue le pilier de l'identité culturelle et de la mémoire de Corongo. Le système observe trois principes fondamentaux : la solidarité, l'équité et le respect de la nature.[18]

Ainsi, l'inscription sur la Liste représentative du patrimoine culturel immatériel de l'humanité de ces deux éléments consacre le rôle social qu'assurent de telles institutions ainsi que leur fonction juridictionnelle et, par là, le rôle déterminant du droit coutumier comme marqueur d'identité culturelle des territoires concernés. Cette autorité morale et juridictionnelle que représentent de telles structures d'arbitrage traditionnel repose pour l'essentiel sur des fonctions sociales et économiques : le contrôle de l'accès aux ressources en eau d'irrigation et sa réglementation, la gestion de l'usage de ces ressources, la centralisation du mécanisme de transfert des ressources et, enfin, la régulation des systèmes de comportement et d'interactions sociales.

3. LA RÉSILIENCE DES COMMUNAUTÉS AUX CATASTROPHES NATURELLES ET AU CHANGEMENT CLIMATIQUE

« Outils essentiels pour les stratégies de réduction des risques de catastrophe », la résilience ne saurait être sous-estimée, bien au contraire. À cet égard, il conviendrait de mettre en valeur les connaissances et les pratiques relatives à la géoscience, en particulier au climat. Utiliser leur potentiel « pour contribuer à la réduction des risques, à la reconstruction suite aux catastrophes naturelles, en particulier à travers le renforcement de la cohésion sociale et l'atténuation des

---

[17] Sur le site de la Convention pour la sauvegarde du patrimoine culturel immatériel : https://ich.unesco.org/fr/RL/les-tribunaux-dirrigants-du-bassin-mediterraneen-espagnol-le-conseil-des-bons-hommes-de-la-plaine-de-murcie-et-le-tribunal-des-eaux-de-la-plaine-de-valence-00171.
[18] Ibid.

impacts du changement climatique » se justifie très souvent.[19] Reste, il est vrai, à mieux comprendre l'efficacité de telles connaissances, relatives à la réduction des risques de catastrophe, à la reconstruction à la suite de catastrophes, ou encore aux différentes formes d'adaptation au climat et d'atténuation au changement climatique. Autant de pratiques qui sont « reconnues par les communautés, les groupes et, le cas échéant, les individus comme faisant partie de leur patrimoine culturel ».[20]

Au total, ce patrimoine immatériel relatif à la protection de la nature, transmis de génération en génération, participe au maintien de l'équilibre entre la sauvegarde du patrimoine culturel immatériel et la nécessité de préserver l'environnement. Très majoritairement, les savoir-faire et usages contribuent explicitement ou implicitement à la finalité de protection de la nature, et constituent de véritables auxiliaires des normes étatiques en appui au droit de l'environnement. S'il est vrai que certains vont à son encontre, il existe des compromis entre le droit de l'environnement et de telles pratiques traditionnelles : en effet, nombre de lois assurent la protection de l'environnement, tout en prévoyant des exceptions au profit des communautés.[21]

---

[19] *Directives opérationnelles pour la mise en œuvre de la Convention pour la sauvegarde du patrimoine culturel immatériel* (Paris, 4–6 juin 2018), chap. VI, § 3.3 « Résilience des communautés aux catastrophes naturelles et au changement climatique ».

[20] Voir les exemples relatifs à la Nouvelle-Guinée, aux Îles Salomon et aux Îles Samoa, cités dans le rapport du Comité intergouvernemental de sauvegarde du patrimoine culturel immatériel, 12e session, Île de Jeju, République de Corée, 4–9 décembre 2017, *Point 15 de l'ordre du jour : Patrimoine culturel et situation d'urgence*.

[21] En ce sens, on consultera avec intérêt la thèse de Frédérique Permingeat, « La coutume et le droit de l'environnement », thèse de doctorat en droit, Université Jean Moulin Lyon III, 2009.

LE FANTASME DE LA CENSURE

Arts visuels, littérature et musique

Javier García Fernández*

1. Introduction 45
2. La constitutionnalisation de la liberté dans les arts 46
3. La consecration internationale de la liberté des arts 55
4. Quel type de droit c'est ?... 58
5. L'objet du droit.. 60
6. Les titulaires de la liberté de creation artistique et litteraire............. 63
7. Le contenu de la liberté de creation artistique et litteraire 65
8. Les limites et le probleme de la censure............................. 67

1. INTRODUCTION

Antonio Banfi disait que la vie spirituelle apparaît comme un processus d'idéalisation au sein d'une réalité donnée, comme un acte créateur de valeurs qui devient réel, de sorte qu'il pose, au sein de la réalité, la question de la réalité de l'idéal. À travers l'art, le monde humain est scindé en une dualité de forme et de détermination (respectivement la société et les individus), comme un principe de conflit et de relation.[1] Cette première perception de la dimension sociale de l'esthétique nous conduit à une autre idée formulée par le penseur germano-américain Paul Oskar Kristeller. Le philosophe se souvenait du jésuite bohémien Jakob Pontanus (1542–1626), qui soulignait l'affinité de la poésie, de la peinture et de la musique, affinité qui découlait précisément du fait qu'il s'agissait d'arts libéraux dont le but était le plaisir.[2] Ainsi, nous constatons que le résultat de la vie spirituelle, qui est la création esthétique, a une pleine dimension sociale

---

*   This text was translated into French by Jorge Sánchez Cordero.
[1]   Antonio Banfi, « L'esprit esthétique » (1920), dans son ouvrage *Philosophie de l'art* (trad. Antonio-Prometeo Moya), Ed. Peninsula, Barcelone, 1987, p. 47.
[2]   Paul Oskar Kristeller, « Le système moderne des arts » (1951), dans son ouvrage *La pensée de la Renaissance et les arts. Recueil d'essais* (trad. Bernardo Moreno Carrillo), Éd. Taurus, Madrid, 1986, pp. 200–201.

car il émane d'êtres sociaux (les artistes) et s'adresse à la société. En bref, l'art, en tant qu'expression de la culture, possède en définitive une dimension sociale.³

En fin de compte, comme l'a écrit Arnold Hauser, l'art est un moyen de s'emparer du monde, que ce soit par la violence ou par l'amour, car toute œuvre d'art est une critique et une correction de la vie et une tentative de racheter cette vie pour son manque de forme, pour lui donner une forme plus univoque bien que pas complètement parfaite.⁴ Avec ce point de départ, nous ne devons pas ignorer que, comme l'a souligné Nicos Hadjinicolaou, les œuvres ont une idéologie et que l'idéologie d'une œuvre est une idéologie en images, ce qui ne signifie pas que l'idéologie de l'artiste coïncide toujours avec celle de ses œuvres.⁵ Ranuccio Bianchi Bandinelli l'a bien vu lorsqu'il a expliqué comment, à Rome, l'art était au service de la politique impériale.⁶

Dans ce contexte, et en partant du fait que les pouvoirs publics orientent, encouragent, découragent, ordonnent et, si nécessaire, répriment les arts en tant qu'expression de la culture d'une société, nous devons réfléchir d'un point de vue juridique sur la liberté d'expression artistique et, dans le cadre de cette réflexion, sur la légalité et l'opportunité de la censure. Pour ce faire, nous commencerons par identifier la signification politique de la liberté dans l'art et son reflet dans les constitutions. Dans un deuxième temps, nous examinerons la dimension juridique de cette liberté. Et troisièmement, les profils politiques et juridiques de la limitation de la liberté dans l'art par le biais de la censure.

2. LA CONSTITUTIONNALISATION DE LA LIBERTÉ DANS LES ARTS[7]

Montesquieu disait que « la liberté est le droit de faire tout ce que les lois permettent ; et si un citoyen pouvait faire ce qu'elles défendent, il n'aurait plus

---

3   Sur la dimension sociale de la culture, voir CAMPIO CARPIO, *Le destin social de l'art*, Cahiers de Culture, Madrid, 1933 ; ANNIE GUÉDEZ, « Culture », chez JEAN DUVIGNAUD (dir.), *La Sociologie. Guide alphabétique*, Éds. Denoël, Paris, 1972, pp. 125–130, et JAVIER GARCIA FERNANDEZ, « La dimension sociologique de la culture », *Sujets de discussion*, 325–326, janvier–février 2022, pp. 25–28.

4   ARNOLD HAUSER, *Introduction à l'histoire de l'art* (trad. FELIPE GONZALEZ VICEN), Éd. Guadarrama, Madrid, 1969, 2ᵉ éd., pp. 148–149.

5   NICOS HADJINICOLAOU, *Histoire de l'art et lutte des classes* (trad. AURELIO GARZON DEL CAMINO), Éds Siglo XXI, Madrid, 1975, 3ᵉ éd., pp. 81–88.

6   Et il a donné l'exemple de la colonne Trajane. RANUCCIO BIANCHI BANDINELLI, *De l'hellénisme au Moyen-âge* (trad. BENITO GOMEZ IBAÑEZ), Éd. Akal, Madrid, 1981, pp. 111–148.

7   Sur la constitutionnalisation des droits de l'homme, voir PEDRO CRUZ VILLALON, « Formation et évolution des droits fondamentaux », dans son ouvrage *La curiosité du juriste persan, et autres études sur la Constitution*, Centre d'études politiques et constitutionnelles, Madrid, 2006, 2ᵉ éd., pp. 175–204.

de liberté, parce que les autres auraient tout de même ce pouvoir ».[8] Dès le milieu du XVIIIe siècle, il est apparu comme évident que la liberté (et les libertés individuelles) a un environnement juridique qui est la norme fixant son champ d'application, son périmètre et ses limites,[9] ce qui a été repris dans l'article 4 de la Déclaration des droits de l'homme et du citoyen de 1789. Mais la Déclaration de 1789 inclut également la notion spécifique de la liberté des arts en proclamant la libre communication des pensées et des opinions : « Tout citoyen peut donc parler, écrire et imprimer librement, sous réserve de la responsabilité que l'abus de cette liberté peut entraîner dans les cas déterminés par la loi » (article 11).[10] Coïncidant avec la Déclaration française de 1789, le premier amendement de la Constitution américaine, adopté le 25 septembre 1789, consacre également la liberté d'expression et de presse.

Peu après, avec la Constitution française du 3 septembre 1791, apparaît non seulement ce droit à la liberté d'expression, mais aussi l'interdiction de la censure : « La Constitution garantit comme droits naturels et civils : … la liberté pour tout homme de parler, d'écrire, d'imprimer et de publier ses pensées, sans que ses écrits puissent être soumis à la censure ou à une inspection avant leur publication » (Titre premier).[11] Ainsi, dès le XVIIIe siècle, la liberté des arts a obtenu une reconnaissance juridique par la Constitution, qui est la plus haute expression de sa valeur politique. Et au XIXe siècle, elle sera définitivement consolidée par le constitutionnalisme libéral européen et américain.

Le constitutionnalisme du XIXe siècle a en effet consolidé la protection juridique de la liberté de pensée et d'art et la méfiance à l'égard de la censure. La Charte française de 1814 reconnaissait le droit des Français de publier et de faire imprimer leurs opinions mais, au lieu de proscrire la censure, elle ajoutait : « en se conformant aux lois qui doivent réprimer les abus de cette liberté ».[12] Cependant, la Charte issue de la Révolution de 1830 a remplacé la référence aux lois réprimant les abus de liberté par une interdiction stricte de la censure.[13]

---

[8] Baron de Montesquieu, *De l'Esprit des Lois* (1748), XI, 4 (*Œuvres complètes*, Seuil, Paris, 1964, p. 586).

[9] C'est également au XVIIIe siècle, en Amérique, que s'établissent les prémices de la liberté dans les arts, de la liberté de la presse (point XII de la Déclaration des droits de Virginie de 1776).

[10] *Apud* Joaquin Varela Suanzes, *Textes fondamentaux de l'histoire constitutionnelle comparée*, Centre d'études politiques et constitutionnelles, 1998, pp. 98–99.

[11] Ibid., p. 101. La Déclaration des droits de l'homme et du citoyen qui accompagne l'Acte constitutionnel de 1793, tout en reconnaissant dans son article 4 le droit d'exprimer ses pensées et ses opinions, ne fait pas référence à la censure. Cependant, la Constitution de l'an III (1795) va à nouveau non seulement reconnaître le droit de parler, d'écrire, d'imprimer et de publier des pensées, mais aussi interdire la censure préalable (article 353). Cette prévision disparaît avec les textes constitutionnels napoléoniens, sauf dans l'Acte additionnel de 1815, qui reprend la formulation de 1795 (article 64).

[12] *Apud* Dominique Colas, *Textes constitutionnels français et étrangers*, Larousse, Paris, 1994, p. 701.

[13] « La censure ne pourra jamais être rétablie » (*apud* Dominique Colas, *supra* n. 12, p. 707).

Ces vicissitudes du constitutionnalisme français nous montrent qu'au XIXe siècle, la liberté des arts et l'interdiction ou la permission de la censure ont suivi différents modèles. Il est donc utile d'examiner les différentes réponses que le constitutionnalisme du XIXe siècle a apportées à cette question afin de les opposer aux réponses données au XXe siècle. Plus précisément, sur une échelle de plus grande à plus faible protection, on peut identifier les modèles constitutionnels suivants :

- Reconnaissance de la liberté des arts : Constitutions prussiennes de 1848 et 1850 (article 20).[14]
- Reconnaissance de la liberté d'expression de la pensée et l'interdiction de la censure : Constitution politique de l'Empire du Brésil de 1824 (article 179.4) ; Charte constitutionnelle portugaise de 1826 (article 145.3) ; Constitution belge de 1830 (article 18, liberté de la presse) ; Lois constitutionnelles mexicaines de 1836 (article 2.VI, liberté de la presse) ; Bases organiques de la République mexicaine sanctionnées en 1843 (article 9.II et III sauf dans les écrits contre les dogmes religieux) ; Constitution française de 1848 (article 8) ; Constitutions prussiennes de 1848 et 1850 (article 27) ; Constitution argentine de 1853 (article 14) ; Constitution espagnole non promulguée de 1856 (article 3) ; Constitution politique de la République mexicaine de 1857 (articles 6 et 7) ; Constitution péruvienne de 1860 (article 21) ; Loi fondamentale de l'Empire autrichien de 1867 sur les droits généraux des citoyens (article 13) ; Constitution chilienne de 1874 (article 12.7) ; et la Constitution espagnole de 1876 (article 13).[15]
- Reconnaissance totale ou partielle de la liberté d'expression de la pensée sans référence à la censure : Statut de Bayonne de 1808 (article CXLV, liberté

---

[14] La formulation était la suivante : « Les sciences et l'art sont libres » (*apud* FRANCISCO DE HEREDIA, *Compilation des Constitutions en vigueur en Europe et en Amérique*, Typographie D'Alvarez Hermanos, Madrid, 1884, t. I, p. 25). THEODOR MOMMSEN a commenté ce précepte, *Les droits fondamentaux du peuple allemand. Commentaire sur la Constitution de 1848* (1849) (trad. G. VALERA), Il Mulino, Bologne, 1994, 2ᵉ éd., pp. 58–59.

[15] Voir aussi, entre autres, la Constitution politique de l'État libre et souverain du Costa Rica de 1844 (articles 7 à 9, liberté de communication, de presse et d'opinion) ; la Constitution française de 1848 (article 8) ; la Constitution des Pays-Bas de 1848 (article 8, liberté de la presse) ; la Loi fondamentale danoise de 1849 (article 86, liberté de la presse) ; la Constitution du Nicaragua de 1858 (article 13.2) ; Constitution politique du Costa Rica de 1859 (articles 30 et 31, liberté d'opinion et de la presse) ; Constitution grecque de 1864 (article 14, exemption de l'interdiction de recueillir des imprimés dans les cas contre la religion ou contre le roi) ; Loi organique du Riksdag suédois de 1867 ; Constitution luxembourgeoise de 1868 (article 24) ; Constitution du Salvador de 1872 (article 24) ; Constitution d'Haïti de 1874 (article 29) ; Loi constitutive de la République du Guatemala de 1879 (article 26, liberté d'opinion et de presse) ; Constitution du Honduras de 1880 (article 9.1) ; Constitution de la République de Cuba de 1901 (article 25), etc.

de la presse reportée à deux ans après l'exécution du Statut) ; Constitution espagnole de 1812 (article 131.24ª, la liberté de la presse comme pouvoir des cours) ; Constitution norvégienne de 1814 (article 100, liberté de la presse) ; Décret constitutionnel pour la liberté de l'Amérique mexicaine de 1814 (article 40, liberté de la presse) ; Constitution fédérale mexicaine de 1824 (article 50, en tant que pouvoir exclusif du Congrès général) ; Déclaration des droits de l'État et de ses habitants du Guatemala de 1839 (article 12 de la section 2) ; Statut Albertin de 1848 (article 28, liberté de la presse, à l'exception des publications religieuses) ; Constitution colombienne de 1863 (article 15.6 et 7) ; Constitution espagnole de 1869 (article 17) ; projet de Constitution fédérale espagnole de 1873 (article 19) ; Constitution fédérale suisse de 1874 (article 54, liberté de la presse).[16]

L'examen de toutes ces constitutions montre que, dès le XIXe siècle, la notion de liberté d'expression des opinions s'était enracinée par tous les moyens (et pas seulement par l'imprimerie) et que, dans de très nombreux cas, cette liberté d'opinion était perfectionnée par l'interdiction pure et simple de la censure préalable, qui, dans certains cas, était complétée par l'interdiction de l'établissement d'une caution pour les publications. D'une certaine manière, la liberté d'opinion et le rejet de la censure préalable étaient déjà un acquis commun parmi les États constitutionnels d'Europe et d'Amérique au cours du XIXe siècle. Cet acquis commun reposait sur les idées avancées par Benjamin Constant au début du siècle : les mesures visant à réprimer la liberté de la presse provoquent des maux plus grands que ceux auxquels on veut remédier en la réprimant :

> Si vous accordez à l'autorité le pouvoir d'interdire la manifestation des opinions, vous lui donnez déjà le droit de déterminer leurs conséquences, et de tirer des inductions des raisonnements, en un mot, de placer les raisonnements au même degré que les faits, ce qui est consacrer l'arbitraire dans toute sa latitude.[17]

Et cet acquis a pris la nature juridique du status libertatis que la doctrine a façonné à partir de Jellinek,[18] c'est-à-dire un espace de liberté où l'État n'interviendrait pas. Cependant, il est également vrai que la constitutionnalisation de la liberté d'expression n'a pas en soi fourni une garantie totale. Hans Kelsen l'a vu bien plus

---

16   En outre, la Constitution bavaroise de 1818 (titre IV, paragraphe 11, liberté de la presse et de la librairie) ; et la Constitution de la Principauté de Serbie de 1869 (article 32), etc.
17   BENJAMIN CONSTANT, *Cours de politique constitutionnelle* (trad. MARCIAL ANTONIO LOPEZ), Imprimerie de la Compagnie, Madrid, 1820, t. II, p. 175.
18   GEORG JELLINEK, *Système de droits publics subjectifs* (trad. GAETANO VITAGLIANO), Società Editrice Libraria, Milan, 1912, pp. 105–126.

tard, notant, comme Jellinek, qu'il s'agissait d'un droit de liberté dans le sens où l'État ne devait pas intervenir, mais avertissant que sa garantie était très faible puisque la Constitution déléguait à la législation les éventuels empiètements sur cette sphère de liberté.[19]

Finalement, malgré l'interdiction maintes fois répétée de la censure, la législation ordinaire a ouvert trop de portes à la répression par le biais du pouvoir judiciaire et des exceptions relatives à l'état de guerre et à l'état d'urgence. En fait, elle était inévitable en raison de la grande importance de la presse dans la formation de l'opinion publique, ce que Constant a également vu.[20]

Qu'a apporté le constitutionnalisme du XXe siècle ? On sait qu'en Europe (pas en Amérique, sauf peut-être au Mexique avec la Constitution de 1917), la fin de la Première Guerre mondiale a bouleversé l'organisation politique de tout le continent, avec la disparition de trois grands empires (allemand, austro-hongrois et russe) et l'émergence de nombreux nouveaux États (Pologne, Tchécoslovaquie, Autriche, Hongrie, Yougoslavie, Républiques baltes, etc.) qui ont immédiatement entamé des processus constituants, bientôt rejoints par l'Espagne en 1931.[21]

Très brièvement, le constitutionnalisme d'après-guerre de 1918 a posé les principes suivants :

- Reconnaissance de la liberté des arts : Constitution allemande de 1919 (article 142)[22] ; Constitution de la République de Bavière de 1919 (article 20)[23] ; Constitution tchécoslovaque de 1920 (article 118)[24] ; Constitution estonienne

---

[19] HANS KELSEN: *Théorie générale de l'État* (1925) (trad. LUIS LEGAZ LACAMBRA), Éd. Comares, Grenade, 2002, pp. 257–260.

[20] BENJAMIN CONSTANT, *supra* n. 17, t. II, p. 172.

[21] Sur le nouveau constitutionnalisme européen postérieur à 1918, CARLOS GARCIA OVIEDO, *Le constitutionnalisme d'après-guerre*, Typographie de M. Carmona, Séville, 1931 ; et BORIS MIRKINE-GUÉTZEVITCH, *Tendances modernes du droit constitutionnel* (trad. SABINO ALVAREZ-GENDIN), Éd. Reus, Madrid, 1934.

[22] Il convient de citer le précepte qui, comme les Constitutions prussiennes de 1848 et 1850, a constitué un point de départ important : « L'art et la science, ainsi que leur enseignement, sont libres. L'État garantit leur protection et participe à leur promotion » (apud NICOLÁS PÉREZ SERRANO et CARLOS GONZALEZ POSADA, *Constitutions européennes et américaines*, Librairie générale de Victoriano Suarez, Madrid, 1927, t. I, p. 65). Sur cet article, OTTMAR BÜHLER, *La Constitution allemande du 11 août 1919. Texte intégral, commentaires, introduction historique et jugement général* (trad. J. ROVIRA ARMENGOL), Éd. Labor, Barcelone, 1931, p. 135.

[23] « La liberté de l'art, de la science et de leur enseignement est garantie et ne peut être restreinte que par la législation et uniquement pour la préservation de l'ordre public, de la sécurité, de l'hygiène ou de la moralité. » (apud NICOLÁS PÉREZ SERRANO et CARLOS GONZALEZ POSADA, *supra* n. 22, t. I, pp. 109–119).

[24] « La recherche scientifique et la publication de ses résultats, ainsi que l'art, sont libres tant qu'ils n'enfreignent pas le droit pénal » (apud NICOLÁS PERÉZ SERRANO et CARLOS GONZALEZ POSADA, *supra* n. 22, t. I, p. 219).

de 1920 (article 12)[25] ; et Constitution de la ville libre de Dantzig de 1922 (article 101).[26]
- Reconnaissance de la liberté d'expression de la pensée et l'interdiction de la censure : Constitution mexicaine de 1917 (liberté d'expression, article 6 ; liberté de la presse, article 7) ; Constitution uruguayenne de 1917 (liberté d'expression, article 166) ; Constitution allemande de 1919 (liberté d'expression mais possibilité d'établir des dispositions de censure spéciales pour la cinématographie et les spectacles publics, article 118) ; Constitution du Pérou de 1920 (liberté de la presse, article 34) ; Constitution de la Tchécoslovaquie de 1920 (article 113, liberté de la presse ; et article 117, liberté d'expression des opinions par l'imprimerie et autres moyens graphiques) ; Constitution de l'Estonie de 1920 (liberté d'expression, y compris les représentations graphiques et la sculpture, mais pouvant être limitée dans l'intérêt de la morale et de la sécurité de l'État, article 13) ; Constitution de la Pologne de 1921 (liberté d'expression, article 104 ; liberté de la presse, article 105) ; Constitution du Royaume des Serbes, Croates et Slovènes de 1921 (article sur la presse, interdiction de la censure sauf en cas d'état de guerre, article 13) ; Constitution roumaine de 1923 (liberté d'expression et de la presse, articles 25 et 26) ; Constitution turque de 1924 (liberté d'expression et de la presse, articles 70 et 77) ; Constitution chilienne de 1925 (liberté d'expression, article 10.3) ; Constitution grecque de 1927 (liberté d'expression mais possibilité de censure pour les informations militaires et le cinéma pour la protection de la jeunesse ainsi que la saisie des publications contenant des outrages à la religion chrétienne, article 16) ; et Constitution de la République espagnole de 1931 (liberté d'expression, article 34).
- Reconnaissance totale ou partielle de la liberté d'expression de la pensée sans référence à la censure : Constitution politique du Costa Rica de 1917 (liberté d'opinion sans pouvoir invoquer la religion) ; Constitution de la Finlande de 1919 (liberté de la presse) ; Constitution de l'État libre d'Irlande de 1922 (libre expression de la pensée) ; Constitution de la Lituanie de 1928 (liberté d'expression et de la presse pouvant être limitée pour la protection de la morale et de l'ordre public) ; et Constitution de la République d'Irlande de 1937 (liberté d'expression assortie de restrictions suffisantes pour garantir que la presse, la radiodiffusion et la cinématographie ne portent pas atteinte à l'ordre public, à la morale ou à l'autorité de l'État).

---

25 « La science, les arts et leur enseignement sont libres en Estonie » (apud BORIS MIRKINE-GUETZÉVITHCH, Les Constitutions de l'Europe nouvelle, Librairie Delagrave, Paris, 1930, p. 164).

26 « L'art, la science et leur enseignement sont libres. L'État leur accorde sa protection et est tenu de contribuer largement à leur progrès » (apud BORIS MIRKINE-GUETZÉVITHCH, supra n. 25, p. 421).

Si l'on compare le traitement constitutionnel de la liberté d'expression et de création artistique au XIXe siècle et dans la première période d'après-guerre du XXe siècle (1918–1939), la conclusion à tirer est que les avancées constitutionnelles n'ont pas été très accentuées. La reconnaissance de la liberté artistique dans la Constitution prussienne de 1848 n'a été reprise que dans celles de Weimar, de la Tchécoslovaquie, de l'Estonie et de Dantzig, mais dans le cas de la Constitution allemande de 1919, la censure a été introduite pour les nouveaux arts cinématographiques et pour la « basse littérature » et la pornographie, qu'une certaine doctrine espagnole a même justifiée, également dans le cas de la Grèce, soit par ses caractéristiques techniques (cinématographie), soit par ses destinataires particuliers (la jeunesse).[27] La différence entre le régime constitutionnel de la liberté d'expression au XIXe siècle et dans la première moitié du XXe siècle peut être résumée en deux points. Tout d'abord, dans certains cas, s'agissant de constitutions normatives (Autriche, Tchécoslovaquie, Espagne, et dans une certaine mesure Allemagne), le développement législatif de ces droits constitutionnels a été davantage protégé contre des applications restrictives. Deuxièmement, dans de nombreux cas, la proclamation de la liberté d'expression et de presse et l'interdiction de la censure se sont accompagnées d'une plus grande précision et de garanties pour son exercice : judiciarisation des restrictions, interdiction de la saisie des publications, engagement de l'État à sa promotion (ce qui rapprochait ce droit de liberté d'un droit de prestation), extension du droit aux personnes morales, etc.[28]. Elle n'a pas représenté un changement qualitatif par rapport à la législation du XIXe siècle, mais elle a perfectionné son exercice et ses garanties. En ce qui concerne la liberté artistique, il n'y a pas eu non plus de changement qualitatif, puisque, comme nous venons de le souligner, seules quelques constitutions ont repris presque mot pour mot la Constitution prussienne de 1848.

Après la Seconde Guerre mondiale, l'Europe a connu une autre vague de processus constitutifs. Nous nous attarderons brièvement sur les États d'Europe occidentale sans considérer les processus constitutifs en Europe de l'Est, parce qu'il s'agissait de processus imposés par l'occupant soviétique et parce qu'ils ont également donné lieu à des constitutions sémantiques sans valeur juridique ou politique. Aux fins du présent travail, il suffit de noter les nouvelles dispositions

---

[27] CARLOS GARCÍA OVIEDO, supra n. 21, pp. 150–151 ; et NICOLAS PÉREZ SERRANO, *La Constitution espagnole (9 décembre 1931). Le contexte. Texte. Commentaires*, Éditions Revue de Droit privé, Madrid, 1931, p. 152.

[28] ANGEL RODRIGUEZ : « Les droits et les devoirs des Espagnols. Garanties individuelles et politiques (Titre III. Chapitre premier. Arts. 25–42) », chez JOAN OLIVER ARAUJO et AGUSTÍN RUIZ ROBLEDO (dirs.), *Commentaires sur la Constitution de 1931 à l'occasion de son 90ᵉ anniversaire*, Centre d'études politiques et constitutionnelles, Madrid, 2021, p. 132.

constitutionnelles en Italie et en Allemagne[29] et celles qui ont suivi en Grèce, au Portugal et en Espagne après le rétablissement de la démocratie dans ces trois pays.[30] Concrètement, dans ces constitutions, la liberté d'expression et de création artistique et le traitement de la censure étaient réglementés comme suit :

- En Italie, la Constitution de 1948 a établi la liberté d'expression, sans pouvoir soumettre la presse à une autorisation ou à une censure préalables, la possibilité de saisir des publications même sans autorisation judiciaire préalable, la possibilité de fonds publics pour la presse et l'interdiction des manifestations contraires aux usages (article 21), compatible avec la proclamation de la liberté de l'Art (article 33)[31] et avec le mandat de la République de promouvoir la Culture (article 9).
- En République fédérale d'Allemagne, la Loi fondamentale de Bonn de 1949 a également établi la liberté d'expression, y compris la liberté de la presse, de la radio et du cinéma sans censure préalable. Ce droit trouve ses limites dans les lois générales et dans celles adoptées pour la protection de la jeunesse et de l'honneur personnel.[32] En outre, la liberté de l'art est maintenue[33] (toute cette réglementation a été concentrée dans l'article 5).
- En Grèce, la Constitution de 1975, dans un article 14 très complet, établit la liberté d'expression dans le respect des lois de l'État, la liberté de la presse sans censure ni mesures préventives et permet la saisie d'imprimés sur ordre du Ministère des finances et autorisation du pouvoir judiciaire, pour outrages

---

[29] La Constitution française de 1946 ne contenait qu'un préambule assez limité consacré aux droits et libertés, avec une brève référence à la garantie de l'accès à la culture. Et la Constitution française de 1958 a repris le Préambule de la Constitution de 1946.

[30] Pour un aperçu de la régulation de la liberté de création culturelle dans le constitutionnalisme contemporain, voir Peter Häberle, « La protection constitutionnelle et universelle des biens culturels. Une analyse comparative », Revue espagnole de droit constitutionnel, num. 54, septembre–décembre 1998, pp. 11–38, et *La théorie de la constitution comme science de la culture*, Éd. Tecnos, Madrid, 2000.

[31] « L'art et la science sont libres, ainsi que l'enseignement » (apud Jorge de Esteban et Javier Garcia Fernandez, *Constitutions espagnoles et étrangères*, Éd Taurus, Madrid, 1979, 2ᵉ éd., t. II, p. 126). Sur ce règlement, pour tous, Alberto Mura, « École, culture et recherche scientifique », et Aldo Loiodice, « L'information », tous deux chez Giuliano Amato et Augusto Barbera (dirs.), *Manuel de droit public*, Il Mulino, Bologne, 1986, pp. 889–902 et 903–919. Emili Ondei est également digne d'intérêt, *Les droits de la liberté. Art, chronique et historiographie*, Éd. Giuffrè, Milan, 1955. Malgré leur ancienneté, ces trois textes ont une grande valeur juridique.

[32] La disposition spéciale pour la censure des films contenue dans la constitution de Weimar a disparu.

[33] « L'art et la science, la recherche et l'enseignement sont libres » (apud Jorge de Esteban et Javier Garcia Fernandez, *supra* n. 31, t. II, p. 152). Sur ce précepte, Ekkehart Stein, *Droit politique* (trad. Fernando Sainz Moreno), Éd. Aguilar, Madrid, 1973, pp. 126–146 et 191–197. Wolfgang Hoffmann-Riem est également utile : « Liberté de communication et médias », dans Antonio Lopez Pina (éd.) : *Manuel de droit constitutionnel*, Institut basque d'administration publique – Éd. Marcial Pons, Madrid, 1996, pp. 145–215.

à la religion, offenses au Président de la République, pour secret militaire ou pour atteinte aux bonnes mœurs. Cet article réglemente également la suspension des publications, le régime des délits de presse, l'exercice de la profession de journaliste et les sources de financement de la presse. L'article 15 établit un régime spécial pour la cinématographie, la radio et la télévision (qui a pour but, entre autres, la diffusion d'œuvres littéraires et artistiques) et termine l'article 16.1 par une proclamation de la liberté de l'art.[34]

- La Constitution portugaise de 1976 a réglementé le principe général de la liberté d'expression et d'information sans censure et judiciarisé ses atteintes. En outre, elle a consacré plus longuement des articles à la liberté de la presse, aux médias d'État, au droit d'antenne et à la liberté de création culturelle, qui s'étendait au droit de propriété intellectuelle (articles 37 à 40 et 42).[35]
- Enfin, la Constitution espagnole de 1976 a reconnu le droit d'expression par tous les moyens et le droit « à la production et à la création littéraire, artistique, scientifique et technique » (article 20.1.a) et b)). L'exercice de ces droits ne peut être restreint par aucun type de censure préalable et est limité par le respect des autres droits fondamentaux, notamment le droit à l'honneur, à la vie privée, à la propre image et à la protection des enfants et des jeunes, et dans le cas des publications et des enregistrements, ils ne peuvent être saisis que par décision judiciaire. Il convient de rappeler que ces droits sont considérés comme des droits fondamentaux, ce qui implique une protection spéciale devant le pouvoir judiciaire et la Cour constitutionnelle, et que leur réglementation est soumise à la réserve d'une loi organique.[36]

Le bilan que l'on peut dresser de cette troisième génération de libertés culturelles est que, sans offrir de profondes innovations dans leur régime juridique et dans leur objet, elles s'inscrivent dans une dogmatique complète des droits fondamentaux et des libertés publiques. Comme nous le verrons plus loin,

---

[34] L'article 42 stipule : « L'art et la science, la recherche et l'enseignement sont libres, leur développement et leur promotion constituent une obligation de l'État » (apud MARIANO DARANAS PELAEZ, *Les Constitutions européennes*, Éd. Nacional, Madrid, 1979, t. I, p. 969).

[35] « 1. La création intellectuelle, artistique et scientifique est libre. 2. Cette liberté comprend le droit à l'invention, à la production et à la diffusion d'œuvres scientifiques, littéraires ou artistiques, y compris la protection juridique du droit d'auteur » (apud JORGE DE ESTEBAN et JAVIER GARCIA FERNANDEZ, *supra* n. 31, t. II, p. 282).

[36] Sur ces droits dans le système juridique espagnol, LUIS MARIA DIEZ-PICAZO, *Système de droits fondamentaux*, Thomson – Civitas, Madrid, 2003 (il y a des éditions ultérieures), pp. 281–308 ; JAVIER GALVEZ, « Article 20 », dans *Commentaires sur la Constitution*, Civitas, Madrid, 1985, 2ᵉ éd., pp. 395–410 ; et ALFONSO FERNANDEZ-MIRANDA CAMPOAMOR et ROSA MARIA GARCIA SANZ, « Article 20. Liberté d'expression et droit à l'information », chez OSCAR ALZAGA (dir.), *Commentaires de la Constitution espagnole de 1978*, Tribunaux généraux – Les éditeurs de droit réunis, Madrid, 1996, t. II, pp. 505–553.

il ne s'agit pas de droits et libertés isolés qui seraient appliqués selon la décision des pouvoirs publics à un moment donné, mais d'une construction dogmatique rigoureuse qui permet de traiter tous les droits et libertés avec une technique juridique homogène permettant d'évaluer leur portée pratique pour les citoyens.[37] Dans le cas spécifique de la liberté dans l'Art, comme nous le verrons plus en détail par la suite, d'un point de vue sémantique, elle suit encore la formulation de la Constitution prussienne de 1848, qui mettait l'accent sur la liberté de l'Art, mais le fait est qu'elle n'est pas seulement configurée comme un droit de liberté, mais elle s'approche aussi d'un droit de mise à disposition par les autorités publiques. D'autre part, elle est réglementée comme un droit complexe, aux contenus multiples et, en même temps, aux limites importantes.

En somme, le constitutionnalisme d'après-guerre de 1945, tout en conservant une formulation sémantique peu éloignée du constitutionnalisme d'après-guerre de 1918, a apporté à la liberté artistique une grande complexité dogmatique qui a permis à la fois d'enrichir son développement législatif et d'approfondir ses garanties, son contenu matériel et ses limites.[38]

3. LA CONSECRATION INTERNATIONALE DE LA LIBERTÉ DES ARTS[39]

Quelques années après la fin de la Seconde Guerre mondiale, le 10 décembre 1948, l'Assemblée générale des Nations unies a adopté et proclamé la résolution 217 A (III) contenant la Déclaration universelle des droits de l'homme.[40] L'article 19 de la Déclaration proclame le droit à la liberté d'opinion et d'expression,

---

[37] Des exemples de ce système juridique peuvent être trouvés chez KONRAD HESSE, « Signification des droits fondamentaux », chez ANTONIO LOPEZ PINA (éd.), *supra* n. 33, pp. 83–115. De même chez LUIS MARIA DIEZ-PICAZO, *supra* n. 36, ainsi que chez JAVIER GARCIA FERNANDEZ, « Les sources réglementaires des droits et libertés », chez JAVIER DE LUCAS et JOSÉ MANUEL RODRIGUEZ URIBES (coords.), *Les droits de l'homme et la Constitution*, Tirant lo Blanch, Valence, 2018, pp. 27–45.

[38] Pour des raisons d'espace, nous ne nous étendrons pas sur le constitutionnalisme américain et européen d'après les années 1970, dont le contenu reste d'ailleurs, à quelques exceptions près, tributaire de la construction dogmatique du constitutionnalisme d'après 1848.

[39] Voir LUIS MARIA DIEZ-PICAZO, *supra* n. 36, pp. 29–31 et 149–168, pour l'internationalisation des déclarations des droits.

[40] Sur la valeur politique de cette Déclaration universelle, voir la proclamation de Téhéran adoptée lors de la Conférence internationale sur les droits de l'homme le 13 mai 1968. Voir de même BOUTROS BOUTROS-GHALI, « Le droit à la culture et la Déclaration universelle des droits de l'homme », chez UNESCO, *Les droits culturels en tant que droits de l'homme* (trad. JOSÉ MARIA GARCIA-ARIAS VIEIRA), Ministère de la Culture, Madrid, 1979, pp. 145–150. De même, BEATRIZ GONZALEZ MORENO, *État de la culture, des droits culturels et de la liberté religieuse*, Éd. Civitas, Madrid, 2003, pp. 100–106.

qui comprend le droit de recevoir des informations et des opinions et de les diffuser par tout moyen d'expression. L'article 20 proclame le droit de participer librement à la vie culturelle et de jouir des arts, ainsi que le droit à la protection des intérêts moraux et matériels découlant des productions littéraires ou artistiques.

Par la suite, par la résolution 200 (XXI) du 16 décembre 1966, l'Assemblée générale des Nations unies a adopté le Pacte international relatif aux droits civils et politiques, qui est entré en vigueur le 21 mars 1976. L'article 19.2 du Pacte proclame la liberté d'expression, qui comprend la liberté de rechercher, de recevoir et de diffuser des informations et des idées de toute sorte, sous une forme imprimée ou artistique, bien que le paragraphe 3 du même article prévoie des restrictions à ce droit lorsque la loi le prévoit et lorsque cela est nécessaire pour protéger les droits ou la réputation d'autrui, la sécurité nationale, l'ordre public, la santé ou la moralité publiques.

Par la même résolution 200 (XXI) du 16 décembre 1966, l'Assemblée générale des Nations unies a adopté le Pacte international relatif aux droits sociaux et culturels, qui est entré en vigueur le 3 janvier 1976. L'article 15 du Pacte reconnaissait le droit de chacun de participer à la vie culturelle et de bénéficier des droits de propriété intellectuelle. L'article 15 stipulait également que les États parties du Traité doivent prendre des mesures pour la préservation, le développement et la diffusion de la culture et pour respecter la libre activité créatrice.

Au niveau régional, le premier Traité visant à protéger et à promouvoir les droits de l'homme a été la Convention européenne de sauvegarde des droits de l'homme et des libertés fondamentales, signée à Rome le 4 novembre 1950, entrée en vigueur le 3 septembre 1953, qui consacre dans son article 10 la liberté d'expression et la liberté de recevoir ou de communiquer des informations ou des idées sans ingérence des autorités publiques, tout en prévoyant un système d'autorisation préalable pour les sociétés de radiodiffusion, de cinéma et de télévision. La même disposition permet de soumettre l'exercice de ce droit à des conditions, des restrictions ou des sanctions, conformément à la loi, lorsque la sécurité nationale, l'intégrité territoriale, la défense de l'ordre public, la prévention du crime, la protection de la santé ou de la morale, ou la protection de la réputation ou des droits d'autrui l'exigent.[41]

---

[41] Sur l'article 10 de la Convention européenne, Francisco Javier Ansuategui Roig, « Liberté d'expression : à la recherche du difficile équilibre », chez Javier de Lucas et José Manuel Rodriguez Uribes (coords.), *supra* n. 37, pp. 469–489 ; et José Manuel Rodriguez Uribes, « Liberté d'expression », chez Cristina Monereo Atienza et José Luis Monereo Perez (dirs.), *La garantie multi-niveaux des droits fondamentaux au Conseil de l'Europe*, Éd. Comares, Grenade, 2017, pp. 117–133.

Outre la Convention de Rome, il convient de mentionner la Convention américaine des droits de l'homme, Pacte de San José, signée le 22 novembre 1969. La Convention américaine consacre son vaste article 13 à la liberté de pensée et d'expression, qui est proclamée comme un droit de toute personne. Elle contient une définition large du droit (liberté de rechercher, de recevoir et de diffuser des informations et des idées, à l'oral ou par écrit « ou sous forme imprimée ou artistique ») qui ne peut, en principe, faire l'objet d'une censure préalable, mais qui peut être soumise à des responsabilités ultérieures pour assurer le respect des droits d'autrui ou de la sécurité nationale, de l'ordre public, de la santé ou de la moralité publiques. L'article interdit également l'utilisation de voies ou moyens indirects pour restreindre le droit, mais autorise ensuite la censure préalable des spectacles publics par le biais de la loi pour « la protection morale des enfants et des adolescents ».[42] Ce précepte est complété par la Déclaration de principes sur la liberté d'expression adoptée par la Commission interaméricaine des droits de l'homme en octobre 2000, qui est un document intéressant car il élargit le contenu et la portée de cette liberté.

Les deux traités, la Convention de Rome et le Pacte de San José, ont apporté une contribution précieuse à la protection de la liberté d'expression et de la liberté artistique, mais pas tant en raison de leur rédaction que des garanties judiciaires qu'ils comportent. L'article 10 de la Convention européenne de sauvegarde des droits de l'homme et des libertés fondamentales et l'article 13 de la Convention américaine des droits de l'homme ont été pertinents malgré leur contenu plutôt conventionnel qui ne va pas au-delà de ce que le constitutionnalisme du XXe siècle avait apporté d'un point de vue dogmatique et d'une réglementation positive. La valeur des deux traités réside dans le puissant moyen de protection des droits que constituent les commissions politiques et les tribunaux internationaux (la Commission européenne des droits de l'homme et la Cour européenne des droits de l'homme, d'une part, et la Commission interaméricaine des droits de l'homme et la Cour interaméricaine des droits de l'homme, d'autre part), en particulier les deux tribunaux dont la construction dogmatique a été très utile pour informer sur le travail des parlements, des gouvernements et des juges.[43] À la Cour européenne, les arrêts les plus récents sont les suivants : *Sanchez c. France*, du 2 février 2021 ; *E.S. c. Autriche*, du 23 octobre 2018 ; *Mariya Alekhina*

---

[42] Sur l'article 10 de la Convention européenne, Francisco Javier Ansuategui Roig, *supra* n. 41 ; et José Manuel Rodriguez Uribes, *supra* n. 41.

[43] Sur ce travail de construction dogmatique, voir Félix Vacas Fernandez, « La dimension européenne des droits de l'homme », chez Javier de Lucas et José Manuel Rodriguez Uribes (coords.), *supra* n. 37, pp. 239–262, ainsi qu'Eduardo Ferrer Mac-Gregor et Carlos Maria Pelayo Möller, « Article 2. Obligation d'adopter des dispositions de droit national », chez Christina Steiner et Patricia Uribe (dirs.), *Convention américaine relative aux droits de l'homme commentée*, https://www.cidh.oas.org/basicos/french/c.convention.htm. pp. 69–98.

c. *Russie*, du 17 juillet 2018 ; *Dieudonné M'Bala M'Bala c. France*, du 20 octobre 2015, etc.[44]. La Cour interaméricaine a également rendu des arrêts pertinents sur la liberté d'expression et l'interdiction de la censure. Il s'agit notamment de l'affaire *Ivcher Bronstein c. Pérou*, du 6 février 2001 ; de l'affaire *Lopez Alvarez c. Honduras*, du 1er février 2006 ; de l'affaire *Rios et al. c. Venezuela*, du 28 janvier 2009 ; de l'affaire *Granier et al. (Radio Caracas Televisión) c. Venezuela*, du 22 juin 2015, etc. En ce qui concerne la censure préalable, il convient de mentionner : l'avis consultatif OC-5/85, du 13 novembre 1985, et les arrêts dans l'affaire de *« La dernière tentation du Christ » (Olmedo, Bustos et al.) c. Chili*, du 5 février 2001 ; *Palamara Iribarne c. Chili*, du 22 novembre 2005 ; et l'affaire *Norin Catriman et al. c. Chili*, du 29 mai 2014.[45]

Comme nous le verrons plus loin, le travail des deux Cours dans l'interprétation de leurs traités respectifs a contribué à dynamiser des normes internationales trop conventionnelles.

4. QUEL TYPE DE DROIT C'EST ?

Après le parcours historique à travers les constitutions et les traités internationaux, nous sommes en mesure d'offrir une vision de la nature juridique de la liberté d'expression, une vision qui tente de résumer les principales composantes doctrinales et positives du droit occidental. Nous suivrons la structure juridique conventionnelle des droits de l'homme dans la doctrine européenne et américaine, et nous devons donc commencer par examiner ce qu'est le droit à la liberté d'expression.

Tout d'abord, et avant d'entrer dans le débat de savoir s'il s'agit d'un droit unique ou s'il se décompose en plusieurs, il faut rappeler que, qu'il s'agisse d'un ou de plusieurs droits, il s'agit d'un droit de liberté,[46] et non d'un droit de

---

[44] Pour la jurisprudence antérieure sur l'article 10 de la Convention, LUIS AGUIAR DE LUQUE et PABLO PEREZ TREMPS (dirs.), *Liberté d'expression et d'information : la jurisprudence de la Cour européenne des droits de l'homme et sa réception par la Cour constitutionnelle : vers un droit européen des droits de l'homme*, Ed. Tirant lo Blanch, Valence, 2002 ; et RAFAEL BUSTOS GISBERT, « Le droit à la libre communication dans une société démocratique », chez JAVIER GARCÍA ROCA et PABLO SANTOLAYA (coords.): *L'Europe des droits. La Convention européenne des droits de l'homme*, Centre d'études politiques et constitutionnelles, Madrid, 2014, pp. 473–509.

[45] Voir un bon compendium de cette jurisprudence interaméricaine dans *Liberté de pensée et d'expression, Livret de Jurisprudence de la Cour interaméricaine des droits de l'homme*, num. 18, https://www.corteidh.or.cr/docs/casos/articulos/seriec_279_esp.pdf.

[46] Dans le même sens, STC 6/1981, du 16 mars 1981. Dans la doctrine, JAVIER GALVEZ, *supra* n. 36, p. 398 ; ALFONSO FERNANDEZ-MIRANDA CAMPOAMOR et ROSA MARIA GARCIA SANZ, *supra* n. 36, p. 518 ; JUAN JOSÉ SOLOZABAL ECHAVARRIA, « La liberté d'expression dans la théorie des droits fondamentaux », *Revue espagnole de droit constitutionnel*, num. 32, mai-août 1991, pp. 73–114, et aussi « Liberté d'expression et droit à l'information »,

disposition, sans préjudice du fait qu'il a aussi une dimension de disposition pour en assurer l'accès. Il s'agit d'un droit qui se perfectionne par la simple absence d'ingérence des autorités publiques ou des particuliers, sans exiger une action positive de ces autorités publiques.[47] Cette qualification de droit de liberté affecte (ou plutôt devrait affecter) les sources qui le réglementent et le positivent, puisque la législation suffirait à fixer les limites de son exercice. Avec toute la réticence exprimée par Kelsen à l'égard de la notion de droits de liberté, comme nous l'avons vu plus haut, il ne semble pas erroné de qualifier la liberté d'expression de droit de liberté, c'est-à-dire que nous aurions affaire à la partie de la sphère de liberté de l'individu où il peut exprimer ses pensées et les diffuser sous les préceptes expliqués par Montesquieu, comme nous l'avons vu précédemment, c'est-à-dire que la liberté est le droit de faire tout ce que les lois permettent. Cependant, comme l'ont intégré les constitutions des XIXe et XXe siècles, la liberté d'expression est matériellement et techniquement de plus en plus complexe (cinématographie, radiodiffusion, télévision, Internet[48]) de sorte que nous avons affaire à une liberté qui, en raison de ses objectifs (assurer la sphère de liberté de l'individu sans ingérence des pouvoirs publics), est positivée par les techniques des droits de disposition (règles juridiques complexes, action positive des pouvoirs publics pour établir les comportements permis et les comportements négatifs). Dans tous les cas, pour comprendre sa nature juridique, la liberté d'expression peut être considérée comme un droit de liberté en raison du pouvoir qu'elle confère à son titulaire de défendre sa sphère personnelle contre les autorités publiques.

À ce stade, il est nécessaire de se demander, comme le fait la doctrine, si nous avons affaire à un seul droit, à deux droits ou même à trois droits. Les constitutions et les traités internationaux font référence à la liberté d'expression, mais aussi à la liberté d'information et même à la liberté de création artistique[49] mais si, pour des raisons systématiques, il semble nécessaire de clarifier ce qu'est le droit (ou les droits) dont nous allons parler, il ne semble pas possible de le faire si nous ne connaissons pas d'abord l'objet du droit.

---

chez MANUEL ARAGON REYES (coord.), *Textes fondamentaux du droit constitutionnel*, Éd. Civitas, Madrid, 2001, t. III, pp. 165–172 ; et IGNACIO VILLAVERDE MENENDEZ, « Article 20.1.A) et D), 20.2, 20.4 et 205.5. La liberté d'expression », chez MIGUEL RODRIGUEZ-PIÑERO Y BRAVO-FERRER et MARIA EMILIA CASAS BAAMONDE (dirs.), *Commentaires sur la Constitution espagnole, XLe anniversaire*, Journal officiel de l'État – Ministère de la justice – Fondation Wolters Kluwer, Madrid, 2016, t. I, p. 596. Dans la doctrine italienne, EMILI ONDEI, *supra* n. 31, pp. 1–8. Une certaine doctrine appelle le droit de la défense le droit à la liberté, car il permet à son titulaire d'exiger la non-ingérence (LUIS MARIA DIEZ-PICAZO, *supra* n. 36, p. 37 ; et BEATRIZ GONZALEZ MORENO, *supra* n. 40, pp. 152, 154 et 158).

[47] JAVIER GALVEZ, *supra* n. 36, p. 398.
[48] Un exemple de la complexité de la liberté d'expression sur Internet est le travail de German T. TERUEL LOZANO, « Liberté d'expression et censure sur Internet », *Études de Deusto*, 2014, t. 62, num. 2, pp. 41–72.
[49] Au sens large du terme, cela inclut la liberté de création littéraire.

5. L'OBJET DU DROIT

L'objet du droit à la liberté d'expression est le droit d'exprimer et de diffuser des opinions, des idées et des avis et de communiquer et recevoir des informations.[50] La différence entre ces deux activités est que, bien qu'elles soient toutes deux fondées sur le droit à la libre communication de la pensée,[51] elles ont des objectifs prédominants différents, comme l'a souligné le Tribunal constitutionnel espagnol, puisque la liberté d'expression des opinions vise les opinions et les croyances, c'est-à-dire les jugements de valeur subjectifs et personnels, pour autant qu'ils ne soient pas formellement offensants, tandis que la liberté d'expression et de diffusion des opinions consiste à diffuser des faits qui doivent être vrais.[52] Mais à cette dichotomie s'ajoute la liberté de création artistique et littéraire qui, comme nous l'avons vu, a débuté dans la Constitution prussienne de 1848 et se retrouve dans certaines constitutions après 1918 et 1945. Il s'agit ici de protéger deux activités qui sont la création (moment où l'œuvre est inachevée) et la production (diffusion et exploitation publique), avec les caractéristiques que nous verrons plus loin.[53]

Cette dichotomie ou trichotomie a suscité des doutes dans la doctrine de tous les pays pour savoir si l'on a affaire à un seul droit avec plusieurs manifestations ou si, au contraire, on peut parler de deux ou trois droits. En Espagne, par exemple, certains auteurs considèrent que, sur la base du long et complexe article 20 de la Constitution,[54] la liberté d'expression et d'information est un droit unique, bien que son régime juridique varie en fonction de l'élément prédominant dans chaque cas, et qu'à l'intérieur de ce droit, la liberté de création

---

[50] ALFONSO FERNANDEZ-MIRANDA CAMPOAMOR et ROSA MARIA GARCIA SANZ, *supra* n. 36, p. 528.

[51] JUAN JOSÉ SOLOZABAL ECHAVARRIA, *supra* n. 46, p. 167.

[52] L'article 20.1.d) de la Constitution espagnole de 1978 parle d'« information véridique ». Pour la jurisprudence de la Cour constitutionnelle espagnole, IGNACIO VILLAVERDE MENENDEZ, *supra* n. 46, p. 586.

[53] JOAQUIN URIAS MARTINEZ, « Article 20.1.B). La liberté de création », chez MIGUEL RODRIGUEZ-PIÑERO Y BRAVO-FERRER et MARIA EMILIA CASAS BAAMONDE (dirs.), *Commentaires sur la Constitution espagnole, XLe anniversaire*, Journal officiel de l'État – Ministère de la justice – Fondation Wolters Kluwer, Madrid, 2016, t. I, pp. 617–618.

[54] « 1. Sont reconnus et protégés les droits : a) d'exprimer et de diffuser librement des pensées, des idées et des opinions par la parole, l'écrit ou tout autre moyen de reproduction. b) de production et de création littéraire, artistique, scientifique et technique. c) de liberté académique. d) de communiquer ou de recevoir librement des informations véridiques par tout moyen de diffusion. La loi réglementera le droit à la clause de conscience et au secret professionnel dans l'exercice de ces libertés. 2. L'exercice de ces droits ne peut être restreint par aucune forme de censure préalable … 4. Ces libertés sont limitées par le respect des droits reconnus dans le présent titre, dans les préceptes des lois qui le mettent en œuvre et, en particulier, par le droit à l'honneur, à la vie privée, à l'image de soi et à la protection de la jeunesse et de l'enfance. 5. La saisie des publications, enregistrements et autres moyens d'information ne peut être ordonnée qu'en vertu d'une décision judiciaire ».

artistique est une manifestation spéciale de cette liberté unique.[55] Mais il existe de solides raisons de penser que nous avons affaire à une trichromie qui englobe la liberté d'expression, la liberté d'information et la liberté de création artistique et littéraire.

Si l'interprétation unitaire veut que tout soit un droit à l'information, il est clair que dans la création artistique et littéraire, il n'est pas question d'information mais de liberté d'expression. En outre, il est clair qu'il existe deux droits d'expression et d'information et non un seul lorsque nous observons la différence la plus importante entre la liberté d'information et la liberté d'expression, qui est la limite objective de la véracité. Cette différence est si intense qu'elle devrait nous amener à parler de deux droits d'expression et d'information. Et dans des systèmes juridiques spécifiques, comme celui de l'Espagne, l'article 20.1 de la Constitution sépare les deux objets, les pensées, idées et opinions (lettre a)) et l'information véridique (lettre d)), ce qui montre que l'origine de l'objet est différente dans les deux droits, objective dans l'information et subjective dans les opinions.[56]

Quant à l'objet de la liberté de création artistique et littéraire, son contenu spécial le configure comme un droit autonome qui étend la liberté d'expression au-delà du discours politique,[57] ce qui dans le cas du système juridique espagnol est plus évident en raison des transformations subies par le précepte qui le discipline tout au long du processus constituant.[58] Réglé dans le projet de Constitution comme un simple droit de propriété intellectuelle, les amendements des groupes parlementaires et le débat ont créé un droit de liberté

---

[55] Luis Maria Diez-Picazo, *supra* n. 36, p. 281. Pour le domaine de la liberté de création artistique, Victor J. Vazquez Alonso accepte cette interprétation unitaire, « La liberté d'expression artistique. Une première approche », *Études de Deusto*, juillet – décembre 2014, t. 62, num. 2, pp. 73–92.

[56] Le Tribunal constitutionnel espagnol rejette la thèse unitaire (SSTC 6/1988 du 21 janvier 1988, 4/1996 du 16 janvier 1996 et 160/2003 du 15 septembre). Et dans la doctrine, elle est rejetée par Javier Perez Royo, *Cours de droit constitutionnel*, Éd. Marcial Pons, Madrid, 2012, 13ᵉ éd., p. 318 ; Alfonso Fernandez-Miranda Campoamor et Rosa María García Sanz, *supra* n. 36, pp. 517–519 ; et Marcos Vaquer Caballeria, *État et culture. La fonction culturelle des pouvoirs publics dans la Constitution espagnole*, Éd. Centre d'Études Ramon Areces, Madrid, 1998, pp. 183–184 (qui parle de quatre droits autonomes sans classement hiérarchique).

[57] Joaquin Urias Martinez, *supra* n. 53, p. 617. Contre, en suivant la jurisprudence constitutionnelle de 1985 à 2010, Alfonso Fernandez-Miranda Campoamor et Rosa María García Sanz, *supra* n. 36, pp. 546–547 ; Luis Maria Diez-Picazo, *supra* n. 36, p. 285 ; et Oscar Alzaga, *Commentaire systématique de la Constitution espagnole*, Marcial Pons, Madrid, 2016, 2ᵉ éd., p. 173.

[58] Cette évolution du texte constitutionnel est décrite par Javier Galvez, *supra* n. 36, pp. 400–401 ; Alfonso Fernandez-Miranda Campoamor et Rosa María García Sanz, *supra* n. 36, pp. 546–547 ; et Jesus Prieto de Pedro, *La culture, les cultures et la Constitution*, Congrès des Députés – Centre d'études politiques et constitutionnelles, Madrid, 1992, pp. 227–228.

qui va au-delà de la dimension économique du droit d'auteur.[59] Il est vrai que le Tribunal constitutionnel espagnol n'a pas toujours compris l'autonomie de ce droit par rapport à ceux d'expression et d'information,[60] mais l'opinion qui nie cette autonomie est minoritaire. Il est donc vrai qu'il y a eu une certaine résistance à configurer la liberté de création artistique et littéraire comme un droit autonome, peut-être, comme on l'a dit, en raison des difficultés à définir le contenu de ce droit dans l'abstrait.[61]

Nous ne devons pas clore ce point sans faire allusion à une vision qui a eu un certain succès dans la doctrine et qui nie la nature du droit à la liberté de création pour le configurer comme une garantie institutionnelle.[62] Il est bien connu que la doctrine germanique a développé la notion de garantie institutionnelle qui, selon les termes de Carl Schmitt, doit se situer à l'intérieur de l'État, a une portée limitée et concerne une institution légalement reconnue (par exemple, les droits fondamentaux des communes dans la Constitution de Francfort de 1848) car il n'y a pas de place pour les droits à l'intérieur de l'État.[63] Schmitt lui-même aurait refusé de considérer la liberté de création comme une garantie institutionnelle, mais la question est parfois soulevée pour une raison bien précise, à savoir que Rudolf Smend a défendu en 1925 le caractère de garantie institutionnelle de la promotion de la science, qui a été incluse dans la Constitution du peuple allemand, puis dans la Constitution de Weimar.[64] Compte tenu du lien systématique que la liberté de création et la liberté scientifique entretiennent dans le constitutionnalisme européen depuis la Constitution de 1848, il n'est pas surprenant que l'application de la notion de garantie institutionnelle à la liberté de création soit envisagée, bien qu'elle entraîne sa dégradation en tant que droit fondamental et une perte notable de densité juridique. En tout état de cause, il s'agit d'un droit, et non d'une garantie institutionnelle.

En bref, en raison des différents objets et critères applicables, nous avons affaire à une triade de droits qui sont protégés et qualifiés selon des critères

---

[59] Cette dimension liée à la propriété intellectuelle est défendue par Alfonso Fernandez-Miranda Campoamor et Rosa María García Sanz, *supra* n. 36, pp. 546–547.

[60] Le juge Francisco Rubio Llorente l'a très bien vu dans son opinion dissidente à la STC 153/1985, du 7 novembre.

[61] Victor J. Vazquez Alonso, *supra* n. 55, p. 74.

[62] Sans l'accepter, elle est signalée comme une possibilité par Alfonso Fernandez-Miranda Campoamor et Rosa María García Sanz, *supra* n. 36, p. 547. Beatriz Gonzalez Moreno ne l'assume pas non plus, bien qu'elle l'étudie, *supra* n. 40, pp. 177–191.

[63] Carl Schmitt, *Théorie de la Constitution* (trad. Francisco Ayala), Alianza Ed., Madrid, 1983, pp. 175–179. En Espagne, avec un ton critique de son utilisation dans le droit espagnol, Alfredo Gallego Anabitarte, *Droits fondamentaux et garanties institutionnelles : analyse doctrinale et jurisprudentielle (droit à l'éducation, autonomie locale et opinion publique)*, Éd. Civitas, Madrid, 1994.

[64] Sur la caractérisation de la science comme garantie institutionnelle, Javier Garcia Fernandez, « Article 44.2 : Promotion de la science », chez Oscar Alzaga (dir.), *supra* n. 36, t. IV, pp. 217–234.

différents. C'est pourquoi, à partir de maintenant, nous examinerons le droit de la création artistique et littéraire, sans aborder les libertés d'expression et d'information.

6. LES TITULAIRES DE LA LIBERTÉ DE CREATION ARTISTIQUE ET LITTERAIRE

Qui sont les détenteurs de cette liberté de création artistique et littéraire ? Comme le reste des titulaires des droits d'expression et d'information, c'est le cas de toute personne, et pas seulement des citoyens de chaque État,[65] et il s'agit d'un droit d'autonomie individuelle.[66] Elle ne se limite pas non plus aux artistes et aux créateurs car, comme l'a écrit José Gaos, la réalité est constituée de sujets individuels et l'individualité de ces sujets implique que chacun d'entre eux reçoit la réalité, dans sa totalité mais dans une perspective différente.[67] Chaque personne est confrontée au phénomène artistique et chacun le perçoit à sa manière. Il s'agit donc d'un droit universel qui, comme le droit à l'information,[68] n'est pas soumis à des groupes ou à des collectifs et s'adresse tant aux autorités publiques qu'aux individus, dans les deux cas lorsque leur comportement entre en conflit avec cette liberté de création.[69]

Les personnes morales peuvent-elles l'être également ? En Espagne, la Cour constitutionnelle a évité la question, mais la doctrine considère qu'elles peuvent l'être.[70] En outre, la Cour constitutionnelle elle-même a rappelé que la titularité des droits fondamentaux par une personne morale est conditionnée non seulement par ses objectifs mais aussi par la nature du droit fondamental en question (SSTC 139/1995, du 26 septembre ; et 160/2003, du 15 septembre), si l'on tient compte des diverses facettes de la création artistique et littéraire, dans le processus de diffusion de laquelle interviennent des sujets de nature juridique très variée, on doit comprendre qu'ils peuvent être titulaires de ces droits. Pensons au processus de production d'une pièce de théâtre ou à la publication d'une œuvre littéraire

---

[65] Luis Maria Diez-Picazo, *supra* n. 36, p. 282 ; et Ignacio Villaverde Menendez, *supra* n. 46, p. 589.
[66] Luis Maria Diez-Picazo, *supra* n. 36, p. 306. Cependant, Beatriz González Moreno (*supra* n. 40, p. 153) a raison lorsqu'elle affirme qu'il n'y a plus de droits fondamentaux qui répondent exclusivement à la technique de la liberté-autonomie, de la liberté-participation ou des droits à fournir.
[67] José Gaos, *Confessions professionnelles* (1958), Éd. Renacimiento, Valencina de la Concepción (Seville), 2018, p. 25.
[68] Alfonso Fernandez-Miranda Campoamor et Rosa María García Sanz, *supra* n. 36, p. 522.
[69] Luis Maria Diez-Picazo, *supra* n. 36, p. 282.
[70] Ignacio Villaverde Menendez, *supra* n. 46, p. 589.

qui fait l'objet d'une décision administrative ou judiciaire visant à empêcher sa représentation ou sa diffusion : il y aura une société propriétaire du théâtre ou une maison d'édition qui aura le droit de participer en tant qu'intervenant dans le processus pour défendre la liberté de création. Et si nous parlons de personne morale, nous devons également dire personne morale publique, bien que le Tribunal constitutionnel espagnol nie que les autorités publiques jouissent de la liberté d'expression et d'information;[71] dans le cas de la liberté de création, les mesures qui empêcheront la diffusion d'une œuvre peuvent affecter un théâtre ou un cinéma public ou une maison d'édition publique (comme les maisons d'édition universitaires) et peuvent également affecter un orchestre public.

Mais la question n'est pas close si l'on ne se demande pas, comme l'a fait une partie de la doctrine, si l'on a affaire à un droit de propriété individuelle ou collective. Certains auteurs considèrent que la propriété de ce droit est essentiellement individuelle, bien que dans certains cas la propriété collective puisse prédominer.[72] Cette vision ne semble pas erronée car si nous considérons que certaines constitutions, comme celle de l'Espagne, ont créé un continuum production–création, nous devons comprendre que le moment de la production est exclusivement individuel et que le moment de la création est collectif bien que son origine soit individuelle.

Nous ne pouvons clore cette épigraphe sans nous demander si les artistes et les écrivains sont les seuls bénéficiaires ou les bénéficiaires préférentiels de ce droit. Il n'y a pas longtemps, en 2018, le Congrès des députés espagnols a approuvé le Rapport de la sous-commission pour l'élaboration d'un statut de l'artiste,[73] qui proposait l'adoption de mesures relatives au travail, à la fiscalité et à la sécurité sociale pour rendre digne la situation des artistes. Certaines de ces mesures ont été approuvées depuis décembre 2018. Mais le fait que les pouvoirs publics adoptent des mesures qui, à terme, favoriseront l'exercice de la profession d'artiste et, ainsi, faciliteront la création artistique et littéraire, ne doit pas nous faire oublier que, comme nous l'avons vu plus haut, il s'agit d'un droit universel qui peut être exercé par toutes sortes de personnes, physiques ou morales.

En conclusion, il s'agit d'un droit à titulaire universel qui peut être exercé par toute personne du simple fait d'être un être humain, bien que dans son aspect de droit de prestation, les pouvoirs publics sélectionnent des secteurs spécifiques du monde de l'Art et de la création artistique (écrivains, cinéastes, musiciens, etc.) comme destinataires des politiques publiques.

---

[71] STC 185/1989, du 13 novembre.
[72] BEATRIZ GONZALEZ MORENO, *supra* n. 40, pp. 191–199.
[73] *Journal officiel du Parlement espagnol, Congrès des Députés*, Série D, num. 373, 20 juin 2018, pp. 41–70.

7. LE CONTENU DE LA LIBERTÉ DE CREATION ARTISTIQUE ET LITTERAIRE[74]

Malraux disait que l'Art implique une réduction de telle sorte que le peintre réduit toute forme aux deux dimensions de la toile et le sculpteur à l'immobilité, de sorte que pour que l'art naisse, la relation entre les objets représentés et l'homme doit être d'une autre nature que celle imposée par le monde.[75] C'est pourquoi la création artistique a besoin, comme première exigence, de la pleine liberté de l'artiste et cette liberté est sans aucun doute personnelle (envers lui-même, en lui-même) mais aussi sociale, afin que l'environnement de l'artiste lui permette de créer. C'est pourquoi le contexte juridique qui entoure l'artiste est important, car il lui donne (ou lui refuse) la liberté de créer.

Depuis le XIXe siècle, la liberté de création artistique connaît une tension entre un droit de liberté au contenu positif et ses éventuelles limites établies soit par les autorités publiques, soit par des particuliers.[76] C'est encore le grand problème de la définition de ce droit au XXIe siècle car, selon qu'il est configuré dans un sens ou dans l'autre (c'est-à-dire s'il peut être projeté sur des actions positives des autorités publiques ou, au contraire, s'il est limité à un droit de liberté qui élève une barrière infranchissable sur l'exercice individuel du droit) le type de droit détermine le bien juridique protégé.

Quel est le droit légal qu'il faut protéger ? Évidemment, le droit de création, mais il y a une certaine doctrine qui considère à juste titre que la liberté de culture va au-delà de la création culturelle et s'étend également aux libertés de communication culturelle et aux libertés d'entreprenariat et d'institutionnalisation culturelle, sur la base du fait que toutes ces libertés ont un substrat commun, qui est le principe du libre développement de la personnalité.[77] Il ne s'agit pas, comme nous avons vu que certains le croient, d'une spécialité du droit d'expression mais,

---

[74] Pour le lien avec l'objet spécifique de l'œuvre d'art, JEAN-MARIE PONTIER, « La notion d'œuvre d'art », *Revue du droit public et de la science politique*, num. 5, septembre–octobre 1990, pp. 1403–1432. Et, en général, JEAN-MARIE PONTIER, JEAN-CLAUDE RICCI et JACQUES BOURDON, *Droit de la culture*, Dalloz, Paris, 1996.

[75] ANDRÉ MALRAUX, *Les voix du silence* (1951), dans *Écrits sur l'art*, t. IV des *Œuvres complètes*, NRF-Gallimard (Bibliothèque de la Pléiade), Paris, pp. 490–491.

[76] Parmi de nombreux autres exemples, nous pouvons citer deux textes pertinents du XIXe siècle espagnol : ANTONIO CANOVAS DEL CASTILLO, « Sur la liberté dans les arts », *Revue des beaux-arts et de l'histoire-archéologie*, num. 59, 29 novembre 1867, pp. 114–119 ; num. 60, 8 décembre 1867, pp. 133–136 ; num. 61, 15 décembre 1867, pp. 149–153 ; num. 62, 22 décembre 1867, pp. 161–165 ; num. 64, 7 janvier 1868, pp. 197–202 ; num. 65, 14 janvier 1868, pp. 217–219 ; num. 67, 28 janvier 1868, pp. 252–253 ; num. 68, 2 février 1868, pp. 262–264 ; num. 69, 9 février 1868, pp. 275–279 ; num. 70, 16 février 1868, pp. 289–296 ; num. 71, 23 février 1868, pp. 311–312 ; num. 72, 10 mars 1868, pp. 343–344 ; num. 74, 10 mars 1868, pp. 357–362 ; et JULIO. MANJARRÉS, « Quelques considérations sur la liberté dans les arts », *Revue des beaux-arts et de l'histoire-archéologie*, num. 73, 10 mars 1868, pp. 337–343.

[77] JESUS PRIETO DE PEDRO, *supra* n. 58, pp. 225–227.

au contraire, d'un droit substantiel qui a, comme une de ses facettes, le droit d'expression et de diffusion. Selon le Tribunal constitutionnel espagnol, la liberté d'expression est au service de la libre opinion publique (une institution politique fondamentale, selon la STC 12/1982 du 31 mars) et la liberté de création cherche à influencer l'opinion publique. En outre, le Tribunal constitutionnel espagnol définit la liberté d'expression par ses limites (concept négatif), ce qui n'est pas non plus le cas de la liberté de création. C'est pourquoi la définition du droit à la création artistique est d'autant plus nécessaire.

Comme il ressort de nombreuses constitutions, le contenu du droit est double, puisqu'il consiste à créer, d'une part, et à produire, d'autre part, des œuvres artistiques et littéraires, et ces deux actions sont définies séparément malgré leur proximité sémantique, bien qu'elles fassent partie d'un continuum où le moment initial détermine la nature du moment suivant et ultérieur. Par exemple, pour Urias Martinez, la création est le moment où l'œuvre est inachevée (et pour Prieto de Pedro, c'est le moment de l'innovation[78]) et la production est le moment de la diffusion et de l'exploitation publique. Le moment de la création n'a d'autre limite que l'ordre public et le moment de la diffusion est plus large, mais tous deux ont en commun qu'une activité innovante qui contient une valeur de progrès pour la société doit être protégée.[79] En fin de compte, son contenu, comme le dit Galvez, est constitué d'activités humaines de nature relationnelle permettant aux êtres humains d'entrer en relation avec leurs semblables.[80] Mais nous ne devons pas oublier que nous avons affaire à un contenu très spécifique, comme l'a également souligné Prieto de Pedro, qui n'est autre que le beau, l'esthétique qui provient de la création humaine, plus précisément des arts plastiques ou figuratifs, mais aussi des arts scéniques,[81] chorégraphiques, musicaux[82] et audiovisuels et de la création littéraire.[83]

Elle est donc directement efficace sans besoin d'autorisation préalable ou de restrictions, comme l'a souligné M. Ignacio Villaverde Menéndez.[84] Et elle a donc une dimension négative, qui consiste à ne pas empiéter sur les droits des tiers, et une dimension positive, qui est l'intangibilité de sa propre production face à l'interférence des tiers.

---

[78] Ibid., p. 227.
[79] JOAQUIN URIAS MARTINEZ, *supra* n. 53, pp. 617–618.
[80] JAVIER GALVEZ, *supra* n. 36, p. 398.
[81] Bien que partant de l'hypothèse discutable que la liberté de création n'est qu'une concrétisation de la liberté d'expression, la Cour constitutionnelle a inclus les œuvres théâtrales dans la première, qui comprenait la publication de l'œuvre et sa représentation (STC 153/1985, du 7 novembre). Voir aussi la STC 153/1985, du 7 novembre 1985.
[82] MARÍA JESUS MONTORO CHINER et JUAN MANUEL ALEGRE AVILA: *Paysages avec un fond musical. Nature et patrimoine historico-artistique. Musique et droit*, Éd. Senyor Ruc, Barcelone, 2019.
[83] JESUS PRIETO DE PEDRO, *supra* n. 58, pp. 228–232.
[84] IGNACIO VILLAVERDE MENÉNDEZ, *supra* n. 46, p. 595.

La doctrine ayant précisé que nous avons affaire à une activité garantie,[85] il semble nécessaire d'examiner la base juridique de cette garantie. Et nous devons arriver à la conclusion que les pouvoirs publics doivent garantir la création artistique et littéraire en raison de l'engagement contenu dans la plupart des constitutions de promouvoir et de protéger la culture. La culture, comme l'a écrit Hermann Heller, est « cette partie du monde physique qui peut être conçue comme une formation humaine orientée vers une fin »[86] mais c'est aussi l'ensemble des activités qui constituent l'Art, et nous devons donc conclure que l'engagement constitutionnel en faveur de la Culture (que tant d'États contiennent dans leur constitution) justifie la garantie spéciale de la liberté de création.

Il peut sembler contradictoire que, selon la jurisprudence de la Cour européenne des droits de l'homme, la liberté de création artistique n'a pas la valeur ajoutée de la liberté d'expression politique ou de la liberté d'information (*Otto-Preminger Institut c. Autriche*, 20 septembre 1994 ; et *Wingrove c. Royaume-Uni*, 25 novembre 1996), ce qui en fait une liberté faible[87] mais ce qui est certain, c'est que son lien direct avec l'engagement de l'État en faveur de la Culture le renforce et met en évidence sa dimension objective. Ainsi, le droit légal protégé est la liberté de pratiquer des activités culturelles et d'en assurer la diffusion. Et ce lien entre un droit de liberté et un engagement de l'État en faveur d'une activité humaine (la culture) est ce qui explique que, comme l'a vu Ondei, l'intérêt public est déterminant pour privilégier cette liberté par rapport à d'autres droits.[88]

Une liberté objective mais aussi avec une composante subjective ou sociale car, comme l'a écrit Alegre Ávila, si la liberté artistique est vécue d'une certaine manière par la société, son contenu en marque les contours ou les limites.[89]

8. LES LIMITES ET LE PROBLEME DE LA CENSURE[90]

Chaque droit est encadré dans certaines limites, de sorte que le droit se situe entre des éléments positifs et négatifs. De nombreuses constitutions soulignent que tous les droits de communication intellectuelle sont limités par d'autres droits qui, étant donné qu'ils sont compris comme étant plus imbriqués dans la

---

[85] Jesus Prieto de Pedro, *supra* n. 58, pp. 237.
[86] Hermann Heller, *Théorie de l'État* (trad. Luis Tobio), Fonds de culture économique, Mexico, D.F., 1961, p. 54.
[87] Victor J. Vazquez Alonso, *supra* n. 55, pp. 80–86.
[88] Emili Ondei, *supra* n. 31, pp. 34–35. Voir aussi Costantino Mortati, *Institutions de droit public*, Cedam, Padoue, 1976, 9e éd., t. II, pp. 1090–1091, pour le caractère privilégié de cette liberté dans la doctrine italienne.
[89] Juan Manuel Alegre Ávila, « Commentaires sur la liberté et les libertés : sur la liberté de création artistique en particulier », *Patrimoine culturel et droit*, num. 25, 2021, pp. 23–54.
[90] Voir une réflexion générale sur les limites de la liberté de création artistique chez Juan Manuel Alegre Ávila, *supra* n. 89.

personnalité, priment, comme le droit à l'honneur, à une bonne image et à la vie privée, et si cela est prévisible pour les droits d'expression et d'information, il faut comprendre que la liberté de création artistique et littéraire a également cette limite, comme l'a reconnu la Cour Constitutionnelle pour la création littéraire, bien qu'avec un caractère hautement personnel dans lequel même la veuve de la personne en question ne peut être subrogée (STC 51/2008, du 14 avril). Ce contenu, puisqu'il correspond en principe à la caractéristique d'un droit de liberté, consiste à imposer à autrui le devoir de s'abstenir d'actions qui entravent la création, c'est-à-dire la censure.

L'exigence d'une manière appropriée pour la formation de l'opinion publique, telle qu'elle est requise pour la liberté d'information, s'appliquerait-elle également ?[91] Étant donné que la liberté de création artistique et littéraire ne vise pas à former l'opinion publique mais est au service de la diffusion de la Culture, l'élément formel ou de présentation ne semble pas pertinent et donc les droits et intérêts des tiers (image propre, honneur, etc.) ressortent plus fortement. En outre, si, comme l'a établi le Tribunal constitutionnel espagnol, la liberté d'expression est plus large que la liberté d'information parce que la limite de la véracité ne s'applique pas (STC 107/1988, du 8 juin 1988), la liberté de création, qui ne connaît pas non plus cette limite, semble avoir un périmètre d'action plus large. Pour les mêmes raisons, l'intérêt public de la production, qui, en matière de liberté d'information, est important et nécessite l'examen du caractère public de la personne concernée et de la véracité des faits (STC 171/1990, du 12 novembre), ne peut apparaître comme une limite. En outre, comme le montre la jurisprudence de la Cour européenne des droits de l'homme, étant donné que la contribution de la création artistique et littéraire à l'approfondissement des valeurs démocratiques est moindre, une ingérence plus importante des autorités est admissible.[92]

La doctrine, fondée sur la jurisprudence de la Cour européenne des droits de l'homme, considère que la liberté d'expression peut être limitée si trois conditions sont remplies, à savoir 1) la sauvegarde d'autres droits ou intérêts ; 2) qu'elles soient établies par la loi ; et 3) qu'elles constituent des mesures nécessaires à une société démocratique.[93] Et ces exigences sont applicables à la liberté de création artistique et littéraire avec un quatrième élément, à savoir que la décision limitative est toujours rendue par le pouvoir judiciaire. Et en suivant également les limites établis par l'article 10.2 de la Convention européenne de sauvegarde des droits de l'homme et des libertés fondamentales de 1950 sur la liberté d'expression, nous pouvons facilement trouver des restrictions

---

[91] JAVIER PEREZ ROYO, *supra* n. 56, pp. 332–333.
[92] RAFAEL BUSTOS GISBERT, *supra* n. 44, pp. 488–489, avec des références jurisprudentielles.
[93] LUIS MARIA DIEZ-PICAZO, *supra* n. 36, pp. 289–290 ; et RAFAEL BUSTOS GISBERT, *supra* n. 44, pp. 478–479.

applicables à la liberté de création qui légitimeraient une ingérence dans son exercice. Je pense en particulier à la protection de la morale, de la réputation ou des droits d'autrui.[94] Le point le plus controversé que nous trouvons dans la jurisprudence internationale et aussi dans la jurisprudence des États est celui du respect de la moralité car, comme l'a rappelé le Tribunal constitutionnel espagnol, les sentiments moraux prédominants d'un temps et d'un lieu ne peuvent pas constituer un canon car dans l'Art il y a toujours de l'hétérodoxie (STC 153/1985, du 7 novembre).

En outre, certaines des collisions que la doctrine a relevées dans le domaine de la liberté d'expression et d'information et qui sont présentes dans la jurisprudence de la Cour européenne sont également perceptibles, comme le discours de haine (*hate speech* développé dans les arrêts dans les affaires *Baskaya c. Turquie*, du 8 juillet 1999 et *E.K. c. Turquie*, du 7 février 2002) et le respect de la dignité humaine.[95]

Parler de ces limites nous conduit, comme nous venons de le souligner, au problème auquel toutes les libertés spirituelles sont confrontées depuis le XIXe siècle : la censure préalable. Nous avons vu plus haut que le constitutionnalisme libéral a répudié la censure préalable depuis le XVIIIe siècle, mais il n'en est pas moins vrai qu'aucun État ne l'a pas appliquée.[96]

En termes juridiques, rares sont les constitutions qui n'interdisent pas la censure préalable. Mais il est également vrai que de nombreuses constitutions ajoutent des exceptions à cette interdiction pour des raisons d'ordre public, de sécurité de l'État (notamment militaire) ou de moralité (avec des publics particuliers comme les enfants et les jeunes). Mais ce que les constitutions ne prévoient pas, c'est la censure de facto, qu'elle soit imposée par les autorités publiques ou par des particuliers. Un exemple peut nous donner une idée de la dimension sociale et de la complexité juridique de la censure de facto. Les éditions 2018 et 2019 d'ARCO (la foire d'art contemporain de Madrid) ont connu des moments de tension autour de la liberté d'expression.

Dans le numéro de février 2018 (cinq mois après la rébellion sécessionniste catalane qui visait à déclarer la République catalane indépendante de l'Espagne), l'une des galeries les plus connues d'Espagne a présenté une série de 24 portraits des leaders de la rébellion emprisonnée à l'époque avec le titre commun à toute la série « Prisonniers politiques dans l'Espagne contemporaine ». Outre le titre, la série de portraits comportait un texte présentant la version sécessionniste de la

---

[94] Pour l'interprétation donnée par la Cour européenne des droits de l'homme aux cas de l'article 10.2 de la Convention, voir RAFAEL BUSTOS GISBERT, *supra* n. 44 ; et FRANCISCO JAVIER ANSUÁTEGUI ROIG, *supra* n. 41.
[95] LUIS MARIA DIEZ-PICAZO, *supra* n. 36, pp. 296-298.
[96] Sur le concept et la problématique de la censure des médias en général, GLADIO GEMMA, « Censure », chez NORBERTO BOBBIO et NICOLA MATTEUCCI (dirs.). *Dictionnaire de la politique*, Éd. Siglo XXI, Madrid, 1982, t. I, pp. 239-241.

tentative de coup d'État et les raisons pour lesquelles les personnes représentées ont fini en prison. L'auteur était un artiste bien connu, Santiago Sierra, réputé pour ses thèmes provocateurs et dont les œuvres ont été retirées plus d'une fois des foires d'art européennes. L'organe de direction de la société d'économie mixte qui gère la foire (IFEMA) a ordonné, après un débat où ses membres étaient divisés, le retrait de la série la veille de l'inauguration de la foire. C'était la première fois dans l'histoire de la foire qu'une autorité publique ordonnait le retrait d'une œuvre, bien que dans le passé il y ait eu plusieurs demandes liées à des œuvres de contenu politique divers, mais les galeries où elles étaient exposées avaient toujours refusé la demande de la société publique.[97] La galerie a accepté la demande de la direction du centre d'exposition. Naturellement, l'artiste a dénoncé la censure et décrit avec grandiloquence l'Espagne comme une dictature. Il est intéressant de rappeler que lors du débat au Comité exécutif de l'IFEMA, certains de ceux qui étaient contre le retrait des œuvres ont estimé qu'il s'agissait d'un problème de compétence, car ARCO dispose d'un comité de sélection et d'un directeur, et ce sont eux, et non la société de gestion du parc des expositions, qui devraient avoir le pouvoir de décider du contenu des œuvres exposées.

L'année suivante, en 2019, la polémique a surgi à nouveau du fait du même artiste, Santiago Sierra, qui a exposé un *ninot*[98] de plusieurs mètres de haut représentant le roi d'Espagne. L'artiste, qui demandait 200 000 euros pour l'œuvre, a posé comme condition à l'éventuel acheteur qu'il soit obligé de la brûler, comme cela se fait à Valence avec tous les *ninots des fallas*. L'œuvre a suscité la controverse, a fortiori lorsque le roi et la reine d'Espagne ont inauguré l'ARCO et visité la foire. Malgré un certain scandale dans la presse, personne n'a ordonné le retrait de l'œuvre.[99]

Ces deux événements, qui se sont produits au cours d'années successives lors de la même foire d'art, nous fournissent des arguments pour réfléchir à la censure. Nous devons partir de deux faits. Tout d'abord, il existe des pays, comme l'Espagne, qui ne sont pas une démocratie militante, de sorte que seules les infractions pénales ou les droits de tiers en conflit peuvent servir à appliquer

---

[97] Iker. Seidedos, « Les vents de la censure pèsent sur Arco », *El País*, 22 février 2018 ; Teresa Sesé, « Arco lance un débat sur la censure », et Llucia Homs, « La censure chez Arco ? », tous deux dans *La Vanguardia*, 22 février 2018. Voir également l'éditorial d'*El País* (« La liberté d'expression. L'IFEMA s'attaque à un pilier de la démocratie en censurant une œuvre à l'Arco », 24 février 2018) opposé à la censure.

[98] Dans la ville de Valence, les *ninots* (petites poupées en valencien) sont les grandes poupées de plusieurs mètres de haut qui sont brûlées dans les *fallas* le 19 mars de chaque année.

[99] Bien que l'État ne participe pas à la société IFEMA et n'ait donc aucune autorité sur ses décisions, le ministre de la Culture en 2019 était précisément l'un des membres du comité exécutif de l'IFEMA qui s'est opposé à la suppression de l'œuvre de Sierra au motif que l'IFEMA n'avait aucune autorité pour prendre une telle décision.

la censure dans le domaine de l'art et de la littérature, qui, de toute façon, ne peut être ordonnée que par le pouvoir judiciaire conformément à la loi, jamais par une autorité administrative. Deuxièmement, l'expérience d'ARCO 2018 nous montre qu'en plus des autorités publiques, des particuliers peuvent également exercer une censure préalable dans le monde de l'art. De plus, dans le monde complexe et étendu du commerce de l'art (galeries, maisons de vente aux enchères), il est très facile d'exercer une censure préalable sans que cette décision de censure soit transcendée.

Tout ceci nous amène aux considérations suivantes sur le régime juridique de la censure dans la création artistique et littéraire. Tout d'abord, compte tenu de la répudiation de la censure préalable par tout le constitutionnalisme depuis le XIXe siècle, le principe de pro libertate doit être considéré comme une valeur prééminente qui doit imprégner non seulement la législation mais aussi les politiques publiques des gouvernements. Cette prééminence repose sur un critère pragmatique, à savoir qu'il y aura toujours des manifestations singulières de la liberté artistique et littéraire qui pourront être désavouées par des secteurs de la population mais, à moins qu'elles n'impliquent un délit ou des heurts avec des droits singuliers, la communauté devra s'accommoder d'opinions et d'expressions artistiques et littéraires divergentes. A fortiori, lorsque le droit pénal est disponible pour faire face aux atteintes aux droits et intérêts des tiers.

Deuxièmement, comme nous l'avons vu plus haut, nous ne pouvons oublier que la censure peut venir de particuliers (l'impresario de théâtre qui revient sur sa décision et, après avoir été intimidé, retire une pièce hétérodoxe de l'affiche, l'éditeur qui subit des pressions pour ne pas publier une pièce déjà contractée). Nous sommes ici face à un problème métajuridique qui, au-delà de l'exercice des droits inhérents à la propriété intellectuelle, devrait être résolu avec des critères politiques, notamment à travers l'engagement des pouvoirs publics en faveur de la liberté de création et le soutien de tous les sujets impliqués dans la liberté culturelle.

Troisièmement, la réponse législative qui semble nécessaire pour réglementer les limites à la liberté de création doit être une réponse pro libertate et restrictive, tant au niveau des mesures répressives que des cas qui justifient les limitations. Par exemple, s'il s'agit de protéger les enfants et les jeunes, le législateur doit régler les cas avec subtilité et précision.

Quatrièmement et enfin, sur le mode d'action, les mesures restrictives doivent être retirées du champ administratif et proclamer avec force la réserve du pouvoir judiciaire. Seuls les organes du pouvoir judiciaire devraient être légitimés à appliquer des mesures restreignant la liberté de création.

THE PUBLIC AND THE PRIVATE IN ART COLLECTIONS

Access by the General Public, Cultural Exchange, and Heritage Protection

Andrzej Jakubowski[*]

1. Introduction 73
2. The Value and Significance of Licit Cultural Interchanges:
   A Normative Reconstruction 74
   2.1. The Core Values of Cultural Exchanges 75
   2.2. International Cultural Exchanges, Access to Art
        Collections, and Human Rights 77
3. The Role of Licit Art Trade and Licit Collections-Building
   for the Protection of Cultural Heritage 80
4. Art Collecting and Global Peace and Security 83
5. Current Challenges for Mobility of Art Collections 86
6. Conclusions 87

1. INTRODUCTION

This chapter focuses on the current role of art collections (public and private) in protecting and safeguarding cultural heritage, and their contribution to the enhancement of cultural human rights. In this respect, it strictly relates to other studies in this volume, particularly the one by James A.R. Nafziger ('The Two Faces of Collectors, Reconciled by Common Sense'). While exploring the present-day functions of art collections, this chapter discusses the balance between the two seemingly opposite objectives of the global governance of movable

---

[*] The author wishes to acknowledge the support of the National Science Centre (Poland) during the period of preparing this chapter (No UMO-2019/35/B/HS5/02084; 'Legal forms of cultural heritage governance in Europe – a comparative law perspective').

cultural heritage: protection of cultural heritage in its place/country of origin; and the promotion of international cultural interchanges, including collections' building and mobility. It thus addresses various aspects of international heritage law and policy, comparative heritage law, and self-regulation.

The timing of this discussion is very important in view of the recent deliberations of the 26th General Conference of the International Council of Museums (ICOM), held in Prague on 20–28 August 2022.[1] This event was indeed concerned with the current societal functions of museum institutions worldwide, with particular focus on their dialogue with civil society, ethics, sustainability, and resilience. It also constituted an occasion to debate the new, more inclusive, society-oriented museum definition proposal selected by the ICOM Advisory Council in March 2022.[2] In fact, this new definition was finally approved by the Extraordinary General Assembly of this global non-governmental organization on 24 August 2022.[3]

Considering these recent developments, the report addresses the following four interlinked issues. First, it highlights the role of licit cultural interchanges, collections-building, and mobility as tools of promoting and enhancing cultural human rights. Second, it discusses the role of licit art trade and licit collections-building for the protection of cultural heritage. Next, the relationship between art collecting, global peace and security, and global governance is scrutinized and examined. Finally, the chapter explores current challenges affecting the mobility of collections.

2. THE VALUE AND SIGNIFICANCE OF LICIT CULTURAL INTERCHANGES: A NORMATIVE RECONSTRUCTION

The entire global system for the protection of movable cultural heritage established after the Second World War is indeed founded on the basic principles of the licitness of cultural exchanges and wide access to cultural heritage. In other words, the access by the general public to art collections is seen as crucial for the protection and enjoyment of heritage, including the realization of the right to participate in cultural life. Art collections should however come from licit sources and their establishment and management should follow widely recognized ethical principles.

---

[1] See https://prague2022.icom.museum/programme-schedule.
[2] See https://icom.museum/en/news/the-icom-advisory-council-selects-the-museum-definition-proposal-to-be-voted-in-prague.
[3] See https://icom.museum/en/news/icom-approves-a-new-museum-definition/.

2.1. THE CORE VALUES OF CULTURAL EXCHANGES

In fact, the first recommendation adopted by UNESCO, within its prolific standard-setting practice, 'Recommendation on International Principles Applicable to Archaeological Excavations' (1956), linked the protection of archaeological heritage from illicit practices with public display, study, and knowledge.[4] Provisions that are even more explicit can be found in the Convention on the Protection of the Archaeological Heritage, adopted by the Council of Europe in 1969, which states that the protective measures 'cannot restrict lawful trade in or ownership of archaeological objects, nor affect the legal rules governing the transfer of such objects'.[5] Similarly, the Convention on the Protection of the Archaeological, Historical, and Artistic Heritage of the American Nations (Convention of San Salvador), adopted under auspices of the Organization of American States, invites states to promote the licit international circulation and exchange of cultural property.[6]

The said principles also drove UNESCO's actions in the field of protection of movable cultural heritage in the 1960s, when the Convention on the Means of Prohibiting and Preventing the Illicit Import, Export and Transfer of Ownership of Cultural Property (1970 UNESCO Convention)[7] was drafted. In fact, UNESCO's Member States were of the opinion that the international regime should consist 'in protecting what deserves to be protected'.[8] Moreover, 'there can be no question of forbidding the purchase and sale of works of art, of restricting the lawful exchange of cultural property', if 'exports, imports and transfers of cultural property ... do not lead to the disappearance of the cultural heritage of certain States'.[9] This approach was also reflected in the 1964 UNESCO Recommendation, which encouraged the legitimate exchange of cultural property and collections-building.[10] Viewed in such a light, the final version of the adopted text of the 1970 UNESCO Convention provided

---

[4] (Adopted 05.12.1956) CPG.57/VI.9y/AFSR, para. 27 and preamble, 4th recital.
[5] European Convention on the Protection of the Archaeological Heritage (opened for signature 06.05.1969, entered into force 20.11.1970) 788 UNTS 227, ETS No. 66, Art. 8; also see European Convention on the Protection of the Archaeological Heritage (Revised) (opened for signature 16.01.1992, entered into force 25.05.1995) 1966 UNTS 305, ETS No. 143, art. 8(i).
[6] (Signed 16.06.1976, entered into force 30.06.1978) UNEP/GC.15/Inf.2/150, Arts. 15(b) and 17(g).
[7] (Adopted 14.11.1970, entered in force 24.04.1972) 823 UNTS 231.
[8] UNESCO, 'Means of Prohibiting and Preventing the Illicit Import, Export and Transfer of Ownership of Cultural Property. Preliminary Report' (08.08.1969) SHC/MD/3, para. 18.
[9] Ibid., para. 18.
[10] UNESCO Recommendation on the Means of Prohibiting and Preventing the Illicit Import, Export and Transfer of Ownership of Cultural Property (adopted 19.11.1964) 13C/Resolutions Annex; in particular, see para. 9.

that 'the interchange of cultural property among nations for scientific, cultural and educational purposes increases the knowledge of the civilization of Man, enriches the cultural life of all peoples and inspires mutual respect and appreciation among nations'.[11]

It needs to be stressed that the value of licit cultural interchanges, including commercial ones, as endorsed by UNESCO in its global regime for the protection of movable cultural heritage, is also strengthened by the 1995 UNIDROIT Convention on Stolen and Illegally Exported Cultural Objects (1995 UNIDROIT Convention).[12] This instrument, supplementing the system of the 1970 UNESCO Convention, emphasizes 'the fundamental importance of the protection of cultural heritage and of cultural exchanges for promoting understanding between peoples, and the dissemination of culture for the well-being of humanity and the progress of civilisation'.[13] Furthermore, it also addresses the need to 'enhance international cultural co-operation and maintain a proper role for legal trading and inter-State agreements for cultural exchanges'.[14]

According to the aforementioned provisions, public and private art collections[15] thus play an important role in mutual understanding between nations and contribute to their development and cultural enrichment.[16] Such objectives of cultural exchanges are reiterated in a number of other international law instruments which stress the value of appreciation of the diversity of cultures making up the cultural heritage of all mankind.[17] Hence the promotion of international exchanges for their study, conservation, restoration, or temporary display has led to the development of domestic legislation covering immunity from seizure and indemnity schemes, as well as other initiatives at both the international and regional levels.[18] While in recent years the exchange of

---

[11] Preamble, 2nd recital.
[12] (Adopted 24.06.1995, entered into force 1.07.1998) 2421 UNTS 457.
[13] Preamble, 1st recital.
[14] Ibid., 6th recital.
[15] Having said this, it is also worthy of note that states and societies perceived and still perceive the role of the public and private in this regard differently. In fact, some favor (directly or indirectly) public over private in public collecting; read further E. MOUSTAIRA, *Art Collections, Private and Public: A Comparative Legal Study*, Springer, Cham 2015, pp. 47–58.
[16] See J. SÁNCHEZ CORDERO, 'The private art collections' (2015) 20(4) *Uniform Law Review* 617.
[17] In particular, see the Universal Declaration on Cultural Diversity (adopted 02.11.2001) 31C/Res no. 25 Annex; UNESCO Recommendation concerning the International Exchange of Cultural Property (adopted 26.11.1976) 19C/Resolutions, preamble, 2nd recital, and Art. III(9); UNESCO Recommendation for the Protection of Movable Cultural Property (adopted 28.11.1978) 20C/Resolutions, preamble, 3rd recital; UNESCO Declaration of the Principles of International Cultural Co-operation of 1966 (1966 UNESCO Declaration) (adopted 04.11.1966) 14C/Resolutions 8.1, Arts. III, V, VI; further, see A.F. VRDOLJAK and L. MESKELL, 'Intellectual Cooperation Organisation, Unesco, and the Culture Conventions' in F. FRANCIONI and A.F. VRDOLJAK (eds), *The Oxford Handbook of International Cultural Heritage Law*, Oxford University Press, Oxford 2020, p. 34.
[18] For a comprehensive overview, see N. VAN WOUDENBERG, *State Immunity and Cultural Objects on Loan*, Brill-Nijhoff, Leiden/Boston 2012.

collections has been particularly promoted in Europe,[19] important developments have also occurred at the level of general international law, with the customary law on protection of a foreign state's cultural property from measures of constraint becoming gradually established.[20]

2.2. INTERNATIONAL CULTURAL EXCHANGES, ACCESS TO ART COLLECTIONS, AND HUMAN RIGHTS

The latter aspect clearly links cultural exchanges and the societal functions of art collections with the protection, enhancement, and realization of human rights attached to culture and heritage. Indeed, the objective of cultural interchange needs to be read in light of the right of everyone to participate in the cultural life of the community and to enjoy the arts, as enshrined in Article 27 of the Universal Declaration of Human Rights (UDHR)[21] and in Article 15 of the International Covenant on Economic, Social and Cultural Rights (ICESCR).[22] Significantly, during the drafting of the ICESCR, UNESCO presented a preliminary draft Article 15 which explicitly designated the preservation of, access to, and development of 'the inheritance of books, publications, works of art and other monuments and objects of historic, scientific and cultural interest' as essential elements for realizing the human right of everyone to participate in cultural life.[23] Moreover, it was argued that such a right not only concerns access to and participation in one's national (or state) culture, but also may entail the right to have access to the cultures of other peoples or the cultural life of smaller or non-dominant communities within the state.[24] In this regard, UNESCO opted for the promotion of cross-border cultural exchanges (recognizing the reciprocal influences diverse cultures exert on one another) and broad access to cultural heritage as an important tool in disseminating knowledge of various cultures

---

[19] See N. VAN WOUDENBERG, 'Enhancing the Mobility of Collections in the European Union' in A. JAKUBOWSKI, K. HAUSLER and F. FIORENTINI (eds), *Cultural Heritage in the European Union: A Critical Inquiry into Law and Policy*, Brill-Nijhoff, Leiden/Boston 2019, pp. 213–40.

[20] R. PAVONI, 'Cultural Heritage and State Immunity' in F. FRANCIONI and A.F. VRDOLJAK (eds), *The Oxford Handbook of International Cultural Heritage Law*, Oxford, Oxford University Press 2020, p. 580.

[21] UNGA Res 217A(III) (adopted 10.12.1948) UN Doc A/810, 71.

[22] (Adopted 16.12.1966, entered into force 03.01.1976) 993 UNTS 3.

[23] See the Commission on Human Rights, Seventh Session, Agenda Item 3, suggestions submitted by the Director-General of UNESCO (18.04.1951) E/CN.4/541, 2; also see A.F. VRDOLJAK, 'Human Rights and Illicit Trade in Cultural Objects' in S. BORELLI and F. LENZERINI (eds), *Cultural Heritage, Cultural Rights, Cultural Diversity. New Developments in International Law*, Brill-Nijhoff, Boston/Leiden 2012, pp. 133–34.

[24] For an overview of the discussion, see Committee on Economic, Social and Cultural Rights, 'Cultural Life in the Context of Human Rights. Background Paper Submitted by Ms. YVONNE DONDERS' (09.05.2008) E/C.12/40/13, 3–4.

and enabling the effective participation in cultural life.[25] However, in the human rights doctrine of the 1960s, the scope of the right to take part in cultural life was still restricted to access to national culture within the boundaries of the state.

This narrow interpretation of the content and scope of the human right to take part in cultural life has, however, been challenged. In fact, already in 1976 the UNESCO 'Recommendation on Participation by the People at Large in Cultural Life and Their Contribution to It' linked access to culture and participation in cultural life with international cooperation and cultural exchange.[26] Following the great expansion of the theory and relevant international practice on cultural rights in recent decades,[27] there is no longer any no doubt that today access to cultural heritage and cultural exchange fall within the core of cultural human rights. In this respect, the right to 'know, understand, enter, visit, make use of, maintain, exchange and develop cultural heritage, as well as to benefit from the cultural heritage and the creation of others' is currently considered as a formative part of the wider notion of the right of access to and enjoyment of cultural heritage.[28] This, in turn, finds 'its legal basis, in particular, in the right to take part in cultural life, the right of members of minorities to enjoy their own culture, and the right of indigenous peoples to self-determination and to maintain, control, protect and develop cultural heritage'.[29] Moreover, the value of cultural encounters, cultural mixing, and intercultural dialogue and understanding are considered crucial for the realization of cultural rights, in particular the right to participate in cultural life.[30] More specifically, the 2015 UNESCO 'Recommendation Concerning the Protection and Promotion of Museums and Collections, Their Diversity and Their Role in Society' affirms that 'museums and collections contribute to the enhancement of human rights', as set out in Article 27 UDHR and Articles 13 and 15 ICESCR.[31] By fostering international exhibitions, cross-border exchanges, and the mobility of cultural objects, they 'can therefore play an important role in the development of social ties and cohesion, building citizenship, and reflecting on collective identities'.

---

[25] See 1966 UNESCO Declaration, Art. I(3); UNESCO Recommendation concerning the Most Effective Means of Rendering Museums Accessible to Everyone (adopted 14.12.1960) 1C/Resolutions, CPG.61/VI.11, preamble, 4th recital.

[26] (26.11.1976) 19C/Resolutions + CORR.

[27] See A. Jakubowski and A. Jagielska-Burduk, 'Cultural Rights' in M. Sellers and S. Kirste (eds), *Encyclopedia of the Philosophy of Law and Social Philosophy*, Springer Netherlands (online edn), pp. 3–4.

[28] UNHRC, 'The Right of Access to and Enjoyment of Cultural Heritage. Report of the Independent Expert in the Field of Cultural Rights, Farida Shaheed' (21.03.2011) A/HRC/17/38, para. 79.

[29] Ibid., para. 78.

[30] See UNHRC, 'Cultural Mixing and Cultural Rights. Report of the Special Rapporteur in the Field of Cultural Rights, Karima Bennoune' (19.07.2021) A/76/178, in particular para. 75.

[31] (Adopted 17.11.2015) 38C/Resolutions, preamble, 6th recital.

They 'should be places that are open to all and committed to physical and cultural access to all, including disadvantaged groups', fostering 'respect for human rights and gender equality'.[32]

In this regard, it is worthwhile to recall the Draft Convention on Immunity from Suit and Seizure for Cultural Objects Temporarily Abroad for Cultural, Educational or Scientific Purposes, endorsed by the International Law Association (ILA) in 2014.[33] This document clearly links the need for heritage to be protected from the dangers of illicit export, import, and transfer of ownership of cultural property[34] with the enhancement of mobility of art, thus contributing to the realization of cultural human rights, enshrined in Article 15 ICESCR.[35]

Such an understanding of the role of collections is also included in the proposed new definition of 'museum' approved by ICOM's Extraordinary General Assembly on 24 August 2022, during the 26th General Conference of this organization. It reads as follows:

> A museum is a not-for-profit, permanent institution in the service of society that researches, collects, conserves, interprets and exhibits tangible and intangible heritage. Open to the public, accessible and inclusive, museums foster diversity and sustainability. They operate and communicate ethically, professionally and with the participation of communities, offering varied experiences for education, enjoyment, reflection and knowledge sharing.[36]

The proposal for the new museum definition was voted by the vast majority (92.41%) of museum representatives from all over the world participating in the Assembly in Prague.[37] It was the first time in the last 50 years when ICOM's definition of a museum significantly changed, and addressed such concepts as 'inclusivity', 'diversity', 'accessibility', 'sustainability', and 'ethics'. Its inclusion in the ICOM Statutes constitutes the culmination of a long process of discussions and consultations launched by ICOM already in 2017. Although the wording of the earlier proposal, initially scheduled for a vote at the 2019 ICOM Extraordinary General Assembly in Kyoto, was more explicit in terms of realizing human rights

---

[32] Ibid., para. 17.
[33] This document was prepared by the ILA Cultural Heritage Committee, and endorsed by the Seventy-Sixth Biennial Conference of this global non-governmental organization in Washington DC on 11.04.2014; see Resolution 3/2014, available at https://ila.vettoreweb.com:442/Storage/Download.aspx?DbStorageId=1081&StorageFileGuid=4acd7bd1-55fa-4955-a6e1-abd9e9e4fa73; read further J.A.R. NAFZIGER, *Frontiers of Cultural Heritage Law*, Brill-Nijhoff, Leiden/Boston 2021, pp. 293–323.
[34] Preamble, 11th recital.
[35] Preamble, 4th recital.
[36] See ICOM, Extraordinary General Assembly (24.08.2022), https://icom.museum/wp-content/uploads/2022/07/EN_EGA2022_MuseumDefinition_WDoc_Final-2.pdf.
[37] https://icom.museum/en/resources/standards-guidelines/museum-definition/.

(museums were deemed to be 'aiming to contribute to human dignity and social justice'),[38] the current text also leaves no doubt about the importance of such institutions for human rights.

It can thus be concluded that cultural exchanges and the mobility of collections (such as exhibitions of cultural property) are today widely recognized as tools for realizing the human rights attached to culture and heritage. In other words, cultural exchanges, with their practical tools (public display, mobility, etc.), can constitute an important form and vehicle for the realization of cultural human rights.

3. THE ROLE OF LICIT ART TRADE AND LICIT COLLECTIONS-BUILDING FOR THE PROTECTION OF CULTURAL HERITAGE

Art collections are nowadays also called on to play an important role in protecting cultural heritage against unlawful practices in the art trade.[39] In this regard, the 1970 UNESCO Convention considers that 'cultural institutions, museums, libraries and archives should ensure that their collections are built up in accordance with universally recognized moral principles'.[40] To this end, the States Parties to this treaty are required, under Article 5(e) of the 1970 Convention, to establish 'for the benefit of those concerned (curators, collectors, antique dealers, etc.) rules in conformity with the ethical principles set forth in this Convention' and take 'steps to ensure the observance of those rules'. In other words, States Parties are not alone in bearing moral obligations for the protection of cultural property, and cultural institutions, museums, libraries and archives 'also have to recognize that they are part of the whole process'.[41] Moreover, the illicit trade (i.e. 'the organized looting, smuggling and theft of and illicit trafficking') in cultural material is today widely considered as undermining 'the full enjoyment of cultural rights'.[42] Hence, public and private art collections are

---

[38] 'ICOM announces the alternative museum definition that will be subject to a vote', available at https://icom.museum/en/news/icom-announces-the-alternative-museum-definition-that-will-be-subject-to-a-vote; see E. MANIKOWSKA and A. JAKUBOWSKI, 'On Defining the Participatory Museum: The Case of the Museum of the Second World War in Gdansk' (2021) 9(4) *Muzeológia a kultúrne dedičstvo* 41, 45–48.
[39] See E. MOUSTAIRA, *Art Collections, Private and Public: A Comparative Legal Study*, Springer, Cham 2015, pp. 121–24.
[40] Preamble, 6th recital.
[41] P.J. O'KEEFE, *Protecting Cultural Objects: Before and After 1970*, Institute of Art and Law, London 2017, p. 112.
[42] UNHRC, Resolution 37/17 'Cultural Rights and the Protection of Cultural Heritage' (22.03.2018) A/73/53, para. 12; also see UNHRC, Resolution 33/20 'Cultural Rights and the Protection of Cultural Heritage' (30.09.2016) A/HRC/RES/33/20, para. 10.

seen today as important actors engaged in tracking and eliminating illicit market practices and with an important role to play in contributing to the enhancement of cultural human rights.

From a more practical perspective, these aspects and functions of public and private art collections need to be undertaken in close cooperation with the relevant institutional and professional partners, which should align their ethical standards with the existing treaty law objectives to curb the theft, clandestine excavation, and illicit export of cultural property. In fact, the system of ethical rules concerning the work of cultural institutions, museums, libraries and archives – backing up the regime of the 1970 UNESCO and 1995 UNIDROIT Conventions – has today greatly expanded.[43] In particular, the latest version of the ICOM Code of Professional Ethics provides that museums shall follow ethical principles, i.e. they 'have the duty to acquire, preserve and promote their collections as a contribution to safeguarding the natural, cultural and scientific heritage'. It is also underlined that '[i]nherent in this public trust is the notion of stewardship that includes rightful ownership, provenance, permanence, documentation, accessibility and responsible disposal'.[44] In other words, they are ethically bound to perform due diligence in all their undertakings.[45]

These principles have recently been further re-elaborated by the ICOM Standing Committee for Ethics (ETHCOM) in its 2020 'Standards on Accessioning'.[46] This document calls upon museums to exercise due diligence in checking the provenance of objects that are considered to be included in their collections, while '[o]bjects with incomplete provenance should be acquired only when they are of exceptional rarity and when it is reasonably certain that their origin, context, and provenance can be established through research'.[47] Furthermore, it also provides a set of guidelines on how the licit provenance should be verified, including the checking of all available documents and databases. Museums are also required to ascertain whether the object falls under specific national or international legal protection, including the regimes of the 1970 UNESCO and 1995 UNIDROIT Conventions.

---

[43] For an overview of the basic ethical instruments see, for instance, M. FRIGO, 'Ethical Rules and Codes of Honor Related to Museum Activities: A Complementary Support to the Private International Law Approach Concerning the Circulation of Cultural Property' (2009) 16(1) *International Journal of Cultural Property* 49.

[44] Art. 2; available at https://icom.museum/wp-content/uploads/2018/07/ICOM-code-En-web.pdf.

[45] Further see M. FRIGO, 'Codes of Ehtics' in F. FRANCIONI and A.F. VRDOLJAK (eds), *The Oxford Handbook of International Cultural Heritage Law*, Oxford, Oxford University Press 2020, p. 794–97.

[46] ICOM, 'Standards on Accessioning of the International Council of Museums' (10.03.2022), available at https://icom.museum/en/news/icom-code-of-ethics-new-standards-for-fundraising-and-accessioning.

[47] Ibid., p. 3.

To date, a number of art collections worldwide have adopted various internal instruments concerning provenance research, acquisition policies, and due diligence standards.[48] At the same time, due diligence and the revision of ethical standards in the art trade have been put into the current agenda of the 1970 UNESCO Convention's statutory bodies.[49] It should be underlined that the basic principles of due diligence to be applied to art collections and art dealers have already been codified at the level of treaty law by the 1995 UNIDROIT Convention,[50] and incorporated into the law of the European Union under Directive 2014/60/EU[51] and subsequently transposed into the national systems of its Member States. Moreover, such standards have recently been included in the Regulation (EU) 2019/880 on the introduction and the import of cultural goods,[52] which also links the protection of heritage against illicit trade with the objective to counteract the violations of cultural rights that such illicit practices may cause.[53] In this way, the ethical principles are binding on all actors engaged in art trade in the EU, including public and private art collectors.

---

[48] For an overview see, for instance, S. MILLER, *Museum Collection Ethics: Acquisition, Stewardship, and Interpretation*, Rowman & Littlefield, Lanham 2020.

[49] See the Ninth Session of the Subsidiary Committee of the Meeting of States Parties to the 1970 UNESCO Convention, 'Proposed Revision of the International Code of Ethics for Dealers in Cultural Property' (28–29.05.2021) C70/21/9.SC/9; Twenty-Third Session of the Intergovernmental Committee for Promoting the Return of Cultural Property to its Countries of Origin or its Restitution in Case of Illicit Appropriation, 'Recommendations of the Working Group on the Revisions to the UNESCO International Code of Ethics for Dealers in Cultural Property' (18–20.05.2022) ICPRCP/22/23.COM/12.

[50] Art. 4(4) of the 1995 UNIDROIT Convention: 'In determining whether the possessor exercised due diligence, regard shall be had to all the circumstances of the acquisition, including the character of the parties, the price paid, whether the possessor consulted any reasonably accessible register of stolen cultural objects, and any other relevant information and documentation which it could reasonably have obtained, and whether the possessor consulted accessible agencies or took any other step that a reasonable person would have taken in the circumstances'.

[51] Art. 10 of Directive 2014/60/EU of the European Parliament and of the Council of 15 May 2014 on the Return of Cultural Objects Unlawfully Removed from the Territory of a Member State and Amending Regulation (EU) No 1024/2012 (Recast) [2014] OJ L159/1: 'In determining whether the possessor exercised due care and attention, consideration shall be given to all the circumstances of the acquisition, in particular the documentation on the object's provenance, the authorisations for removal required under the law of the requesting Member State, the character of the parties, the price paid, whether the possessor consulted any accessible register of stolen cultural objects and any relevant information which he could reasonably have obtained, or took any other step which a reasonable person would have taken in the circumstances'.

[52] Regulation (EU) 2019/880 of the European Parliament and of the Council of 17 April 2019 on the introduction and the import of cultural goods [2019] OJ L151/1, Art. 4(3) and (12).

[53] Ibid., preamble, 3rd recital: 'The illicit trade in cultural goods in many cases contributes to forceful cultural homogenisation or forceful loss of cultural identity, while the pillage of cultural goods leads, inter alia, to the disintegration of cultures'.

4. ART COLLECTING AND GLOBAL PEACE AND SECURITY

In relation to the former observations it should also be noted that the role of art dealers and art collections has gradually been articulated and enhanced in the UN agenda for peace and security, in light of dangers stemming from recent armed conflicts and terrorist activities.[54] The famous UN Security Council resolution 2347 brought for the first time the protection of cultural heritage to the level of a core issue in the maintenance of global peace and security. In this regard, it integrated the often-dispersed and fragmented regimes of international law – cultural heritage law, humanitarian law, criminal law, and state responsibility – with global, regional, and national policies aimed at counteracting heritage crimes committed in armed conflicts.[55] It also enhanced the principle of international cooperation, broadening its scope beyond the relations between states, international organizations and agencies and towards a more inclusive participation of various stakeholders, including non-state actors, aimed at the better protection of cultural heritage in the event of an armed conflict. Such a global governance approach is intended to overcome the difficulties stemming from various legal and technical obstacles to counteracting terrorism and illicit trafficking in cultural material.[56] Alongside the enhanced collaboration among international organizations and agencies (UNESCO, the World Customs Organization, INTERPOL, and the UN Office on Drugs and Crime), the Security Council promotes the participation of civic society, including experts and practitioners, in elaborating 'standards of provenance documentation, differentiated due diligence and all measures to prevent the trade of stolen or illegally traded cultural property'.[57] Although such measures and actions are to be implemented in the very limited context of preventing and countering 'trafficking of cultural property illegally appropriated and exported in the context of armed conflicts, notably by terrorist groups',[58] the weight and significance of these provisions cannot be ignored.[59]

---

[54] Read further K. HAUSLER and A. JAKUBOWSKI, 'Combating Illicit Trade in Cultural Objects to Defend Peace and Security' in C. FINKELSTEIN, D. GILLMAN, F. ROSÉN (eds), *The Preservation of Art and Culture in Times of War*, Oxford University Press, New York 2022, p. 161–185.

[55] 'Maintenance of International Peace and Security' (adopted 24.03.2017) UN Doc S/RES/2347.

[56] Further see A. JAKUBOWSKI, 'Resolution 2347: Mainstreaming the Protection of Cultural Heritage at the Global Level' (2018) (Zoom-in 48) *Questions of International Law* 21, 43–44.

[57] UNSC Resolution 2347, para. 17(g).

[58] Ibid., para. 17.

[59] See M. FRIGO, 'Approaches Taken by the Security Council to the Global Protection of Cultural Heritage: An Evolving Role in Preventing Unlawful Traffic of Cultural Property' (2018) 101(4) *Rivista di diritto internazionale* 1164, 1178–81.

In this regard, it should be recalled that, according to ICOM's latest agenda, museums' current roles should also include contributing to the protection of cultural property in armed conflict under the regime of the 1954 Hague Convention for the Protection of Cultural Property in the event of armed conflict[60] and its Protocols.[61] On 19 August 2022, while condemning the deliberate destruction of Ukrainian cultural heritage by Russia, ICOM's Executive Board unanimously approved a recommendation to establish a protocol to address conflicts as part of the ongoing revision process of the ICOM Code of Ethics for Museums.[62] The issue was widely discussed at the 26th ICOM's General Conference. It was decided that it would be ETHCOM's priority to ensure that the provisions of ICOM's ethical principles respected in the context of conflicts.[63] In other words, museum institutions should be actively involved in countering the effects of armed conflict on cultural heritage. The new protocol will thus be designed to support such activities.

While, as already mentioned, many museum and art dealers' associations have already adopted their own acquisition policy(ies) and codes of conduct in response to the dangers of the illicit trade in cultural property,[64] their role today must indeed be seen from the wider perspective of peace and security. In fact, they are seen as important partners – both at the level of expertise[65] and at the level of practical and technical engagement (for instance, the establishment of safe havens for endangered cultural material)[66] – in achieving these global goals. Such a wide (or holistic) approach to the role of museums and collections has in fact been recently endorsed by the UN General Assembly in its 2021 resolution on 'Return or Restitution of Cultural Property to the Countries of Origin', spearheaded by Greece and co-sponsored by 110 other UN Member States.[67]

---

[60] (Adopted 14.05.1954, entered in force 07.08.1956) 249 UNTS 240.

[61] First Protocol (adopted 14.05.1954, entered in force 07.08.1956) 249 UNTS 358); Second Protocol (adopted 26.03.1999, entered into force 09.03.2004) 2253 UNTS 172.

[62] See https://icom.museum/en/news/icom-will-establish-a-protocol-on-respecting-the-icom-code-of-ethics-during-conflicts.

[63] See also T. Seymour, 'Icom condemns Russia's 'deliberate destruction' of Ukrainian heritage and plans stricter code of ethics', The Art Newspaper (26.08.2022), https://www.theartnewspaper.com/2022/08/26/icom-condemns-russias-deliberate-destruction-of-ukrainian-heritage-and-plans-stricter-code-of-ethics.

[64] Also see 'Report of the Secretary-General on the Implementation of Security Council Resolution 2347 (2017)' (17.11.2017) S/2017/969, para. 31.

[65] Compare L. Cassini, 'The Future of (International) Cultural Heritage Law' (2018) 16(1) International Journal of Constitutional Law 1, 6.

[66] See A. Jakubowski, 'International Protection of Cultural Heritage in Armed Conflict: Revisiting the Role of Safe Havens' (2020) 16(2) Indonesian Journal of International Law 169, 176–79.

[67] UNGA, 'Return or Restitution of Cultural Property to the Countries of Origin' (adopted 30.11.2021) A/76/L.17.

This resolution, while recalling the 1970 UNESCO and 1995 UNIDROIT Conventions, urged:

> All Member States to take appropriate measures to ensure that all actors involved in the trade of cultural property, including but not limited to auction houses, art dealers, art collectors, museum professionals and managers of online marketplaces, are required to provide verifiable documentation of provenance as well as export certificates, as applicable, related to any cultural property imported, exported or offered for sale, including through the Internet.[68]

However, it should be noted that the licitness or lawfulness of art acquisition is not an easy topic and can clearly present a number of challenges to both public and private collectors. First of all, in many cases the circumstances under which an object left the territory where it became protected may not be clear. In addition, the heritage protection legislation in force at the time of export or transfer of ownership may leave doubts about the lawfulness or unlawfulness of such acts. In other words, even if provenience (place of origin) and provenance (the legal history, including the applicable law) are known and identified, the assessment of lawfulness (or unlawfulness) might not be fully certain. Issues such as the clarity of the rules, their interpretation, and the circumstances of their application, including issues of intertemporality, are being constantly and vividly raised by art dealers' associations in relation to the requirements of the new Import Regulation of the European Union No. 2019/880.[69] This not only increases the difficulties associated with the work of art dealers, but also raises the specter of illegal practices and results in the removal from the legal market of some objects that could not be acquired for publicly accessible and displayed collections. In other words, some objects cannot be enjoyed by the general public. Undoubtedly, such 'greyish' provenance issues may and probably will constitute one of the core problems faced by art collections in pursuing their societal roles.[70]

---

[68] Ibid., para. 21; also see the 2014 UNGA Resolution, 'International Guidelines for Crime Prevention and Criminal Justice Responses with Respect to Trafficking in Cultural Property and Other Related Offences' (18.12.2014) A/RES/69/196 Annex, guidelines 5–8.

[69] See 'Challenges and Prospects for the Art Market Vis-à-vis the Evolving EU Regime for Counteracting Illicit Trade in Cultural Objects. Erika Bochereau talks to Alicja Jagielska-Burduk and Andrzej Jakubowski' (2021) 7(2) *Santander Art and Culture Law Review* 21, 25–27.

[70] In the EU these problems have been dealt with, albeit to a limited extent, under the regime of 'out-of-commerce' works, introduced by the Copyright in the Digital Single Market (CDSM) Directive (i.e. Directive (EU) 2019/790 of the European Parliament and of the Council of 17 April 2019 on copyright and related rights in the Digital Single Market [2019] OJ L130/92). It covers works that are still protected by copyright but are not available commercially, such as literary works, audio-visual works, phonograms, photographs and unique works of art,

Andrzej Jakubowski

5. CURRENT CHALLENGES FOR MOBILITY OF ART COLLECTIONS

The last issue addressed in this chapter regards the current obstacles to the mobility of collections (art loans) for display purposes. While the role of both public and private art collections is pivotal in providing wider access to heritage and enrichment of the cultural life of all peoples, the legal protection of objects and their current owners continues to be a difficult task for both international, regional, and national law. In fact, it can also be noticed that from the comparative law perspective, the level of protection from seizure and suit (from jurisdiction and measures on constraints) of foreign property on loan is far from uniform and predictable at the level of domestic law. Although there are an increasing number of states' national regulations in this regard, very few of them protect objects belonging to private collectors, and only very few provide immunity from suit. In addition, some domestic pieces of legislation include certain exceptions that concern the denial of protection in certain cases of human rights violations and terrorism. While it is also true that – as has already been mentioned – at the level of customary international law the protection of a foreign state's cultural property from measures of constraint has gradually crystallized, nevertheless the content of customary rules in this regard is not fully established, as the current attempts to seize the property of the major Russian museums have clearly shown.

Accordingly, following Russia's aggression against Ukraine in February 2022, there have been a few attempts or threats to block the return of museum exhibits on their way back to Moscow and Saint Petersburg. In early April, Finnish customs stopped works of art, formerly on loan to Italy and Japan, from being transported to Russia due to EU economic sanctions against this state. The sanctions prohibited the sale, supply, transfer or export, directly or indirectly, of

---

and preserved in the collections of cultural heritage institutions (publicly accessible libraries and museums, archives, educational establishments, etc.). The CDSM Directive opens up a broader digital availability of out-of-commerce works, aiming to ensure EU-wide access to works being part of the collections of EU cultural heritage institutions which are no longer available to the public through conventional channels of commerce. The objective of the rule introduced in Art. 8 of this Directive is to enable cultural heritage institutions to make the out-of-commerce works gathered in their collections available online without the need to clear their rights on a work-by-work basis. To assist the exchange of information about out-of-commerce works, a single publicly accessible online portal has been established by the EU Intellectual Property Office. Further, read K. JERZYK, 'Balance of Rights in Directive 2019/790 on Copyright in the Digital Single Market – Is the Opt-out Clause Sufficient for the Protection of Author's Moral Rights?' (2021) 7(2) *Santander Art and Culture Law Review* 229, 237–44; also see E. ROSATI, *Copyright in the Digital Single Market: Article-by-Article Commentary to the Provisions of Directive 2019/790*, Oxford University Press, Oxford 2021, p. 176.

luxury goods to any natural or legal person, entity, or body in Russia or for use in Russia.[71] In cases where museum exhibits might have fallen into this category, their export to Russia was blocked.[72] The objects were released only after 9 April, once the newly introduced exceptions for cultural artefacts in the EU sanction rules became effective.[73] At the same time, however, French authorities decided not to return to Russia some paintings on display at Paris' Foundation Louis Vuitton in a large exhibition of works from the collection of Ivan Morozov, as they belonged to private owners targeted by an asset freeze in connection with the Russian aggression. However, objects from Russia's public collections were to be returned.[74] Hence it can be expected that inasmuch as the protections of foreign collections on loan historically and pragmatically arose from the museum exchange with the Soviet Union, and later with Russia, most probably the current problems concerning Russian art loans will also have a major impact on the development of international law and domestic law. Consequently, they may also affect the modalities of realizing cultural human rights.

6. CONCLUSIONS

This short overview of the current societal roles and rules governing art collections brings us to a set of more general conclusions. Firstly, it has to be underlined that collections (public and private) not only play a crucial role in the advancement of knowledge, conservation and the preservation of cultural heritage; they are also indeed of great importance in ensuring the realization of the human right to participate in cultural life, and in accessing the heritage of one's own community and the heritage of other peoples. Secondly, the regimes on the protection of mobility of collections, and import regulations, are constantly

---

[71] Council Regulation (EU) 2022/428 of 15 March 2022 amending Regulation (EU) No 833/2014 concerning restrictive measures in view of Russia's actions destabilising the situation in Ukraine [2022] OJ L087I/13, Art. 3h(1).

[72] See 'Finnish Customs Impound Art Works Worth 42 Mln Euros on Way Back to Russia' *Reuters* (06.04.2022), https://www.reuters.com/world/europe/finnish-customs-impound-art-works-worth-42-mln-euros-way-back-russia-2022-04-06.

[73] Council Regulation (EU) 2022/576 of 8 April 2022 amending Regulation (EU) No 833/2014 concerning restrictive measures in view of Russia's actions destabilising the situation in Ukraine [2022] OJ L111/1; see new para. 4 of Art. 3h: 'By way of derogation from paragraph 1, the competent authorities may authorise the transfer or export to Russia of cultural goods which are on loan in the context of formal cultural cooperation with Russia'. See B. LORIMER, 'Artwork Seized by Finland Returns to Russia' *Art Critique* (10.04.2022), https://www.art-critique.com/en/2022/04/artwork-seized-by-finland-returns-to-russia.

[74] See T. SOLOMON, 'Finland Returns $46 M. in Detained Artwork to Russia, as France Continues to Hold Russian Paintings' *ArtNews* (11.04.2022), https://www.artnews.com/art-news/news/finland-to-return-russian-artwork-seized-at-border-crossing-1234624873.

evolving. In particular, the systems on mobility of collections might be the subject of much revision due to Russia's current aggression against Ukraine. Thirdly, it should be noted that the acquisition and display policies are being gradually updated and consolidated, and the respect of ethical standards in the licit trade in cultural property has been greatly concretized in recent years. This has not only occurred at the level of self-regulation introduced by professional associations of museums and art dealers, but has also gained a normative power at the level of legally binding instruments. In sum, art collectors, both public and private, are perceived as important partners in the global governance of heritage against various threats, including those to peace and security. However, the age-old question remains: to what extent, and how, should public and private institutions be involved in protecting heritage and providing access to it? In other words, the issue of the procedural level of participation in heritage governance is still pending.

FOOD AS CULTURE

Framing, Legal Harmonization, and Transnational Law as a Regulatory Gateway

Lucas Lixinski*

1. Introduction 89
2. Food as Culture.. 93
   2.1. Mexican Cuisine at UNESCO................................ 101
3. Harmonization of Food Law...................................... 103
4. Transnational and International Legal Frames of Food as Culture 107
   4.1. FAO: Food as a Regulatory Object........................... 108
   4.2. CBD: Food as Biodiversity 111
   4.3. International Human Rights Law: Food as a Human Right........ 114
       4.3.1. UNDRIP: Food as Indigenous Identity 116
5. Concluding Remarks 118

1. INTRODUCTION

There are myriad ways for law to regulate culture and cultural heritage. Oftentimes, the law regulates culture directly, by creating rules, for instance, on the management of sites, or regulating archaeological exhibitions. Harmonizing these rules has long been on the agenda of international organizations, to facilitate cultural exchanges that can lead to better mutual appreciation of our shared humanity. These harmonizing efforts have happened through the International Institute for the Harmonization of Private Law (UNIDROIT),[1] and, less directly, via the United Nations Educational, Scientific, and Cultural Organization (UNESCO).

---

*   I am thankful to the wonderful audience in Mexico City for their input, and to Ayla Alves for the superb research assistance. All errors remain my own.
[1] UNIDROIT, Convention on Stolen or Illegally Exported Cultural Objects [1995] 34 ILM 1322.

Despite its prominence in the field of regulating culture, UNESCO has seldom engaged directly with domestic law. It has adopted Model Laws only in a few areas, often in association with other organizations like the World Intellectual Property Organization (WIPO).[2] Or it has had indirect influence on domestic law via the implementation of international standards contained in its treaties, most of which require specific domestic legislation. Using this indirect route, UNESCO has been able to put in place a rather uniform language of cultural heritage management and practice around the world.[3]

Besides this direct way of regulating culture, there are other forms in which the law interacts with culture. Culture, and cultural heritage, intersects with multiple areas of the law, eliciting questions about framing or classification[4] and the different values[5] that each legal framework brings to the fore. One of these is food law.[6] Food law is a relatively young area, which in most countries brings together a wide range of regulatory fields to influence the ways we produce, store, prepare, and consume food. International organizations have, as we will discuss below, for decades attempted to harmonize food law, with limited success. Within food law, perhaps one of its outer frontiers is the idea of food as heritage, which implies its description and framing as a cultural phenomenon, rather than a merely biological one.

In other words, the majority of encounters between food and the legal system think of food through its biological existence, and it being necessary for human biological existence. In international law, food as biology invokes regimes like international environmental law, international transport law, international human rights law, international trade law, and international intellectual property law.[7] They focus on matters like biodiversity, biosafety, the right to adequate standards of living, phytosanitary standards for food imports and exports, and

---

[2] Tunis Model Law on Copyright for Developing Countries, UNESCO/WIPO, 1976.

[3] L. LIXINSKI, *International Heritage Law for Communities: Exclusion and Re-Imagination*, Oxford University Press, Oxford 2019, pp. 233–234.

[4] N. AUGUSTINOS, 'Legal Classification Within and Beyond Heritage Law' in L. LIXINSKI and L. MORISSET (eds.), *Routledge Handbook of Heritage and the Law*, Routledge, forthcoming 2023.

[5] D. MACHADO, 'What is Heritage For? Law, Heritage, and Value' in L. LIXINSKI and L. MORISSET (eds.), *Routledge Handbook of Heritage and the Law*, Routledge, forthcoming 2023.

[6] I have rehearsed some of this argument, and the discussion in this piece, elsewhere. The present text updates the empirical data, and uses it to pursue an argument about harmonization of the law on culture that, even if somewhat related to the original article, pushes it in significant directions, since the original article was more of a mapping of the international landscape with an eye to framing effects, whereas here framing is pushed further as an entryway to a conversation about the possibilities of harmonization in domestic and transnational law. See, for the original article, L. LIXINSKI, 'Food as Heritage and Multi-Level International Legal Governance' (2018) 25 *International Journal of Cultural Property* 469.

[7] See e.g. T. BROUDE, 'A Diet Too Far? Intangible Cultural Heritage, Cultural Diversity, and Culinary Practices' in I. CALBOLI and S. RADAVAN (eds.), *Protecting and Promoting Diversity with Intellectual Property Law*, Cambridge University Press, Cambridge 2015, pp. 472–93.

the protection of plant varieties and genetically modified organisms, respectively, and to name but a few aspects. In these interactions, much like in other areas of international legal governance, humanity's biological existence (and the requirements thereto) take precedence over cultural dimensions.[8]

Among these multiple regimes and ways of legally framing food, and our relationship with it, cultural heritage law fits uncomfortably (if at all), as it has relatively little to say about food as biology, rather focusing on food as a cultural human experience. The connection between food and heritage is thus less than self-evident, and one must query why it might be worth focusing on food in a collection of papers focused on the harmonization of law on culture. There are three reasons, in my view, for this connection.

First, considering that these are two areas in which there are pushes for increased harmonization, it seems worthwhile to examine this intersection. Admittedly, harmonization is still fairly incipient in both fields, but it is more advanced in food law, meaning there may be useful lessons to be drawn for the field of culture more generally. Second, thinking about this intersection allows us to imagine the effects of framing from multiple perspectives. As further discussed below, food law is a field in which food gets regulated by multiple different legal fields, from different perspectives. Cultural heritage law, despite being a more consolidated field, has thus far failed to make as many incursions in the area of harmonization. Therefore, it may be that thinking about different framings of the law of culture, like what happens to food law, might be advantageous to advance the harmonization of the law of culture. Lastly, both food law and cultural heritage law are fields in which international or transnational dimensions are prominent not only in how to imagine legal possibilities, but also in driving domestic law. Therefore, they share this key feature which makes lessons more easily transplantable from one area to the other, despite the apparent incongruity of the relationship.

On the basis of this connection, it is also worth appreciating that the body of international heritage law has engaged with food, and increasingly so. The early experiences of cultural heritage with food have to do with the 'Globally Important Agricultural Heritage Systems' (GIAHS) initiative, discussed in more detail below. For now, suffice it to say that this initiative focused primarily on agricultural landscapes as tangible heritage worth protecting, in their convergence between culture and nature. Here, like in the other international legal regimes, the connection to nature and biology was key.

---

[8] A notable parallel is the international law of genocide, which has excluded cultural aspects in the drafting of the 1948 Genocide Convention. The stakes are significantly lower when speaking of food, but the idea is the same. For a discussion of how genocide law tends to exclude culture, see E. NOVIC, *The Concept of Cultural Genocide: An International Law Perspective*, Oxford University Press, Oxford 2016.

But food has also been framed as a primarily cultural phenomenon. Under the 2003 Convention for the Safeguarding of the Intangible Cultural Heritage (ICHC),[9] a number of food manifestations have been listed as representative of the intangible heritage of humanity. Under this treaty, food is entirely a cultural phenomenon, and it warrants rethinking the possible relationships between law and food. I argue that food as intangible cultural heritage (ICH) opens important conversations about the limits of the law on culture, and triggers us to think creatively about harmonization strategies. These harmonization strategies are most apparent through the different regulatory frames within which food appears, and the different values that each frame foregrounds.

In order to support this thesis, I show below how multiple regimes for food, because they pursue multiple different goals and differently tailored regulatory means, create the possibility of conflicting outcomes when it comes to safeguarding food and practices around it. In practice, though, no major clashes arise, in no small part because cultural heritage legal regimes are insulated from other regulatory engagements with food. In other words, the lesson is that harmonization efforts can more boldly rely on multiple regulatory frames.

Methodologically, in order to make my case I will focus on the Mexican cuisine, added to the Representative List of the Intangible Heritage of Humanity under the ICHC.[10] I chose Mexican cuisine because it is one of the early inscriptions of food in the ICHC lists. Further, the inscription's emphasis on best food safeguarding practices (discussed below) helps unpack the way food connects to broader cultural contexts. Finally, there is a strong element of Indigenous heritage in this manifestation, which adds another layer of thinking about multilevel food governance and food as a cultural manifestation, both of which are relevant in considering the possibilities of harmonization. The Indigenous connection particularly adds another possible meaning of the relationship between law and culture, one that is much more directly grounded on the core of identity than heritage law often allows.

In what follows, I will first briefly introduce food as intangible heritage more generally, and the governance system under the ICHC, with a particular focus on the food heritage in the ICHC Representative List, and Mexican cuisine in particular. After that, I will focus on the possibilities of harmonizing food law as a pathway to discuss the different ways in which food is framed as a regulatory object. This discussion will also underscore the importance of thinking about food law in transnational terms, which sets up the following section, where

---

[9] Convention for Safeguarding of the Intangible Cultural Heritage (adopted 17 October 2003, entered into force 20 April 2006) 2368 UNTS 3.

[10] UNESCO Intangible Cultural Heritage, *Traditional Mexican cuisine – ancestral, ongoing community culture, the Michoacán paradigm*, Nomination file No. 00400, https://ich.unesco.org/en/RL/traditional-mexican-cuisine-ancestral-ongoing-community-culture-the-michoacn-paradigm-00400.

I consider a number of other international bodies that have regulated elements of Mexican cuisine highlighted by the nomination file, like the United Nations Food and Agricultural Organization (FAO), the Convention on Biological Diversity (CBD),[11] and the international human rights law angle. The discussion on human rights will cover the two covenants, the International Covenant on Civil and Political Rights (ICCPR)[12] and the International Covenant on Economic, Social and Cultural Rights (ICESCR),[13] as well as the Indigenous peoples' rights perspective through the United Nations Declaration on the Rights of Indigenous Peoples (UNDRIP).[14] Despite the much more powerful possibilities of regional human rights law applicable to Mexico (the American Declaration on the Rights of Indigenous Peoples[15] and the American Convention on Human Rights,[16] in particular the latter with its provision requiring domestic law to be enacted to comply with the rights in the treaty and as interpreted by the Inter-American Commission and Court),[17] I will focus on international frames of broader application so as to make a broader case about the possibilities of bringing food into the conversation about the harmonization of the law of culture and cultural heritage.

2. FOOD AS CULTURE

Seeing food as connected to culture reminds us that its regulation is not just a matter of biological survival, it is also a matter of safeguarding social structures that allow for the optimal production, circulation, and consumption of food. Further, what the connection to food does for culture is remind us that culture, and its safeguarding, is not just about the exceptional, the unique, and the high

---

[11] Convention on Biological Diversity (adopted 5 June 1992, entered into force 29 December 1993) 1760 UNTS 69.
[12] International Covenant on Civil and Political Rights (adopted 16 December 1966, entered into force 23 March 1976) 999 UNTS 171.
[13] International Covenant on Economic, Social and Cultural Rights (adopted 16 December 1966, entered into force 3 January 1976) 993 UNTS 3. Parties as of November 2022: 171.
[14] United Nations Declaration on the Rights of Indigenous Peoples (UNDRIP), A/61/295 (adopted 13 December 2007).
[15] American Declaration on the Rights of Indigenous Peoples (ADRIP), AG/RES. 2888 (XLVI-O/16) (adopted at the third plenary session, held on 15 June 2016).
[16] American Convention on Human Rights, 22 November 1969, S. Treaty Doc. No. 95-21; 1144 UNTS 123; OASTS No. 36; 9 ILM 99 (1970).
[17] Ibid., Art. 2. The doctrine that requires the jurisprudence of the organs of the system to be taken into account in implementing international human rights obligations is known as conventionality control (*control de convencionalidad*). For an in-depth discussion, see E.N.R. VÁZQUEZ, *La Doctrina del Control de Convencionalidad: Del Pluralismo Normativo a la Trascendencia de las Decisiones de la Corte Interamericana de Derechos Humanos*, Porrúa, Mexico City 2021.

culture; it is also about the beauty of the everyday, the mundane that is essential, the low culture that we live and breathe and makes us living and thriving societies. Living culture is the quintessential definition of intangible heritage, and the regime for safeguarding intangible heritage, particularly in relation to food, deserves closer attention.

The ICHC is the key international instrument for the safeguarding of intangible heritage. While a full examination of its mechanisms is outside the scope of this piece,[18] it is worthwhile stressing the status of the ICHC vis-à-vis the rest of international heritage law, before discussing food as heritage under the ICHC.

The relationship between the ICHC and the rest of international law operates both on a legal-formalistic level, and on a substantive/heritage management level. With respect to the latter, the ICHC, alongside the very notion of ICH, is meant to overhaul the way we think about heritage, what it is, why it needs safeguarding, and for whom. ICH is meant to be a holistic concept, in which the material remnants of the past matter less as ends in themselves, and the key to heritage is people's connections to culture, and their practice thereof. In other words, ICH is living culture. Food is in this sense a perfect candidate, as it is lived and experienced every day. Further, the ICHC promotes heritage, at least nominally, for the benefit of communities, rather than states.[19] Promoting heritage for communities means relinquishing control over heritage and its meanings, which allows for ICH to be 'constantly recreated', a requirement in its legal definition in Article 2.1 of the ICHC.

The ICHC, in addition to defining ICH, also sets out the basic parameters of the legal-formalistic relationship between the ICHC and the rest of international heritage law, as well as other parts of international law. Article 3 determines that:

Article 3 – Relationship to other international instruments

Nothing in this Convention may be interpreted as:

(a) altering the status or diminishing the level of protection under the 1972 Convention concerning the Protection of the World Cultural and Natural Heritage of World Heritage properties with which an item of the intangible cultural heritage is directly associated; or
(b) affecting the rights and obligations of States Parties deriving from any international instrument relating to intellectual property rights or to the use of biological and ecological resources to which they are parties.

---

[18] But see L. LIXINSKI, *Intangible Cultural Heritage in International Law*, Oxford University Press, Oxford 2013.
[19] Even if it falls short in actuality; see ibid.

From a broader perspective, the relationship to the 1972 Convention for the Protection of the World Cultural and Natural Heritage (World Heritage Convention) in Article 3(a) means allowing intangible elements to be taken into account in the definition of World Heritage Sites, which in the food context is key when thinking about the GIAHS initiative.[20] But more important for our purposes is Article 3(b), which sets out the relationship between the ICHC and other domains of international law, which are particularly important to the international regulation of food (at least if defined as nature).[21] Therefore, thinking about food as heritage does not in any way preclude the regulatory action of other instruments. But food as heritage has specific content, which deserves some scrutiny before getting to the specific case of Mexican cuisine.

When thinking about food as intangible cultural heritage, a number of food practices have been added to the Representative List of the Intangible Cultural Heritage of Humanity (Article 16 ICHC),[22] and one has been added as an example of best safeguarding practice (Article 18 ICHC).[23] These food practices, importantly, cover different domains of ICH, which are described thus in Article 2.2 of the ICHC:[24]

> 2. The 'intangible cultural heritage' ... is manifested inter alia in the following domains:
>
>   (a) oral traditions and expressions, including language as a vehicle of the intangible cultural heritage;
>   (b) performing arts;
>   (c) social practices, rituals and festive events;
>   (d) knowledge and practices concerning nature and the universe;
>   (e) traditional craftsmanship.

There are at least 21 culinary practices listed as ICH, with over two-thirds of those having been listed since 2016, and the table below summarizes their fit with the domains of intangible heritage:

---

[20] For a commentary, see L. LIXINSKI, 'Article 3(a): Relationship to Other International Heritage Instruments' in J. BLAKE and L. LIXINSKI (eds.), *The 2003 UNESCO Intangible Heritage Convention: A Commentary*, Oxford University Press, Oxford 2020, pp. 100–116.

[21] For a commentary, see ibid., pp. 117–133.

[22] For a commentary, see F. LENZERINI, 'Articles 16–17: Listing Intangible Cultural Heritage' in J. BLAKE and L. LIXINSKI (eds.), *The 2003 UNESCO Intangible Heritage Convention: A Commentary*, Oxford University Press, Oxford 2020, pp. 306–328.

[23] For a commentary, see H. SCHREIBER, 'Article 18: Programmes, Projects and Activities for the Safeguarding of the Intangible Cultural Heritage' in J. BLAKE and L. LIXINSKI (eds.), *The 2003 UNESCO Intangible Heritage Convention: A Commentary*, Oxford University Press, Oxford 2020, pp. 329–348.

[24] For a commentary, see B. UBERTAZZI, 'Art. 2(2) Manifesting Intangible Cultural Heritage' in J. BLAKE and L. LIXINSKI (eds.), *The 2003 UNESCO Intangible Heritage Convention: A Commentary*, Oxford University Press, Oxford 2020, pp. 58–80.

Table 1. Food-based manifestations of ICH on the Representative List of Intangible Heritage of Humanity

Country/ies	Year of inscription	Official name of ICH	Oral traditions and expressions, including language as a vehicle of the intangible cultural heritage	Performing arts	Social practices, rituals and festive events	Knowledge and practices concerning nature and the universe	Traditional craftsmanship	Other(s)
Mexico	2010	Traditional Mexican cuisine – ancestral, ongoing community culture, the Michoacán paradigm				X		
France	2010	Gastronomic meal of the French	X		X	X		
Cyprus, Croatia, Spain, Greece, Italy, Morocco, Portugal	2010 (changed 2013)[25]	Mediterranean diet	X		X	X	X	
Japan	2013	Washoku, traditional dietary cultures of the Japanese, notably for the celebration of New Year	X		X	X	X	
Republic of Korea	2013	Kimjang, making and sharing kimchi in the Republic of Korea			X	X		
Democratic People's Republic of Korea	2015	Tradition of kimchi-making in the Democratic People's Republic of Korea			X	X		
Belgium	2016	Beer culture in Belgium			X	X	X	
Uzbekistan	2016	Palov culture and tradition		X	X	X	X	

[25] The 2013 amendment or re-inscription added Cyprus, Croatia, and Portugal to this multinational nomination.

Country	Year	Element					
Tajikistan	2016	Oshi palav, a traditional meal and its social and cultural contexts in Tajikistan	X	X	X		X
Azerbaijan, Iran, Kazakhstan, Kyrgyzstan, Turkey	2016	Flatbread making and sharing culture: lavash, katyrma, jupka, yufka	X		X	X	
Malawi	2017	Nsima, culinary tradition of Malawi			X	X	X
Azerbaijan	2017	Dolma making and sharing tradition, a marker of cultural identity			X	X	
Italy	2017	Art of Neapolitan 'pizzaiuolo'	X	X	X		X
Mongolia	2019	Traditional technique of making airag in khokhuur and its associated customs	X	X	X	X	X
Poland, Belarus	2020	Tree beekeeping culture			X	X	X
Azerbaijan	2020	Nar Bayrami, traditional pomegranate festivity and culture	X	X	X	X	X
Algeria, Mauritania, Morocco, Tunisia	2020	Knowledge, know-how and practices pertaining to the production and consumption of couscous	X		X	X	X
Malta	2020	Il-Ftira, culinary art and culture of flattened sourdough bread in Malta			X		X

(continued)

Table 1 continued

Country/ies	Year of inscription	Official name of ICH	Oral traditions and expressions, including language as a vehicle of the intangible cultural heritage	Performing arts	Social practices, rituals and festive events	Knowledge and practices concerning nature and the universe	Traditional craftsmanship	Other(s)
Singapore	2020	Hawker culture in Singapore, community dining and culinary practices in a multicultural urban context			X		X	X[26]
Senegal	2021	Ceebu jën, a culinary art of Senegal			X	X	X	
Kenya	2021	Success story of promoting traditional foods and safeguarding traditional foodways in Kenya NB: Register of Good Safeguarding Practices	X		X	X		

---

[26] The nomination form requires states to specify what this other domain would be. Singapore indicated 'Food Heritage' as an autonomous domain, for the first time in the inscriptions in the list.

The table above shows that food practices are nearly always listed as 'social practices, rituals and festive events', emphasizing the fact that, more than crops, food matters as a means of bringing communities together. The emphasis on social rituals seems to be more open-ended in terms of how food is practiced, as opposed to craftsmanship (discussed below), which may refer just to preparation. Social rituals (collective) are emphasized instead of craftsmanship (more individualized) across most nominations. It is also worth noting that craftsmanship, sparsely used in the early nominations, is now almost a de rigueur domain for food heritage, which can be read as initially de-emphasizing the role of the people preparing the food, and rather focus on the act of eating. Not noting craftsmanship is at odds with both nominations of kimchi, considering both North and South Korea have domestic law on ICH that emphasizes the role of master craftspeople, and their status as 'living human treasures'.

Further, food practices are very often also listed as 'knowledge and practices concerning *nature* and the universe' (emphasis added), even if other domains are also mentioned in most cases. The fact that nature is part of this domain shows the relationship between the cultural and biological elements of food, which is consistent with other engagements between food and international instruments.

It is also worth noting that one of the latest nominations, the Singaporean hawker culture, is the only one to try and render 'food heritage' an autonomous domain, instead of relying on the pre-existing domains. This move may indicate more comfort with the idea of food now being a normalized form of intangible heritage, and worthy of distinctive recognition as such, given the growth of nominations in this area.

The importance of recognition of culinary practice as ICH is acknowledged in all of the nominations. The French gastronomic meal speaks more of the importance of the listing for the recognition of the category of ICH in France, as opposed to built or world heritage (therefore, food helps the ICHC), but the other nominations speak of the benefits that the ICHC can bring to the safeguarding of the food practices themselves (thus, the ICHC helps food).

Importantly, many of the nominations of food heritage frame food as a cultural phenomenon, and nothing else. The Mediterranean diet, Mexican cuisine, and North Korea's kimchi nomination are notable exceptions within the representative list, in acknowledging the engagement of food as ICH and other domains. The Mediterranean diet interacts with health regimes, where the Mediterranean diet first received international attention,[27] as well as biodiversity. In fact, the attention given to the Mediterranean diet by the World Health Organization (WHO) and the FAO is a badge of honor in the nomination file. Mexican cuisine, in turn, puts emphasis on the importance of this ICH for

---

[27] A.J.M. Silva, *Diaita Nostra: Patrimoines Alimentaires, Identité et Gouvernamentalité en Méditerranée*, Universidade de Évora, Évora 2016.

biodiversity and environmentalism more generally, including Mexico's status as a mega-biodiverse nation, from where the rich culinary tradition stems. North Korea's kimchi nomination also stresses the engagement of food safety and other scientific bodies related to food in the ICH process.

Further, much stress is laid on agricultural practices in the Kenyan best safeguarding practices nomination, which discusses extensively the work of food as heritage in enabling food security in the country by emphasizing the importance of local crops not as 'backwards' foods, but rather as points of local pride, and important pieces in the food sovereignty of the nation.[28]

In its 2020 iteration (unchanged since at least 2016), the Operational Directives for the Implementation of the ICHC considers food security to be part of 'inclusive social development' under the ICHC.[29] More specifically, the Directives urge states to

> ensure the recognition of, respect for and enhancement of those farming, fishing, hunting, pastoral, food-gathering, food preparation and food preservation knowledge and practices, including their related rituals and beliefs, that contribute to food security and adequate nutrition and that are recognized by communities, groups and, in some cases, individuals as part of their intangible cultural heritage.[30]

In so doing, the Directives engage with legal measures in other areas related to food security, and, while they do not specifically mention international law, the connection may be implied.[31] Thus, the ICHC's perspective on food can be adjusted to other legal norms also affecting food, which are discussed below.

In these nominations, and therefore in the ICHC system, food is emphasized as a means of thinking about the universe, and as a social ritual and practice around nature. At least in theory, the ICHC regime allows communities themselves to speak on behalf of food, even if their views are filtered by states. The law of these states comes first in defining and authorizing food. Regulatorily, thus, food can be heritage, but only inasmuch as it serves some broader social and cultural context. Food is thus not the central element of the regime. A closer analysis of Mexican cuisine can help unpack some of these ideas, and bring others to the fore, to set up the analysis of the place of food in other international legal frameworks.

---

[28] On the discussion of the multiple political charges of the terms 'food security' and 'food sovereignty', in a transnational legal context, see M. CANFIELD, 'Transnational Food Law' in P. ZUMBANSEN (ed.), *The Oxford Handbook of Transnational Law*, Oxford University Press, Oxford 2021.
[29] UNESCO, Operational Directives for the Implementation of the Convention for the Safeguarding of the Intangible Cultural Heritage, 2020, para. 177.
[30] Ibid., para. 178.
[31] Ibid., para. 178. a–c.

2.1. MEXICAN CUISINE AT UNESCO

As indicated above, traditional Mexican cuisine was added to the Representative List of ICH in 2010. This section engages in a thick description of the element, based on a close reading of the nomination file and associated materials, so as to place Mexican cuisine in the context of food heritage, and to tease out other regulatory tensions arising from the different interests and objectives articulated on the basis of the nomination.

The nomination focuses primarily on '[c]ollectives of cooks and other practitioners devoted to raising crops and rescuing traditional cuisine'. Specifically, the nomination focuses on Mexican cuisine in Michoacán, one of the states in the Mexican federation, or at least the official title of the nomination refers to the 'Michoacán paradigm', even if a number of other states in Mexico are also mentioned.

In many respects, the nomination file focuses more on the safeguarding of traditional cuisine than on the cuisine itself, which is in line with the idea of ICH not as the product of a cultural process, but the cultural process itself. That said, the emphasis on the 'safeguarding paradigm based on the participation of groups of collectives of cooks, producers and other practitioners', which is to be applied throughout the country, makes the nomination feel more like a candidate for the inventory of best safeguarding practices (Article 18 ICHC), than one for the Representative List.[32] The element is in fact characterized as 'the rescue model', in the sense of being the model to revitalize traditional Mexican cuisine around the country, based on a pilot in certain pockets in the state of Michoacán.

Traditional cuisine is identified as falling in the domain of practices about nature and the universe, as indicated above, on the basis of a 'symbiosis among cookery, cosmogony and environment', highlighting the ritualization and Indigenous aspects of the cultural practice. But the cuisine is also described as being based on certain staples (corn, beans, and chili), in addition to being highly ritualized across Mexican history (starting from Mesoamerican civilizations). The connection to Indigenous peoples is important in articulating the historical continuity of the practice, as well as the connection to a sense of community that is important under the definition of intangible heritage in the ICHC.

The entire food chain is emphasized here, 'from planting and harvesting to cooking and eating', as well as the collective participation of peoples. Importantly, here, food is culturally displayed as a collective endeavor of the community, rather than the individual accomplishment of certain persons. In this respect, it also falls squarely within the normative preferences of the ICHC. A tension in

---

[32] Noting that, as discussed above, only in 2021 was the first food heritage (from Kenya) added to the best safeguarding practices inventory.

this collectivization is the appeal to the 'authenticity' of methods of preparation of traditional Mexican cuisine. The notion of authenticity is foreign to the ICHC system, but has been imported through other heritage management practices. Authenticity, while attributing value to heritage, is essentially a means of controlling it, and one that can be easily manipulated against other stakeholders. In the context of ICH, which is conceptually living heritage, authenticity can also have the effect of freezing it in time and preventing its evolution.[33] In the context of Mexican cuisine, authenticity is meant to establish historical roots, and thus attribute value to the heritage. But overtly relying on it can bring about negative consequences in separating communities from their own heritage.[34]

Beyond the preparation methods, equally important (if not more so) is the environmental and biodiversity dimension of Mexican cuisine. The focus on biological diversity, in the form of 'autochthonous ingredients domesticated thousands of years ago', makes the food similarly 'authentic', while showcasing the unifying threads of the food practices and their connection to Mexican cultural identity. Importantly, it also reflects Mexico's status as a mega-biodiverse country, and its connection to Indigenous peoples. Indigenous peoples in Mexico in fact connect corn, one of the basic staples, to the origins of humankind, and consider it 'the vehicle for interaction between people and the deities, as well as with the rest of the community'. Therefore, the staple is both biologically and culturally significant, the latter through its symbolism.

In terms of the purposes of the nomination, it seems that one of the key objectives is developmental. Using heritage as a tool to promote development is not an uncommon practice, particularly in the Americas.[35] And here different types of development are involved in the safeguarding process of traditional Mexican cuisine. On a more superficial level, the nomination speaks of economic development through the reactivation of production chains, which create more jobs, improve training, and lead to growth in cultural tourism through inclusion of traditional cuisine in tourism routes, 'and, on the whole, better quality of life to the communities'. The idea of promoting greater tourism and economic input from the outside is also common to the Mediterranean diet nomination, which in many respects has been taken over by tourism industry interests.[36]

---

[33] For a critique, see L. LIXINSKI, 'A Tale of Two Heritages: Claims of Ownership over Intangible Cultural Heritage and the Myth of "Authenticity"' (2014) 2 *Transnational Dispute Management* 11.

[34] For this critique, see L. LIXINSKI, *International Heritage Law for Communities: Exclusion and Re-Imagination*, Oxford University Press, Oxford 2019, pp. 20–21.

[35] L. LIXINSKI, 'Central and South America' in F. FRANCIONI and A.F. VRDOLJAK (eds.), *The Oxford Handbook of International Cultural Heritage Law*, Oxford University Press, Oxford 2020, pp. 878–907.

[36] A.J.M. SILVA, *Diaita Nostra: Patrimoines Alimentaires, Identité et Gouvernementalité en Méditerranée*, Universidade de Évora, Évora 2016.

Additionally, the nomination file also speaks of food security for Mexico, deeply anchored in its ancestral history, and environmental sustainability. Thus, at least in this respect, the international process of heritage listing is used as an anti-globalization move, promoting domestic products and outputs against foreign influences. The same can be said of the French gastronomic meal, and the Japanese washoku, the latter stressing the importance of relying on traditional culinary traditions for public health reasons as well (growing obesity among the population).

The safeguarding of traditional Mexican cuisine is proposed principally through education in the processes of production of food, through courses and demonstrations around the country. After cementing safeguarding in Michoacán, safeguarding plans include establishing other 'culinary hubs' around the country, as well as the valuing of local cuisines in specific states where identity values are more at risk of disappearing. Cook-centered initiatives are key, particularly locally-based cooks in the multiple communities. Here, women are the focus, and that is the main gendered dimension of this heritage. Women are essential participants in the preparation of food, and in the transmission of the knowledge across generations. They are the principal individuals whose free, prior, and informed consent is offered to support the nomination.

Mexican cuisine emphasizes the connection between food governance and Indigeneity, environmentalism, nationalism, and development. The developmental dimension is particularly acute in the Mexican nomination, unlike in other food ICH manifestations. Food is decidedly, and quintessentially, a way of thinking about the universe now and historically. Communities are the key practitioners, but as selected and filtered by the state.

The connection to agriculture is also central in the nomination of Mexican cuisine, more so than in most other food manifestations of ICH on the Representative List. Traditional Mexican cuisine also shows how issues of control over food are articulated, particularly through the language of food security. The language of food security is central to many of the international regulatory efforts around food, even if they focus more on biological elements, rather than cultural ones. It has been central to articulating transnational efforts around food law, and particularly the harmonization of legal frameworks.

3. HARMONIZATION OF FOOD LAW

As indicated above, there have been pushes to harmonize food law around the world, on the basis of transnational and public international legal structures in particular. The FAO has been a welcoming institutional umbrella within which to develop many of these ideas, which can be helpful to think about how to harmonize the law of culture as well. Further, there are useful insights to be gained from how food is leveraged primarily as an international or transnational concern in harmonization efforts.

The FAO has long been concerned with the legal regulation of food, and routinely collects domestic statutes on several aspects of food law.[37] Food law is a growing field of analysis,[38] and the FAO has been interested in its harmonization since at least the mid-1970s.[39] While these efforts have initially happened at the behest of European nations, and therefore are intertwined with the European integration process, the FAO has also proceeded to investigate general principles, adding broader foreign law and international law perspectives.[40] Throughout these efforts, the framing of food law as intersecting with criminal law, civil liability law, consumer protection law, administrative law, intellectual property law, and trade law, among other fields, has constantly been considered a source of strength for the subject, but also a reminder of the pervasiveness of food and the challenges of coherent regulatory action.[41]

The same tone is largely repeated in FAO's efforts to not only map the field, but progress the mapping to suggest the harmonization of food law through model laws.[42] This study, it is worth noting, makes sparse references to culture, and, when they do happen, food is connected to culture mostly in relation to the right to food in the ICESCR, as a means to discuss culturally appropriate nutrition.[43] Food as culture is not really factored into harmonization efforts. Nonetheless, the effort of harmonizing food law gives us some insight into how to think about harmonization of areas that, like the law of culture, also connect with multiple established legal fields.

Food law, in the FAO's view, intersects with fields as diverse as

> areas of regulation specifically addressing food, including legislation on particular kinds of food such as foods of animal origin, novel foods, 'functional' foods, street foods and 'organic' foods. Also falling into this category is legislation regulating harmful substances in food and feed including food additives, residues of pesticides and veterinary drugs and contaminants. Next [are] rules on how food is prepared,

---

[37] FAO, FAOLex Database, https://www.fao.org/faolex/en/.
[38] See e.g. G. STEIER and K.K. PATEL (eds.), *International Food Law and Policy*, Springer, Cham 2016 (collecting case studies on domestic law from a wide range of countries, in addition to European Union law and general topics, across 54 chapters).
[39] FAO, *Normes Alimentaires et Droits Nationaux – Actes du Premier Congrès International de l'Association Europeènne pour le Droit de l'Alimentation tenu à Parme (Italie) les 26 et 27 septembre 1975*, FAO, Rome 1976.
[40] A. GÉRARD, *An Outline of Food Law (Structure, Principles, Main Provisions) – FAO Legislative Study no. 7*, FAO, Rome 1975, 2nd printing 1983.
[41] Ibid.
[42] J. VAPNEK and M. SPREIJ, *Perspectives and Guidelines on Food Legislation, With a New Model Food Law – FAO Legislative Study no. 87*, FAO, Rome 2005.
[43] Ibid., p. 124.

treated and sold, including legislation on food hygiene, food irradiation and food labelling. Finally, [there are] legal provisions that are not directly targeted at food but that nonetheless affect the food sector, such as consumer protection, public health, water, land and environment.[44]

This short paragraph gives a sense of the range of legal interests at stake in relation to food, and the intersections with multiple regulatory frameworks. It also underscores how food as culture does not often factor into the conversation with FAO, making UNESCO and the ICHC regime somewhat of an outlier. One possible exception could have been the regulation of street foods, which intersects with the idea of food as a social practice and ritual that pervades heritage listings of food (and particularly practices like the Singaporean hawker culture and Mexican cuisine). Nonetheless, the FAO's efforts focus instead on health and safety concerns, control of ingredients, licensing of activity, and patchy regulation mostly by very local laws (usually excluded from national legislative frameworks). Further, street food is framed as largely an urban phenomenon, which under-appreciates the role of food in connecting growers, cooks, and consumers through the food value chain.[45]

Despite this disconnect, the FAO's report on harmonization is still useful in acknowledging the effects of framing, and background norms, in affecting the regulation of food.[46] And it acknowledges the importance of the local level in enacting, implementing, and enforcing food law.[47] This nod towards subsidiarity is also important in the regulation of culture, where the normal assumption is that local levels of government are best placed to regulate heritage (an assumption not always borne out empirically, however).[48] Decentralization serves many useful purposes:

> Many countries have embraced the decentralization of government responsibilities and the devolution of powers to provincial or lower levels of government. The purpose is to ensure public participation in decision-making and to promote more effective management of resources, since local authorities are generally more familiar with their regulatory needs and staffing and other resource constraints. In practice, the existence of a decentralization policy or decentralization law might mean that in any new legislative framework for food, local authorities might be given the power to regulate on certain defined issues, to carry out some inspections and to issue licences to street food vendors or other food businesses, while the central authority might

---

[44] Ibid., p. 69.
[45] Ibid., pp. 76–78.
[46] Ibid., p. 105.
[47] Ibid., p. 159.
[48] L. LIXINSKI, 'Culture' in R. GROTE, F. LACHENMANN and R. WOLFRUM (eds.), *Max Planck Encyclopedia of Comparative Constitutional Law*, Oxford University Press, Oxford 2019.

retain only a broad policymaking role. The decentralization policy might also mean that in new legislation, the regulating power remains with the central administration while enforcement of the food legislation is entrusted to local authorities.[49]

Therefore, the local level is important for how regulatory frameworks can reconcile different values and priorities. National legislative practices and traditions are also relevant in harmonization efforts, with the assumption that national law should be 'kept as basic as possible, with the details and specific requirements confined to the subsidiary instruments, including regulations, rules, schedules and forms'.[50]

The key lessons for harmonizing the law of culture and cultural heritage are, therefore: to engage local authorities and decentralized power, particularly as a pathway to engage communities and other actors, a growing call within cultural heritage law;[51] and to acknowledge the intersection of multiple fields of the law and the framing effects of these different fields. The remainder of this contribution will examine this latter lesson in further depth and in how it plays out in practice, but, before getting to it, it is useful to make a case for thinking about framing effects for harmonization purposes on the basis of international or transnational law, as opposed to more traditional comparative techniques.

The FAO itself has long acknowledged the importance of international law to frame harmonization efforts, as discussed above. A focus on international and transnational frameworks allows us to better investigate the ways in which overarching paradigms inform regulatory efforts. In the case of food law, as Canfield has argued, 'two paradigms can be identified as antagonistic poles along which the range of regulatory projects can be plotted: a "productivist" paradigm and a "food sovereignty" paradigm'.[52] Fragmented regulatory spaces where multiple paradigms compete for dominance are important spaces for the political struggle of global governance,[53] and remind us that these struggles, unless resolved, render any harmonization efforts futile.

The productivist paradigm focuses on the idea that more food needs to be produced to meet the needs of the population, focusing primarily therefore on the biological aspects of food production, largely exempt from social and cultural forces. It is also a liberal-internationalist paradigm, focusing on the interests of 'powerful actors including traditional agro-exporting states, multinational

---

[49] J. Vapnek and M. Spreij, *Perspectives and Guidelines on Food Legislation, With a New Model Food Law – FAO Legislative Study no. 87*, FAO, Rome 2005, p. 159.
[50] Ibid., p. 180.
[51] L. Lixinski, *International Heritage Law for Communities: Exclusion and Re-Imagination*, Oxford University Press, Oxford 2019.
[52] M. Canfield, 'Transnational Food Law' in P. Zumbansen (ed.), *The Oxford Handbook of Transnational Law*, Oxford University Press, Oxford 2021, p. 282.
[53] Ibid., p. 281.

corporations, powerful global philanthropies (such as the Gates Foundation), and networks of large-scale commercial farmers'.[54] It echoes in many respects the myopic 'internationalist' approach to cultural heritage law, which tends to exclude the relationships that render culture and cultural heritage in fact worth safeguarding.[55] The effect of this approach, from a harmonization perspective, is to separate that which is regulated from the population that creates and keeps that regulatory object alive and relevant.

The second paradigm in food law is challenged by social movements on the basis of food sovereignty, arguing that the challenges associated with food are not about its production, but rather its distribution. Therefore, what is needed is a closer connection to social actors on the ground, promoting 'secure land tenure systems and equitable access to land, and democratic processes based on human rights norms like participation, accountability, nondiscrimination, and transparency'.[56] This paradigm echoes discussions about the centrality of communities in the regulation of cultural heritage, and the importance of understanding heritage as a set of relationships, rather than simply a thing. It is an important lesson when thinking about harmonization, and one that would not be available unless international and transnational legal frameworks were scrutinized.

Therefore, bringing together an international or transnational outlook with insights on framing effects helps us better understand the potentials and pitfalls of regulating food as heritage across different legal frameworks. We move next to this discussion in further detail.

4. TRANSNATIONAL AND INTERNATIONAL LEGAL FRAMES OF FOOD AS CULTURE

Having established the importance of different transnational and international legal ways of imagining the relationships between food and culture, it is worth focusing on the different effects of existing frames for how we imagine the possibilities of regulating culture more broadly. This section will investigate multiple frames from the perspective of the institutional umbrellas within which they develop, starting with the FAO in some more detail, before adding biodiversity and human rights elements to our discussion of food as culture.

---

[54] Ibid., p. 282.
[55] This approach is famously espoused by John Henry Merryman's seminal article. J.H. MERRYMAN, 'Two Ways of Thinking About Cultural Property' (1986) 80(4) *American Journal of International Law* 831. For a critique, see L. LIXINSKI, 'A Third Way of Thinking About Cultural Property' (2019) 44(2) *Brooklyn Journal of International Law* 563.
[56] M. CANFIELD, 'Transnational Food Law' in P. ZUMBANSEN (ed.), *The Oxford Handbook of Transnational Law*, Oxford University Press, Oxford 2021, p. 282.

4.1. FAO: FOOD AS A REGULATORY OBJECT

The FAO was created in 1945 as a UN specialized agency. Its key objective is 'achieving food security for all'.[57] According to the FAO Constitution, which predates the food security terminology, this key objective translates as:

- raising levels of nutrition and standards of living of the peoples under their respective jurisdictions;
- securing improvements in the efficiency of the production and distribution of all food and agricultural products;
- bettering the condition of rural populations;
- and thus contributing towards an expanding world economy and ensuring humanity's freedom from hunger.[58]

These objectives translate into a series of functions related to science and technology related to nutrition, food, and agriculture (Article 1 FAO Constitution). The term 'culture' is not mentioned at all in any of the FAO constitutive instruments, defining the organization as one concerned with the scientific, technological, and economic aspects of food and agriculture.

That said, the GIAHS initiative (now called a program), started in 2002, brings heritage into the vocabulary of the FAO. The 'GIAHS Programme promotes public understanding, awareness, national and international recognition of Agricultural Heritage systems'.[59] The GIAHS is not a program specifically on food, rather focusing on agricultural practices more broadly. As such, it can allow itself to be divorced from much of the cultural context around food preparation and consumption, and focus only on the production of staples, and their relationship to cultural diversity and heritage protection systems.[60]

By privileging nature, the GIAHS interacts more with tangible heritage under the World Heritage Convention than it does with other UNESCO instruments (in fact, the World Heritage Center is one of the key partners in the GIAHS program).[61] But that focus does not necessarily mean that it interacts with natural heritage. Rather, it interacts with the separate category of 'cultural landscapes', which can be found in Article 1 of the World Heritage Convention as 'combined works of nature and man [sic]', even if landscapes are usually treated

---

[57] FAO website, http://www.fao.org/about/en/.
[58] FAO, *Basic Texts of the Food and Agriculture Organization of the United Nations*, FAO, Rome 2015.
[59] GIAHS website, http://www.fao.org/giahs/en/.
[60] P. KOOHAFKAN and M.A. ALTIERI, *Globally Important Agricultural Heritage Systems – A Legacy for the Future*, FAO, Rome 2011.
[61] Ibid.

as a separate category, to the extent they mean nature as modified by human action, thus blending culture and nature.[62] As such, the possible engagement between the GIAHS and food as intangible cultural heritage is somewhat limited.

Nevertheless, the recognition of agricultural heritage systems is an important regulatory step in acknowledging the cultural influence on food processes, just on a different part of the food cycle. The GIAHS seeks to 'safeguard the social, cultural, economic and environmental goods and services these [agricultural heritage systems] provide to family farmers, smallholders, [I]ndigenous peoples and local communities',[63] and in doing so integrating sustainable development approaches. Indigenous peoples, local populations and ethnic groups are key to the success of the program,[64] since they cultivate the more unique agricultural landscapes, and are thus more likely to be represented in those landscapes listed for their uniqueness (or, to use World Heritage Convention terminology, their 'outstanding universal value').

GIAHS examples include: rice terraces; multiple cropping systems; understory farming systems; nomadic or semi-nomadic pastoral systems; ancient irrigation, soil and water management systems; complex multi-layered home gardens; below sea level systems; tribal agricultural heritage systems; high-value crop and spice systems; and hunting-gathering systems.[65] What is key to the GIAHS program is the engagement of local communities and other local stakeholders, which in many respects aligns with the key principles of the ICHC, thus sharing this commonality with food heritage under the ICHC lists.

Another commonality is that a listing mechanism is available under the GIAHS program. FAO member countries or other stakeholders (including communities themselves and other non-state actors) can develop a proposal to nominate GIAHS sites, as long as there is participation of the relevant communities, and their prior and informed consent.[66] The following are the categories in which sites can be considered for inscription:

1. food and livelihood security;
2. agro-biodiversity;
3. local and traditional knowledge systems;

---

[62] For a commentary, see K. WHITBY-LAST, 'Article I Cultural Landscapes' in F. FRANCIONI and F. LENZERINI (eds.), *The 1972 World Heritage Convention: A Commentary*, Oxford University Press, Oxford 2008, pp. 51–62.
[63] GIAHS website, http://www.fao.org/giahs/en/.
[64] P. KOOHAFKAN and M.A. ALTIERI, *Globally Important Agricultural Heritage Systems – A Legacy for the Future*, FAO, Rome 2011.
[65] Ibid.
[66] GIAHS website, http://www.fao.org/giahs/en/.

4. cultures, value systems and social organizations; and
5. landscapes and seascapes features.[67]

In addition to articulating the characteristics of the specific site within one or more of those categories, a management plan needs to be presented, setting out the actions needed to ensure the sustainability of the relevant agricultural system.[68]

It is important to note that, much like the ICHC, the GIAHS program relies on listing as a means to value and give visibility to heritage practices. The FAO thus replicates a heritage mechanism as a useful tool to promote food security-related objectives. An important difference between the GIAHS list and the ICHC lists is that in the GIAHS program communities themselves can directly access the mechanism, without needing to be filtered by the state and/or expert organizations.[69]

Related to the GIAHS, and traditional Mexican cuisine in particular, the FAO also engages often with Indigenous peoples directly and indirectly. The FAO in fact has a specific policy on Indigenous peoples,[70] which focuses on promoting 'biological and cultural diversity as the underpinnings of food and livelihood security as well as quality of life'.[71]

In a relevant section, the FAO policy specifies that:

> Greater participation in development processes is a cornerstone of [I]ndigenous peoples' rights. For projects that involve or affect [I]ndigenous peoples, FAO will facilitate the inclusion of representatives of [I]ndigenous peoples in its consultations and programming cycles, in accordance with the principle of 'free, prior and informed consent'.[72]

Therefore, the FAO policy on Indigenous peoples also shares the requirement of community involvement. And, combined with the GIAHS program, it seems that, despite its original mandate, which did not include cultural considerations, the FAO's governance has come a long way in thinking about the need to involve local stakeholders in decision-making, at least with respect to agriculture.

---

[67] For a full explanation of the criteria, see FAO, *GIAHS Guidelines*, http://www.fao.org/fileadmin/templates/giahs_assets/GIAHS_test/07_News/News/Criteria_and_Action_Plan_for_home_page_for_Home_Page.pdf.
[68] Ibid.
[69] For a critique of expertise in this context, see L. LIXINSKI, 'International Cultural Heritage Regimes, International Law and the Politics of Expertise' (2013) 20(4) *International Journal of Cultural Property* 407.
[70] FAO, *FAO Policy on Indigenous and Tribal Peoples*, FAO, Rome 2010, http://www.fao.org/docrep/013/i1857e/i1857e00.htm.
[71] FAO website. *Indigenous Peoples*, http://www.fao.org/indigenous-peoples/en/.
[72] FAO, *FAO Policy on Indigenous and Tribal Peoples*, FAO, Rome 2010, http://www.fao.org/docrep/013/i1857e/i1857e00.htm.

Overall, the FAO activity in this area emphasizes food as a means to promote the livelihoods of people (human rights approach), and connection to food security, nutrition, and health, with a particular focus on staples or agricultural processes. While this approach might suggest a scientific take on food, the FAO is in fact more open to some of its cultural dimensions, particularly with respect to Indigenous peoples, which becomes relevant in the context of food ICH, like traditional Mexican cuisine. In the FAO, particularly in the GIAHS context, communities get to speak on their own behalf, without being filtered by states (which can be a result of the less politicized nature of the FAO, compared to UNESCO). Traditional systems are emphasized as the rules governing the food cycle, over domestic law of the Member States. Regulatorily, thus heritage systems are subordinated to the objective of feeding the world in a sustainable way, as opposed to being an end in themselves.

A similar approach of seeing heritage or cultural objectives as secondary to biological survival can be observed in many other fora where food is regulated in international law. Some of them even take it a step further away from putting human benefits front and center, by rather focusing on the staples as end in themselves. One key example is the Convention on Biological Diversity, the object of the next section.

4.2. CBD: FOOD AS BIODIVERSITY

The Convention on Biological Diversity is one of the outcomes of the United Nations Conference on Environment and Development of 1992, also known as the Rio Earth Summit. The CBD was drafted between 1988 and 1992 under the stewardship of the United Nations Environment Programme.[73] The main driver of the treaty is sustainable development, and the need to fit the use of biological resources into the framework of sustainable development.[74] At the time of writing, the CBD has 196 States Parties, making it one of the most widely ratified treaties in the world.

The CBD creates a Conference of the Parties (COP, created by Article 23) and a Secretariat (SCBD, created by Article 24), which in combination are the international organization in charge of considering international legal governance of biological diversity for our purposes. Under Article 23.4.g, the COP can create any subsidiary bodies needed for the implementation of the CBD's objectives, which 'are the conservation of biological diversity, the sustainable use of its components and the fair and equitable sharing of the benefits arising out

---

73   CBD History website, https://www.cbd.int/history/.
74   Ibid.

of the utilization of genetic resources, including by appropriate access to genetic resources and by appropriate transfer of relevant technologies'.[75]

Related to the pursuance of these objectives, a Joint UNESCO–SCBD Program 'Linking Biological and Cultural Diversity' was established by the COP in 2010. The key objectives of the program are:

1. Build bridges between ongoing work on biodiversity and cultural diversity.
2. Promote synergies and information sharing among already existing programmes, projects and activities.
3. Further explore conceptual and methodological issues related to the links between biological and cultural diversity and the role of [I]ndigenous peoples and local communities in enhancing those links.
4. Promote the collection, compilation and analysis of information from on-the ground activities linking biological and cultural diversity from, among others, biosphere reserves and World Heritage sites, and from the experiences provided by [I]ndigenous peoples and local communities.
5. Support and foster learning networks on bio-cultural approaches, linking grassroots and community initiatives with local, national, regional and global policy processes.
6. Raise awareness about the importance of biological and cultural diversity in resource management and decision-making processes as well as for the resilience of socioecological systems.[76]

Much like the GIAHS program examined above, here the connection between biodiversity and heritage is done primarily through cultural landscapes and the World Heritage system. More than the GIAHS program, though, the UNESCO–SCBD program acknowledges the importance of intangible elements of heritage as central.[77] At least part of the reason for this closer engagement with ICH is the fact that the CBD, unlike FAO instruments, has a specific provision on Indigenous peoples (Article 8.j), thus merging cultural and natural to a much greater extent in its key normative instrument than the FAO does. This provision, having to do with Indigenous Traditional Knowledge, speaks of the importance of maintaining Indigenous knowledge systems (in addition to benefit sharing and free, prior, and informed consent). Therefore, particularly for food ICH manifestations like traditional Mexican cuisine, grounded on Indigeneity, the appeal of the CBD is obvious.

The activity of the CBD also intersects with nutrition, importantly. Even before the program linking biological and cultural diversity, the COP approved

---

[75] CBD, Art. 1.
[76] UNESCO-SCBD Program website, https://www.cbd.int/lbcd/about.
[77] Ibid.

a decision creating a 'Cross-cutting initiative on biodiversity for food and nutrition'.[78] This decision urges governments 'to integrate biodiversity, food and nutrition considerations into their national biodiversity strategies and action plans',[79] while at the same time invoking cooperation among several other international bodies, most notably the WHO.[80]

Some of the elements of this initiative include involvement of cultural agents, most notably Indigenous peoples and local communities. In the documentation of relevant knowledge, for instance, Article 8.j of the CBD is expressly mentioned (even if not UNESCO). Likewise, in the element of the initiative on conservation and promotion of wider use of biodiversity, the importance of Indigenous and local communities, as well as the preservation of their 'local socio-cultural traditions and knowledge', is said to play a critical role. There is, therefore, a definite space for food ICH manifestations to be considered in this realm, and contribute to biological diversity. But the linkages need to be made more explicitly.

The last section of the initiative's framework document outlines key partners, and it includes a plethora of international organizations, such as the FAO, the WHO, the UN Standing Committee on Nutrition, the World Food Programme, and the United Nations Children's Fund (UNICEF), among others. But no mention of UNESCO appears in this context. Granted, this initiative predates the formal UNESCO–SCBD cooperation, but it still serves as a reminder of the need to promote explicit linkages between nature and culture, particularly in the domain of intangible cultural heritage.

The CBD's treatment of food frames governance in this area by focusing on food as staples, species that deserve conservation. That is a worthwhile angle, but, except for Article 8.j of the CBD, there is limited inclusion of intangible cultural elements. Hence, the cooperation with UNESCO, and the ICH organs in particular, is essential. Here, experts get to speak on behalf of food, and international law seems to prevail in dictating how food is governed (probably as a consequence of expert rule).[81] The dimension of food that is more clearly emphasized is that of food practices as vehicles to maintain cultivation of a diversity of species, and in this sense cultural heritage can be used to help nature. So far, in the CBD practice it seems that cultural heritage means primarily

---

[78] CBD COP, Decision VIII/23. Agricultural Biodiversity [2006] UNEP/CBD/COP/DEC/VIII/23.
[79] Ibid., para. 5.
[80] Ibid., para. 6.
[81] For a discussion of expertise in international law, see D. KENNEDY, *A World of Struggle: How Power, Law, and Expertise Shape Global Political Economy*, Princeton University Press, Princeton 2016. Specifically with respect to expert rule in international heritage law, see L. LIXINSKI, 'International Cultural Heritage Regimes, International Law and the Politics of Expertise' (2013) 20(4) *International Journal of Cultural Property* 407.

Indigenous Traditional Knowledge, which suits traditional Mexican cuisine well, but other forms of ICH can equally help promoting diversity. While the CBD is tied to Article 8.j's reference to Indigenous and local communities, cooperation with other bodies may expand its mandate.

The CBD's engagement with Indigenous peoples can perhaps be broadened with the assistance of international human rights instruments. The right to food is enshrined in the ICESCR, as well as the right to participate in cultural life. The merger of these two rights, alongside minority protections in the ICCPR, could be a helpful way of bringing food as culture closer to food as nature in international legal governance.

4.3. INTERNATIONAL HUMAN RIGHTS LAW: FOOD AS A HUMAN RIGHT

International human rights law, in addressing food, usually refers to it in terms of the right to food, and tying food to survival. Because the purpose of this article is to examine food as a cultural manifestation, the right to cultural identity is also important for our purposes.

The two major general instruments in international human rights law are the ICESCR (171 parties at the time of writing) and the ICCPR (173 parties at the time of writing). While drafted under the auspices of the United Nations, they also create their own implementing bodies, the Committee on Economic, Social and Cultural Rights (CESCR) and the Human Rights Committee (HRC), respectively.

More directly relevant for our purposes, the ICESCR protects the right to food in Article 11:

1. The States Parties to the present Covenant recognize the right of everyone to an adequate standard of living for himself and his family, including adequate food
   ...
2. The States Parties to the present Covenant, recognizing the fundamental right of everyone to be free from hunger, shall take, individually and through international co-operation, the measures, including specific programmes, which are needed:

    (a) To improve methods of production, conservation and distribution of food by making full use of technical and scientific knowledge, by disseminating knowledge of the principles of nutrition and by developing or reforming agrarian systems in such a way as to achieve the most efficient development and utilization of natural resources;

    (b) Taking into account the problems of both food-importing and food-exporting countries, to ensure an equitable distribution of world food supplies in relation to need.

This provision mandates engagement with food as a matter of biological survival, a basic human need. In a human rights instrument, that is to be expected. The CESCR's General Comment 12, on 'The Right to Adequate Food',[82] starts by de-gendering the language 'himself and his family', and saying the right applies to everyone.[83] It is noteworthy that the drafters of the 1966 Covenant envisioned male-headed households, whereas current practice of food as ICH recognizes, in multiple listings, the importance of women in cultural practices surrounding food.

More importantly, the General Comment mentions the connection between the adequacy of food and food security, on the one hand, and the need to determine 'adequacy' against cultural conditions, among others.[84] Similarly, cultural acceptability of food (or the 'non nutrient-based [sic] values attached to food and food consumption') is to be taken into account when interpreting the basic normative content of Article 11 of the ICESCR.[85] Therefore, and unsurprisingly, the human right to food is more inclined to consider culture as part of food than most other international legal governance strategies. That said, this connection seems to have eluded the practice on the right to food, if authoritative commentary is to be used as a guide.[86] In other words, the connection between food and culture remains elusive in the human right to food as well. Likewise, Article 15 ICESCR, the single provision on cultural rights in the Covenant, has been interpreted in relation to food practices only in rather general terms.[87] These largely unexplored relationships have the effect of weakening the possibilities of human rights law's contribution to food governance, at least in a cultural context.

The ICCPR's Article 27, a provision on minority rights, may be of some assistance in this realm, to the extent that it creates a more easily enforceable right for at least some cultural groups to have their own culture protected. There is in fact some limited practice considering food as part of the culture of minorities that needs to be protected.[88] However, much like the rights under the ICESCR, these rights too are subject to limitations in the name of the rights of others or other concerns, including public health and the environment, which can be problematic particularly in the case of migrant communities who wish

---

[82] CESCR, General Comment 12: The Right to Adequate Food (Art. 11) [1999] E/C.12/1999/5.
[83] Ibid., para. 1.
[84] Ibid., para. 7.
[85] Ibid., para. 11.
[86] B. SAUL, D. KINLEY and J. MOWBRAY, *The International Covenant on Economic, Social and Cultural Rights: Commentary, Cases and Materials*, Oxford University Press, Oxford 2014.
[87] M.C. MAFFEI, 'Food as a Cultural Choice: A Human Rights to be Protected?' in S. BORELLI and F. LENZERINI (eds.), *Cultural Heritage, Cultural Rights, Cultural Diversity: New Developments in International Law*, Martinus Nijhoff Publishers, Leiden 2012, pp. 83–106.
[88] Ibid.

to engage in culinary practices that sit uneasily with concerns of the receiving society (which is not the case for listed ICH, which is authorized as the ICH of the nominating state). The same logic can be applied to minorities whose culture is not entirely recognized by the state, including Indigenous peoples.[89] That said, the lining up of health, biological, and cultural priorities with respect to food may in fact assist cultural food practices. In other words, food ICH manifestations would do well to align themselves, in their nomination files and safeguarding processes, with other interests for the conservation of the specific food heritage, since, in the event of a conflict, the cultural aspects are unlikely to prevail over other interests.

Food, in international human rights law, is emphasized as a human right. But international human rights, with its individualistic angle, allows individuals to speak on behalf of food far more successfully than communities.[90] The voices of communities can still be heard, but only as filtered through individuals. Even if some concessions are made to food as a cultural process in international human rights law, they remain under-articulated, and food is primarily seen as an element of biological survival. Regulatorily, it means that cultural aspects of food do not particularly matter, except to the extent that they facilitate the production of food and nutrition standards. One notable exception in this realm is the protection of food as an interest of minorities, but, even then, the connections still require more development. This connection is particularly worth exploring further in the context of traditional Mexican cuisine, given its ties to Indigenous rights. The next subsection examines the framework of Indigenous human rights in the context of food.

4.3.1. UNDRIP: Food as Indigenous Identity

The UNDRIP was adopted in 2007, with the purpose of recognizing and advancing the rights of Indigenous peoples. It states in Article 1 that Indigenous peoples are entitled to the full gamut of rights under international human rights law, both individually and collectively.

The right to food is not directly mentioned in the UNDRIP. That said, Article 21 talks about the right to the improvement of the economic and social conditions of Indigenous peoples, without discrimination, and including several specified dimensions, 'inter alia'. The open-ended nature of this provision, and its purpose with respect to economic and social conditions, would allow for

---

[89] Ibid.
[90] L. LIXINSKI, 'Heritage for Whom? Individuals' and Communities' Roles in International Cultural Heritage Law' in F. LENZERINI and A.F. VRDOLJAK (eds.), *International Law for Common Goods – Normative Perspectives on Human Rights, Culture and Nature*, Hart Publishing, Oxford 2014, pp. 193–213.

the right to food to be found there. Particularly important are also the right of Indigenous peoples 'to be secure in the enjoyment of their own means of subsistence and development', which includes the right to engage in traditional and other economic activities (Article 20), and the right to land tenure in Article 26.[91] The UNDRIP also protects Indigenous peoples' right to development (Article 26), and their right to control their Traditional Knowledge and heritage (Article 31).

Those provisions, taken together, can be interpreted as protecting not only the right to food in its most fundamental sense (the provision of food for biological survival), but also the control of food processes and the cultural dimensions associated with food practices, and food as heritage. That said, the rights in the UNDRIP, as only a Declaration, are not directly binding upon states, and food dimensions of Indigenous peoples' rights are still to be tested, to the best of my knowledge. Further, the connection of Indigenous rights to culture, and particularly cultural heritage, has been criticized as eroding other possibilities for Indigenous emancipation,[92] and one must be wary of relying too much on the language of international human rights in this context.

Indigenous human rights under the UNDRIP emphasize food as development or livelihood, even in the absence of an express provision on this right. This absence of the right to food seems to imply that, in the Indigenous context, no one is speaking on behalf of food, from a regulatory perspective. Food is just a fact of life, needed for (cultural) survival. The cultural dimensions of food, even though they can be seen as permeating the entirety of Indigenous peoples' rights, are not central to thinking about food; rather, food is thought of as Traditional Knowledge and resources (which are not necessarily cultural, but rather proprietary), at its strongest.

These different regulatory frames examined in this section, looking at the connection between food and culture, allow us to distil a few further lessons to guide harmonization efforts in the law of culture. First, they underscore the importance of acknowledging the regulatory object's intersection with multiple legal frames, each of which will bring about different values. Secondly, these frames highlight the limits of any one language, however emancipatory on the surface, to promote optimal regulatory objectives. Third, they recall the need not just to acknowledge different framing effects, but to exploit intersections of frames in productive ways as well. Bearing those lessons in mind makes us imagine a law of food, and a law of culture, that is more plural, attuned to the needs of the populations served by the law (especially as expressed

---

[91] L. KNUTH, *The Right to Adequate Food and Indigenous Peoples: How Can the Right to Food Benefit Indigenous Peoples?*, FAO, Rome 2009.
[92] K. ENGLE, *The Elusive Promise of Indigenous Development: Rights, Culture, Strategy*, Duke University Press, Chapel Hill 2010.

by democratic processes), and that overarching ideals like environmental protection, however well-intentioned, are less likely to succeed if they isolate human connections from the law's design and implementation.

5. CONCLUDING REMARKS

The examples of food as heritage can start important conversations about the possibilities and limits of harmonization in the field of the law of culture. The listing of food as intangible cultural heritage opens a gateway to learn from the experiences of food regimes, which remind us of the need to connect communities that create and live with regulatory objects to any harmonization effort. While food as heritage is only one (fairly limited) regulatory regime around food, it emphasizes different aspects of food from other instruments, showing the limitations of legal frameworks. At the same time, this connection showcases how disparate frameworks generally can work harmoniously, and drive harmonization efforts across disparate legal regimes.

That said, these harmonious intersections should not be taken for granted, and we would do well, whether harmonizing food law or the law of culture, to engage with multiple international bodies more directly in our law-making efforts. Transnational and international frameworks are essential to understanding the deeper stakes of how we safeguard our public goods and promote legal strategies that best advance human concerns, which, in the domain of culture in particular, means connecting different human groups to each other in productive and peaceful ways.

Traditional Mexican cuisine is an important example of the possibilities of rallying communities together around their own identities with a view to promoting their own emancipation in their own terms, freeing themselves from undue external pressures, and not competing with or berating other people's accomplishments or needs. It is an important example to be followed: be mindful of the possible impacts of regulatory efforts outside your immediate purview, but fundamentally promote regulation for the benefit of human populations, not at their expense.

RELATIONS BETWEEN LAW AND CULTURE

Ricardo LORENZETTI

1. Introduction: Theoretical Framework 119
2. The Incorporation of Culture into Law 121
   2.1. Culture Subject to Power Relations 121
   2.2. Cultural Property as Individual Rights 121
   2.3. Cultural Property as Collective Rights 123
3. A Legal Theory 126
   3.1. Conceptual Indeterminacy 126
   3.2. Typicality of Rights 128
      3.2.1. Culture as a Subject 128
      3.2.2. Two Categories of Legal Property and Rights: Individual and Collective 130
         3.2.2.1. Individual Rights 130
         3.2.2.2. Rights of Collective Incidence 131
      3.2.3. Relationship between Individual Rights and Collective Property 132
4. Conclusions 132

1. INTRODUCTION: THEORETICAL FRAMEWORK

The relationships between culture and law are very broad. Therefore, it is necessary to define the issue's theoretical framework.

A first approach refers to the relationship between culture and law as 'questions about law', elaborated from a non-lawyer perspective. For example, it is possible to analyze anthropology and law, or the history of looting of cultural wealth.

On the other hand, the jurisdictional function requires the adoption of the perspective of the person who decides 'within the legal system' and makes reference to *'questions of law'*.[1]

---

[1] For more information see: RICARDO LORENZETTI, *Fundamentos de Derecho y Teoría de la Decisión Judicial*, Editorial Sista, Mexico DF, November 2008.

From this perspective, law constitutes an instrument to prevent or solve problems. This view was enshrined in the Civil and Commercial Code of Argentina, which regulates the dialogue between the sources of the legal order (sections 1 and 2) that are necessary to solve cases (section 1), i.e. it regulates the law in operation, in its implementation phase.

In this second analytical field, it is necessary to study how law defines culture as a regulatory concept capable of producing legal effects, which differentiates it from its definition in other sciences.

Law regulates culture when it is valuable because it is a scarce resource that generates conflicts that need to be solved. To make it possible, culture shall be defined within certain precise limits, for example a work of art or the cultural identity of a social group. In turn, culture becomes a regulatory concept when it is valuable because it is a scarce resource and when it can be defined within certain limits. A resource is scarce when demand for it exceeds supply or when the supply does not exist because it concerns a non-commercial good. For this reason, cultural property began being regulated only after theft or looting of archaeological relics, or the legal or illegal trade of works of art began to occur. These constitute the regulatory fields of criminal law, administrative law, property law, commercial law, and contract law, in both national and international jurisdictions.

In recent years, culture began to be valued as a collective property, capable of constituting an actionable issue in a court of law. Therefore, it is necessary to define the 'typicality' of the protected legal property and distinguish between:

1. culture as a defined legal property that can produce an individual subjective right: a private property right or a state appropriation arises; and
2. culture as a collective legal property, indivisible, of common use, which cannot be appropriated by an individual or by the state. 'Cultural rights' emerge in this field and require theoretical precision.

Regarding the analytical framework, different assumptions may be distinguished:

1. culture has no specific regulation under the legal standard and therefore analogical concepts related to property law, such as 'historical heritage', are applied. This has led to tensions between the orthodox foundations of traditional property law and cultural property, an example of which has been the prohibition of access to sites such as Chichen Itzá.[2]

---

[2] Jorge Sánchez Cordero, *Patrimonio Cultural-Ensayos de Cultura y Derecho*, Unam, Mexico, 2013, p. 42.

2. culture produces its own legal categories. This constitutes a Copernican inversion since, unlike the previous assumption, culture generates different legal concepts and areas of law.

We will examine the issue from this framework, going from well-known and conflict-free questions to more innovative and controversial ones.

2. THE INCORPORATION OF CULTURE INTO LAW

2.1. CULTURE SUBJECT TO POWER RELATIONS

For the majority of human history, conflicts over cultural goods were not solved by law, but by the imposition of the power of nations. The victors in war, or the dominant peoples, enforced a right over material cultural goods and over the cultural identity of the dominated peoples. These were cultural catastrophes[3] and, at that time, the legal value of 'culture' did not exist.

The concept of cultural property appeared at a specific historical stage when these objects were deprived of their content derived from the context in which they were created. They have gradually lost their original function, which was related to religion and power, and are no longer recognizable for their original purpose. They now have a secondary function.[4]

2.2. CULTURAL PROPERTY AS INDIVIDUAL RIGHTS

In the 19th and 20th centuries, culture began to be treated as property subject to individual, private or state rights. It has been described using the terms 'cultural good' or 'cultural property' and its regulation has been aimed at granting legal standing to bring an action in specific situations. A brief review of the legal instruments reveals the following stages.

The protection of cultural property in the event of armed conflict was a major step based on the cooperation between UNESCO and UNIDROIT, which began in the 1950s. They drafted the Convention for the Protection of Cultural Property in the Event of Armed Conflict, adopted in The Hague in 1954.

---

[3] Diego Valadés, in Jorge Sánchez Cordero, *Patrimonio Cultural-Ensayos de Cultura y Derecho*, Unam, Mexico, 2013, p. XI.
[4] Jorge Sánchez Cordero, *Patrimonio Cultural-Ensayos de Cultura y Derecho*, Unam, Mexico, 2013.

The further protection of cultural property during peacetime through the Convention on the Means of Prohibiting and Preventing the Illicit Import, Export and Transfer of Ownership of Cultural Property was also significant.

The most important step was taken in 1995, with the UNIDROIT Convention on Stolen or Illegally Exported Cultural Objects. This Convention granted the rightful owner of the object or the state from whose territory the object had been illegally removed, direct access to the States' jurisdiction to seek its restitution. It also established that 'the possessor of a stolen cultural object shall return it', which changes the rule of the protection of the bona fide possessor. The counterpart is that such a bona fide possessor can claim just compensation, provided he or she proves that he or she 'acted with due diligence in acquiring the object'.

At this level, the discussion poses a conflict of rights over individual property. For one sector (traders, collectors, museums, individuals, or companies), trade must be free, and the good faith of the acquirer shall be protected as a principle of legal certainty. On the other hand, for another sector of society, it is a question of preserving 'cultural heritage'.

The Convention describes this issue by stating that cultural exchanges promote an understanding between peoples, and that the dissemination of culture promotes the well-being of humanity and the progress of civilization. On the contrary, illegal transactions of cultural property cause irreparable damage to these objects as well as to cultural heritage, as irreplaceable archaeological, historical, and scientific information is lost.

The Convention establishes a set of common minimum legal rules related to the restitution and return of this kind of property and acknowledges the need for complementary effective measures to protect cultural objects, such as the creation and use of registers, the physical protection of archaeological sites, and technical cooperation.

The UNIDROIT Convention is applied when 'cultural property' is the subject of an international request for restitution of 'stolen cultural objects' or for the return of 'illegally exported cultural property'. A judicial action is brought seeking the restitution of the stolen cultural object or the return of the illegally exported cultural object. It should be noted that a good is considered cultural property when it is of importance for religious or secular reasons for archaeology, prehistory, history, literature, art, and science, and belongs to one of the categories listed in the Annex to the Convention.

This Convention has become the main legal standard on the subject. Regarding case law, it has also followed the line of intersubjective conflict resolution. For example, the Court of Justice of the European Union has considered that cultural property – which includes goods of an artistic, historical, archaeological, or ethnographic nature – despite their distinctive qualities with respect to other goods in trade, share with the latter the characteristic of being able to be valued in money and, therefore, to be the object of commercial transactions.

Cultural property is subject to the rules of the common market. In other words, it must have a value, even a non-economic one.

2.3. CULTURAL PROPERTY AS COLLECTIVE RIGHTS

In recent years, a very broad field that considers cultural property to be collective rights has emerged.

In the Mexican Constitution (Article 4), the concept of 'cultural rights' was incorporated as follows:

> [E]very person has the right of access to culture and to the enjoyment of the goods and services provided by the State in this field, as well as the exercise of his or her cultural rights. The State shall promote the means for the dissemination and development of culture, taking into account cultural diversity in all its manifestations and expressions, with full respect for creative freedom. Law shall establish the mechanisms for access and participation in any cultural manifestation.

Article 75 of the Argentine Constitution provides an example of how the issue is treated in Argentina. This article establishes that the National Congress is responsible for recognizing the ethnic and cultural pre-existence of Argentina's native peoples; guaranteeing respect for their identity and the right to a bilingual and intercultural education (subsection 17); and enacting laws that protect cultural identity and plurality, the free creation and circulation of an author's works, artistic heritage, and cultural and audiovisual spaces (subsection 19).

Argentina's General Environmental Law No. 25675, section 2(a), states that 'the National environmental policy shall fulfil the following objectives: ensure the preservation, conservation, recovery and improvement of the quality of environmental resources, both natural and cultural, in the performance of the different anthropic activities'.

Certain provincial Constitutions use the term 'cultural heritage'. That is the case of the provinces of Córdoba (Art. 65, 1987), Jujuy (Art. 65, 1986), La Rioja (Art. 56, 1986) and Salta (Art. 51, 1986).

The Supreme Court of Argentina[5] has ruled that:

> [T]he cultural heritage of a nation preserves the historical memory of its people and, consequently, is a fundamental factor in shaping and consolidating its identity.

---

[5] Supreme Court of Argentina Decision, August 27, 2013, *Zorrilla, Susana y otro c/ E.N. – P.E.N. s/ expropiación – servidumbre administrativa*, La Ley, 15 November 2013, commentary by ALFONSO BUTELER, 'Expropiación irregular y patrimonio histórico', p. 7. The case arose after the enactment of national Law No. 25317, which declares the building where the Casa Mansilla was located to be a historical artistic monument, and therefore subject to the prescriptions of Law No. 12.665.

For this reason, its protection by the State acquires vital importance since it allows the preservation of testimonies of past and current civilizations, which are indispensable points of reference for any society when planning its future social projects.

The Court stated that 'the need to protect this legacy was taken up by the drafters of the Constitution of 1994, in Article 41'. The importance of the issue was emphasized by Constitution drafter Rovagnati, who noted that this was how cultural heritage constitutes history. It is worth remembering Alfred Weber's words when he said that 'our world would spiritually fall into pieces if it renounced orienting itself in the spirit of the ancient. For this reason, the manifestations of urban landscape, art and all cultural expressions shall be guaranteed to all inhabitants and future generations, since they constitute essential elements related to quality of life'.[6]

In the abovementioned decision, the Supreme Court recalled one of the sources of international law, noting in particular that

> the concern for the protection of cultural heritage is also enshrined in the Convention concerning the Protection of the World Cultural and Natural Heritage, adopted in 1972 by UNESCO (Argentine Law No. 21836). The Convention established that the cultural heritage and the natural heritage are increasingly threatened with destruction not only by the traditional causes of decay, but also by changing social and economic conditions which aggravate the situation with even more formidable phenomena of damage or destruction. For this reason, each State Party to the Convention have recognized its duty to ensure the identification, protection, conservation, presentation and transmission of the cultural and natural heritage situated on its territory for future generations (Article 4). In consequence, they adopted a general policy, aimed at giving the cultural and natural heritage a role in the life of the community, to integrate their protection into comprehensive planning programs, to set up services for their protection, conservation and presentation, and to take the appropriate legal, scientific, technical, administrative, and financial measures necessary for the identification, protection, conservation, presentation, and rehabilitation of this heritage (Article 5).

Finally, the Court noted that Argentina's Law No. 25197 should also be mentioned within the legal framework for the protection of the cultural heritage. This law established the 'Regime for the Registration of Cultural Heritage' and defined Argentina's cultural heritage as consisting of 'all objects, beings or sites that constitute the expression or testimony of human creation and evolution of

---

[6] Supreme Court of Argentina Decision, August 27, 2013, *Zorrilla, Susana y otro c/ E.N. – P.E.N. s/ expropiación – servidumbre administrativa*, La Ley, 15 November 2013, commentary by ALFONSO BUTELER, 'Expropiación irregular y patrimonio histórico', p. 7. The case arose after the enactment of national Law No. 25317, which declares the building where the Casa Mansilla was located to be a historical artistic monument, and therefore subject to the prescriptions of Law No. 12.665.

nature, and which have exceptional archaeological, historical, artistic, scientific or technical value' (section 2). It also defined historic-artistic cultural property as all the works of man or joint works of man and nature, of an irreplaceable nature, the peculiarity, unity, rarity, and/or antiquity of which confer on them an exceptional universal or national value, from the historical, ethnological, or anthropological point of view, as well as works of architecture, sculpture or painting and those of archaeological nature.

This tendency regarding cultural property may also be found in the law of other Latin American countries. For example, Bolivia and Guatemala have used the term 'national cultural treasures'; Chile and Peru, 'historical monuments'; Ecuador, 'artistic heritage'; Brazil, Colombia, and Venezuela, 'historical-artistic property; and Uruguay, 'historical, artistic and cultural property.

Colombia's Law No. 397/97 defines cultural heritage as:

> [A]ll cultural property and values that are an expression of the nationality or identity of the people, such as tradition, customs and habits, as well as the totality of intangible and material goods, movable and immovable, that have a special historical, artistic aesthetic, plastic, architectural, urban, archaeological, environmental, ecological, linguistic, sonorous, musical, audiovisual, filmic, scientific, testimonial, documentary, literary, bibliographic, museological, anthropological interest, and the manifestations, the products and representations of popular culture.

The UNESCO Convention for the Safeguarding of Intangible Cultural Heritage states that 'intangible cultural heritage' means:

> [T]he practices, representations, expressions, knowledge, skills – as well as the instruments, objects, artefacts and cultural spaces associated therewith – that communities, groups and, in some cases, individuals recognize as part of their cultural heritage. This intangible cultural heritage, transmitted from generation to generation, is constantly recreated by communities and groups in response to their environment, their interaction with nature and their history, and provides them with a sense of identity and continuity, thus promoting respect for cultural diversity and human creativity. For the purposes of this Convention, consideration will be given solely to such intangible cultural heritage as is compatible with existing international human rights instruments, as well as with the requirements of mutual respect among communities, groups and individuals, and of sustainable development.
>
> The 'intangible cultural heritage', as defined in paragraph 1 [above], is manifested inter alia in the following domains:
>
> (a) oral traditions and expressions, including language as a vehicle of the intangible cultural heritage;
> (b) performing arts;
> (c) social practices, rituals and festive events;
> (d) knowledge and practices concerning nature and the universe;
> (e) traditional craftsmanship.

On June 16, 1976, in El Salvador, the Organization of American States adopted the Convention on the Protection of the Archeological, Historical, and Artistic Heritage of the American Nations. Article 2 defines cultural heritage as:

> [T]he cultural property that is included in the following categories:
>
> a) Monuments, objects, fragments of ruined buildings, and archeological materials belonging to American cultures existing prior to contact with European culture, as well as remains of human beings, fauna, and flora related to such cultures;
> b) Monuments, buildings, objects of an artistic, utilitarian, and ethno-logical nature, whole or in fragments, from the colonial era and the 19th century;
> c) Libraries and archives; incunabula and manuscripts; books end other publications, iconographies, maps and documents published before 1850;
> d) All objects originating after 1850 that the States Parties have re-corded as cultural property, provided that they have given notice of such registration to the other parties to the treaty;
> e) All cultural property that any of the States Parties specifically declares to be included within the scope of this convention.

There are also a number of international 'declaratory' documents: the Athens Charter of Urban Planning of 1933; the Venice Charter of 1934; the Quito Norms of 1967; the Declaration of Amsterdam of 1975; the Charter of Machu Picchu of 1979; Recommendation 880/79 of the Assembly of the Council of Europe on the conservation of European architectural heritage; the Santiago de Compostela Manifesto of 1999; and the Charter of Cracow of 2000, among others.

3. A LEGAL THEORY

3.1. CONCEPTUAL INDETERMINACY

The construction of a legal theory on cultural property from the point of view of its jurisdictional application demands precision as to the legal property protected and the typicality.

For example, Sánchez Cordero declares that the term 'cultural rights' demands a definition of its material field of validity which, given its controversial nature, is not exactly devoid of ambiguity.[7]

The legal property has very different definitions and extents in the different legal systems. The most commonly used terms are: 'common property', 'cultural heritage', 'intangible cultural heritage', 'cultural property', or 'culture'.

---

[7] JORGE SÁNCHEZ CORDERO, *Patrimonio Cultural-Ensayos de Cultura y Derecho*, Unam, Mexico, 2013, p. 65.

In terms of its extent, cultural property has included:

- property of artistic, historical, archeological, and ethnographical nature;
- private collections;
- ethnic and cultural pre-existence of native peoples;
- respect for identity and the right to a bilingual and intercultural education;
- artistic heritage and cultural and audiovisual spaces;
- historical memory of the people, and testimonies of past and current civilizations;
- the heritage passed on to future generations;
- property of an irreplaceable nature, the peculiarity, unity, rarity, and/or antiquity of which confers an exceptional universal or national value from a historical, ethnological, or anthropological point of view;
- architectural works of sculpture or painting and those of an archeological nature;
- the nation's cultural treasury;
- the people's identity, such as 'tradition, customs and habits, along with the totality of intangible and material goods, movable and immovable, which have a special historical, artistic aesthetic, plastic, architectural, urban, archaeological, environmental, ecological, linguistic, sonorous, musical, audiovisual, filmic, scientific, testimonial, documentary, literary, bibliographic, museological, anthropological interest, and the manifestations, products and representations of popular culture';[8]
- practices, representations, expressions, knowledge, and techniques – along with instruments, objects, artefacts, and their inherent cultural spaces – which communities, groups, and sometimes, individuals recognize as part of their cultural heritage;[9]
- property constantly recreated by the communities and groups in view of their environment;
- oral traditions and expressions, including language as vehicle of immaterial cultural heritage, performing arts, social practices, rituals and festive events, knowledge and practices related to nature and the universe, and traditional craftsmanship.

Thus, the first task for doctrine is to establish a conceptual delimitation of the legal property. The concepts of 'heritage' and 'property', used in a generic way, may be applied to individual goods, including physical and intangible ones. Regarding collective property, it should be noted that it is the cultural 'identity' that is protected. The right to identity is well defined in the law on

---

[8] Law 41-00 June 2000. Dominican Republic Title I, definitions and fundamental principles, Chapter I, Definitions, Art. 1, paragraph 2).
[9] JORGE SÁNCHEZ CORDERO, *Patrimonio Cultural-Ensayos de Cultura y Derecho*, Unam, Mexico, 2013, p. 65.

physical persons (for example, section 52 of the Civil and Commercial Code of Argentina). It includes both static and dynamic identity, and is similar to what occurs with culture as a collective property, because it makes reference to the identity of the people, in terms of both its history and evolution.

The next section considers the second problem, which is the typicality of rights.

3.2. TYPICALITY OF RIGHTS

3.2.1. Culture as a Subject

The first problem consists in defining whether 'culture' is a protected legal property or a subject of rights.

This issue has arisen in relation to collective property, especially in environmental law,[10] and it poses several theoretical and practical problems.[11] To clarify this problem, we shall distinguish between the need to protect a good and the instruments to achieve it, in every field. In general, there is a growing consensus about the fact that nature and culture need protection. There is a trend in law in this direction.

The legal rules are the specific issues to be considered, in view of which the following options arise:

1. the legal system does not grant any action to protect nature or culture because it is a matter of public policy;
2. people have individual rights over culture or specific cultural property;
3. culture, or parts of it, without being subjects of rights, are protected legal collective property and anyone who has been granted legal standing can bring an action regarding such property; and
4. culture, or parts of it, is subject of rights and may bring an action through its representatives;

---

[10] For more information see: RICARDO LORENZETTI and PABLO LORENZETTI, *Derecho Ambiental*, Editorial Tirant lo Blanch, Mexico, 2020; ANTONIO H. BENJAMIN, '¿Derechos de la Naturaleza?', in OSCAR AMEAL (dir.), SILVIA TANZI (coord.), *Obligaciones y Contratos en los Albores del S. XXI: Tribute to Prof. R. López Cabana*, Abeledo-Perrot, Buenos Aires, 2001, p. 31, point III: 'Sustentabilidad concepto y fundamentos éticos'.

[11] CARLOS RODRÍGUEZ, 'La nueva constitución de Ecuador ¿la tierra como sujeto de derechos?', *Revista de Derecho Ambiental* 18–19, 2009; HUMBERTO QUIROGA LAVIÉ, '¿Es la naturaleza sujeto de derecho, o solamente tiene la condición de objeto protegido? El derecho ambiental como hecho', in La Ley 2012-C 1361; AUGUSTO M. MORELLO and NÉSTOR A. CAFFERATTA, 'La sociedad y la naturaleza como sujetos de derecho', Juridical Journal *ED*, 212-899; GONZALO SOZZO, 'El daño a los bienes culturales', in RICARDO L. LORENZETTI (dir.), *Derecho ambiental y daño*, Editorial La Ley, Buenos Aires, 2011, p. 315; ENRIQUE O. PERETTI, 'La valoración del daño ambiental', in RICARDO L. LORENZETTI (dir.), *Derecho ambiental y daño*, Editorial La Ley, Buenos Aires, 2011, p. 369.

The first option is traditionally accepted by many countries that consider that the problem has a political or economic nature, and therefore does not constitute an actionable issue.

The second option has been the most well-developed trend in recent years, although it focuses on specific goods, as described in the first section.

The third option recognizes collective property and allows persons, associations, and the state to bring actions. This is the system applied in Argentina and Brazil, and is currently a growing trend. It is different from the other options because it does not refer to a subjective right but to the standing to protect a collective right. As a consequence, the judicial decision focuses on the protection of such property and not on the satisfaction of the individual.

The fourth option recognizes the rights to nature, culture or its parts. In this case, there is a difference from the previous option: culture is not only considered a protected legal property, but a subject of rights. This considerably and substantially breaks the established legal tradition that those who are not people have no rights. This is not a minor issue since, for many legal systems, it implies a transformation that is difficult to accept and has very complex consequences in a wide variety of fields. Nevertheless, the result does not differ much from the third option, which, ultimately, protects nature and culture.

Here are some examples of the last option.

The Constitution of Ecuador (2008) has been a pioneer in this sense. It declares that: 'Nature will be subject of those rights recognized by the Constitution' (Article 10). Article 71 states:

> Nature or Pacha Mama, where life occurs and is reproduced, has the right to have its existence comprehensively respected, the right to the conservation and regeneration of its vital cycles, structure, functions and evolving processes. Every person, community, people or nationality may demand the public authority the compliance with the rights of nature. To apply and interpret these rights, the principles established in the Constitution shall be observed. The State shall promote natural and legal persons and the collective groups to protect nature, and shall promote the respect of all the elements that conform an ecosystem.

According to Article 72: 'Nature has the right to restoration'.

The Constitution of Bolivia (2009) states that: '[p]eople have the right to a healthy, balanced and protected environment. The exercise of this right shall allow individuals and communities of current and future generations, as well as other living beings, to develop in a normal and permanent manner' (Article 33).

The Law of the Rights of Mother Earth (Law No. 07, of 21 December 2010) was enacted after this acknowledgment. It establishes that: 'the present law recognizes the rights of Mother Earth, as well as the Plurinational State's and Society's obligations and duties to guarantee the respect of these rights' (Article 1). The Law recognizes the principles of harmony, the nature of collective property, the guarantee of regeneration of Mother Earth, and non-commodification

(Article 2). Mother Earth is defined as 'the dynamic living system formed by the indivisible community of all living systems and living beings, interrelated, interdependent and supplementary which share a common destiny. Mother Earth is considered sacred by the worldview of nations and indigenous native farmer peoples.' 'For the protection and guardianship of its rights, Mother Earth adopts the nature of a collective subject of public interest, Mother Earth and all its components, including human communities, are the holders of all the inherent rights acknowledged in the present Law' (Law of the Rights of Mother Earth N°07, of 21 December 2010. art. 5).

Article 5 goes on to state: '[t]he application of the rights of Mother Earth shall take into account the particularities of its various components. The rights established in the present Law do not limit the existence of other rights of Mother Earth'.

In terms of case law, the Chamber of Civil Cassation of the Supreme Court of Justice of Colombia[12] acknowledged rights for animals, as being 'sentient beings integrated in a public ecological order'. They are holders of rights, they are exempted from duties, and the state shall guarantee and protect their rights as members of an ecosystem where every species has an irreplaceable role.

Ultimately, it is a way of providing protection, although there is perhaps no need to modify the whole legal system since the legal effects are similar to those achieved by other means.

3.2.2. Two Categories of Legal Property and Rights: Individual and Collective

We propose two categories of legal property and rights: individual and collective rights.

This proposed categorization has been taken into account in the Civil and Commercial Code of Argentina and in the Supreme Court of Argentina's case law. The Civil and Commercial Code establishes an initial regulation in the introductory title of section 14, which reads: '[i]ndividual rights of collective incidence. This Code recognizes: a) individual rights; b) rights of collective incidence'.

The judicial precedent for this section is the Supreme Court of Argentina's *Halabi* decision,[13] which will be quoted below for clarity and terminological precision.

3.2.2.1. Individual Rights

As a general rule on legal standing, the Court states in the *Halabi* decision that 'the rights regarding legal individual property are exercised by their holder.

---

[12] Available at: https://corte-suprema-justicia.vlex.com.co/vid/692862597.
[13] Supreme Court of Argentina Decision, *Halabi*, 24 September 2009, Ernesto c. P.E.N. Ley 25.873 DTO. 1563/04, Fallos: 332:111, Rev. La Ley 2009-B-157.

This does not change when there are several people involved and when it refers to obligations with a plurality of active or passive subjects, or in cases of active or passive joint litigation derived from a plurality of creditors and debtors, or a plural representation. In these cases, there is no variation regarding the existence of a subjective right over an individually available good, and it is the holder who shall, essentially, prove a violation of that right in order for it constitute an actionable issue.

This action seeks the protection of divisible and inhomogeneous rights, as well as repairing the essentially individual damages caused to each of the affected persons'.

3.2.2.2.   Rights of Collective Incidence

The Court states in the *Halabi* decision that 'the rights of collective incidence, which refer to collective property (Article 43 of the Constitution of Argentina) are exercised by the National Ombudsman, the associations that concentrate the collective interest and the affected party.

There are two elements that prevail in these assumptions. First, the claim shall seek the protection of a collective property, which occurs when it belongs to the whole community, when it is indivisible, and when it does not allow any sort of exclusion. For this reason, extraordinary standing is granted only to reinforce its protection; however, in no case is there a right of individual appropriation of the property since no subjective rights are at stake. It is not about the existence of a plurality of subjects, but of property that, like the environment, has a collective nature. It should be noted that this property is not owned by an undetermined plurality of persons, since this would imply that if the subject were to be determined during the proceedings, it would constitute the holder of the property, which is inadmissible.

Besides, there is no community in the technical sense, since it would imply the possibility of requesting the extinction of the co-ownership regime. These goods do not belong to the individual sphere, but to the social sphere, and are not divisible in any way.

Second, the claim shall be focused on the collective incidence of the right, since the damage done to this kind of property may have consequences for individual patrimony, as is the case with environmental damage. However, this last action depends on its holder and is concurrent with the first element.

Therefore, when a procedural claim seeking the prevention or repair of damage caused to a collective property is exercised individually, the decision obtained affects the object of the causa petendi, though there is no direct benefit for the individual who has legal standing. Therefore, it may be said that the protection of rights of collective incidence regarding collective property is exercised by the Ombudsman, the associations, and the affected parties, and that it should be distinguished from the protection of the individual rights, whether property rights or not, that are available to their holder'.

Thus, we can clearly distinguish both assumptions of typicality, an example of which are the rights over individual cultural property, described in the first section.

3.2.3. Relationship between Individual Rights and Collective Property

Finally, an important aspect of the relationship between individual and collective rights has been taken into account in the Civil and Commercial Code of Argentina.

Section 14 establishes that 'the law does not allow the abusive exercise of individual rights when it may affect the environment and rights of collective incidence in general'.

The Code regulates the relationship between individual and collective rights in the following way:

> Section 240: Limits to the exercise of individual rights over property. The exercise of individual rights over the property mentioned in Sections 1 and 2 shall be compatible with the rights of collective incidence. It shall comply with the rules of national and local administrative law, enacted in compliance with public interest, and shall not affect the functioning and sustainability of the ecosystems of flora, fauna, biodiversity, water, the cultural values, the view, among others, according to the criteria established in the special law.

The abuse of law is a known issue and has been studied as an internal limit of the exercise of law. However, nowadays, there is an external limit related to another property, which is collective property. This is why we speak of an 'environmental function' or 'social function' of law. This relationship allows an assessment of the balance between the exercise of individual and collective rights. An unlimited exercise of individual rights leads to societal breakdown. The abovementioned section sets 'limits', establishes that the exercise of individual rights shall be 'compatible', and mentions 'cultural values'.

4. CONCLUSIONS

The regulatory concept of culture makes reference to assumptions of fact that can be described with defined limits and which are scarce resources.

Cultural property or cultural heritage

Culture gives rise to an individual subjective right. In this case, the property is defined with precise limits as, for example, a work of art, a private collection, or an archeological object. In these cases, the lawmaker may use the general rule of state dominion and the doctrine of res extra commercium, and in certain cases it may be the source of a private property right. There is a subjective right over an individually available good whose holder must, essentially, prove a violation of that right in order for it constitute an actionable issue.

Collective right to a cultural identity

Culture, as a legal collective property, is indivisible, of common usage, and cannot be appropriated by an individual or by the state since no subjective rights are at stake. They do not belong to the individual sphere, but to the social sphere, to community as a whole, and do not allow any sort of exclusion. Cultural rights grant standing to act for the protection of property, and the claim shall be focused on the collective incidence of the right. Thus, when a procedural claim seeking the prevention or repair of the damage caused to a collective property is exercised individually, the decision obtained affects the object of the causa petendi, though there is no direct benefit for the individual with legal standing.

'Cultural identity' is the most appropriate legal concept since it includes both static and dynamic identity. The first includes consolidated traditions, regarding both physical and intangible goods. The second implies the incorporation of the changes produced by time and cultural diversity, which is variable and has a changing nature.[14]

The final consideration is that the exercise of an individual right shall not be abusive regarding collective property, such as culture, since it could cause grave damage.

---

[14] JORGE SÁNCHEZ CORDERO, *Patrimonio Cultural-Ensayos de Cultura y Derecho*, Unam, Mexico, 2013, p. 66.

LA CULTURE EN DROIT INTERNATIONAL PUBLIC

Une approche systémique

Makane Moïse Mbengue

1. Introduction 135
2. Le système de la culture au sein de l'ordre juridique international 137
   2.1. Le système universel de la culture 137
      2.1.1. L'UNESCO 137
      2.1.2. Le système normatif régissant la culture per se
             (de façon autonome) 139
   2.2. Le système régional de la culture 148
      2.2.1. En Afrique 148
      2.2.2. Dans le système interaméricain 150
      2.2.3. La Ligue des États arabes 151
      2.2.4. L'Association des Nations d'Asie du Sud-Est 151
      2.2.5. En Europe 153
3. La culture dans le système juridique international 154
   3.1. La culture, un droit humain 154
      3.1.1. La culture en tant que droit fondamental humain 154
      3.1.2. La culture dans le droit des conflits armés 156
   3.2. La culture, instrument économique 158
      3.2.1. La culture dans le droit du commerce international 158
      3.2.2. La culture dans le droit international des investissements .. 160
   3.3. La culture, instrument environnemental 163
      3.3.1. L'UNESCO et l'environnement 163
      3.3.2. L'UNESCO et les changements climatiques 166
4. Conclusion 169

1. INTRODUCTION

La culture, part inhérente des sociétés humaines, se présente sous une pluralité de formes à travers le temps et l'espace comme le rappelle l'article premier de la Déclaration universelle de l'UNESCO sur la diversité culturelle.[1] Cette multitude de formes de la culture se traduit également dans le droit international et les instruments juridiques qui le composent. Cela crée une diversité quant à la portée et au contenu des droits culturels.[2]

Faisant partie intégrante des droits de l'homme, les droits culturels protègent chaque individu individuellement et collectivement.[3] L'experte indépendante dans le domaine des droits culturels, Farida Shaheed, précise que la protection de ces droits est faite dans le but de :

> [D]évelopper et d'exprimer leur humanité, leur vision du monde et la signification qu'ils donnent à leur existence et leur épanouissement par l'intermédiaire, entre autres, de valeurs, de croyances, de convictions, de langues, de connaissances, de l'expression artistique, des institutions et des modes de vie.[4]

La protection des droits culturels est consacrée à l'article 27 de la Déclaration universelle des droits de l'homme[5] aux termes duquel :

> Toute personne [a] le droit de prendre part à la vie culturelle de la communauté, de jouir des arts et de participer au progrès scientifique et aux bienfaits qui en résultent. Chacun a droit à la protection des intérêts moraux et matériels découlant de toute production scientifique, littéraire ou artistique dont il est l'auteur.

Bien que cet instrument ne soit pas juridiquement contraignant, il s'agit là du point de départ d'une consécration de la culture dans l'ordre juridique international. Au vu de ses objectifs et de l'ensemble d'éléments auxquels se rapportent les droits culturels, la culture se présente dans l'ordre juridique international avec son propre système. En effet, des instruments universels et régionaux ainsi qu'un cadre spécifique régissent la culture de manière autonome. Dans le même temps, la culture s'intègre également dans de nombreux champs du système juridique international. Ce sont ces deux dialectiques de la culture dans l'ordre juridique international que la présente contribution se propose d'explorer : le système de la culture dans l'ordre juridique international (2) et la culture dans le système de l'ordre juridique international (3).

---

[1] Organisation des Nations unies pour l'Éducation, la Science et la Culture, *Déclaration universelle de l'UNESCO sur la diversité culturelle* (adoptée le 02.11.2001).
[2] UNGA, *Rapport de l'Experte indépendante dans le domaine des droits culturels, Mme Farida Shaheed, soumis en application de la résolution 10/23 du Conseil des droits de l'homme*, Conseil des droits de l'homme, 14e session, UN Doc. A/HRC/14/36 (Rapport de l'experte A/HRC/14/36), p. 1.
[3] Ibid., pp. 4–6.
[4] Ibid., p. 6.
[5] Déclaration universelle des droits de l'homme (adoptée le 10.12.1948, UNGA Res 217 A(III)).

2. LE SYSTÈME DE LA CULTURE AU SEIN DE L'ORDRE JURIDIQUE INTERNATIONAL

Afin de mieux comprendre l'intégration de la culture dans le système juridique international, il est nécessaire tout d'abord de présenter le système de la culture en tant que tel, c'est-à-dire dans ses aspects institutionnels et normatifs. À ce niveau, une distinction peut être faite entre l'universel et le régional.

2.1. LE SYSTÈME UNIVERSEL DE LA CULTURE

2.1.1. L'UNESCO

La culture est tout d'abord un système institutionnel se présentant sous une organisation qui est l'Organisation des Nations unies pour l'éducation, la science et la culture (UNESCO). L'Organisation est créée le 16 novembre 1945 par la Conférence des ministres alliés de l'Éducation (CAME), à la suite des conséquences désastreuses de la Seconde Guerre mondiale, notamment sur les systèmes éducatifs. Ce projet a ensuite acquis une dimension universelle. L'Organisation comprend 193 États membres et 53 bureaux régionaux ; son siège est situé à Paris.

Adoptée en 1945, la Constitution de l'UNESCO[6] étaye les objectifs et fonctions de l'Organisation qui sont de :

> Proposer de contribuer au maintien de la paix et de la sécurité en resserrant [la collaboration entre nations] par l'éducation, la science et la culture, afin d'assurer le respect universel de la justice, de la loi, des droits de l'homme et des libertés fondamentales pour tous, sans distinction de race, de sexe, de langue ou de religion, que la Charte des Nations Unies reconnaît à tous les peuples.[7]

Pour ce faire, l'UNESCO s'efforce d'assurer « la diffusion de la culture ».[8] Le préambule rappelle que cette exigence de la diffusion de la culture provient de la dignité humaine.[9] Il définit ces objectifs comme des « devoirs sacrés » appelés à être réalisés par une assistance mutuelle entre les États.[10] L'esprit de la Constitution de l'UNESCO, et de l'institution, est limpide : c'est par le

---

[6] Organisation des Nations unies pour l'Éducation, la Science et la Culture, *Constitution de l'Organisation des Nations Unies pour l'Éducation, la Science et la Culture* (UNESCO) (adoptée le 16.11.1945) (Constitution UNESCO).
[7] Ibid., art. 1.
[8] Ibid., art. 1, al. 2, lit. b.
[9] Ibid., préambule § 5.
[10] Ibid.

« dialogue interculturel »[11] et la coopération mutuelle des nations que la paix peut être construite et maintenue durablement.[12] C'est dans cette optique que l'UNESCO a adopté et mis en œuvre de nombreux instruments normatifs, diverses actions et a posé des principes universels relatifs à la culture.

Dans les années 1940–1950, l'UNESCO cherchait à « unifier les cultures et les modes de vie » et à « rapprocher les systèmes de pensée et les référentiels culturels ».[13] En 1950, l'Organisation a mis en œuvre un programme mondial visant à lutter contre le racisme[14] dénonçant les fallacieuses justifications scientifiques au racisme. Les années 1960 ont ensuite vu apparaître les revendications de reconnaissance et de protection des cultures des États, à la suite de leur décolonisation, afin que celles-ci ne soient plus « méprisées, niées et éradiquées ».[15] Bien que l'Organisation n'ait pas soutenu les mouvements de lutte pour la décolonisation des années 1940–1950, du fait de la présence de grandes puissances coloniales parmi ses fondateurs,[16] elle s'est donné la mission de préserver puis de promouvoir les différentes identités culturelles, avec des concepts tels que « le Projet majeur pour l'appréciation mutuelle des valeurs culturelles entre l'Orient et l'Occident »[17] mis en œuvre de 1957 à 1966. L'objectif de préservation des identités culturelles est devenu si fondamental à l'Organisation qu'il est la source des élans d'élaboration d'instruments normatifs internationaux sur la protection des diversités culturelles.

Dès 1959, l'UNESCO a lancé la Campagne internationale pour la sauvegarde des monuments de Nubie[18] qui avait pour objectif de protéger les sites et monuments d'Égypte et du Soudan, dont des temples, qui allaient être submergés par les eaux montantes du barrage d'Assouan.[19] Cette campagne est la première d'une série de campagnes similaires et l'un des importants exemples de la coopération mutuelle dans le système de la culture.

L'évolution du système de la culture à l'UNESCO dans le second millénaire s'est faite dans la continuité des projets d'assistance mutuelle à la suite de conflits armés et des projets de promotion de la diversité culturelle. En 2002, l'Organisation a mis en place une Alliance globale pour la diversité culturelle[20] encourageant

---

[11] C. Maurel, « L'Unesco aujourd'hui » (2009/2) Vingtième Siècle. Revue d'histoire 131–144, 136.
[12] UNESCO, Histoire de l'UNESCO, https://www.unesco.org/fr/history.
[13] Maurel (n 11), p. 136.
[14] Organisation des Nations Unies pour l'Éducation, la Science et la Culture, « Les savants du monde entier dénoncent un mythe absurde … le racisme » (1950), Le Courrier de l'UNESCO 1, https://unesdoc.unesco.org/ark:/48223/pf0000081475_fre.
[15] Maurel (n 11), p. 136.
[16] Ibid.
[17] Ibid.
[18] Organisation des Nations unies pour l'Éducation, la Science et la Culture, Campagne internationale pour la sauvegarde des monuments de Nubie : rapport du comité exécutif de la campagne et du directeur général, Conférence générale, 21e session, 20.08.1980, 21 C/82.
[19] Ibid., §§ 7–8.
[20] Organisation des Nations unies pour l'Éducation, la Science et la Culture, Alliance globale pour la diversité culturelle, novembre 2001, http://archives.au.int/handle/123456789/1509.

la création de partenariats et d'opportunités pour la diversité culturelle dans les industries culturelles locales des pays en développement. Dans les années 2010, l'UNESCO s'engage à la restauration de villes et de monuments détruits par les conflits armés. Notamment, en 2015, avec la restauration des mausolées de Tombouctou, en 2018, avec la reconstruction de la ville de Mossoul et de ses monuments attaqués par Daesh,[21] ou encore en 2020 au Liban, avec la reconstruction de Beyrouth après les explosions. Tout cela se fait dans le but de sauvegarder les patrimoines culturels de ces villes. Durant la pandémie de Covid-19, l'UNESCO a été pionnière du mouvement « Resiliart » dont le but est de soutenir les politiques culturelles et de protéger les sites, manifestations culturelles et les emplois de la menace de la pandémie.[22]

Le système institutionnel de la culture, créé dans le but de « proposer de contribuer au maintien de la paix et de la sécurité … par la culture »,[23] devient au fil des décennies une référence universelle et active en matière de protection, de promotion et de préservation de la culture des menaces humaines, naturelles et sociétales. Comme mentionné précédemment, ce système institutionnel a engendré un système normatif de la culture. En effet, depuis les années 1950, il produit des instruments normatifs afin de régir la culture et d'œuvrer ainsi à assurer l'assistance mutuelle des nations dans ce domaine.

2.1.2. Le système normatif régissant la culture per se (de façon autonome)

Dès la naissance de l'UNESCO avec l'adoption de sa Constitution en 1945,[24] le système normatif de la culture commençait déjà à se former. Il s'est depuis beaucoup développé.

En 1952, la Convention universelle sur le droit d'auteur[25] a été adoptée par une conférence intergouvernementale réunie par l'UNESCO. Elle reprend l'article 27, al. 2, de la Déclaration universelle des droits de l'homme et prend en compte la protection des auteurs d'œuvres artistiques. C'est par cette convention que le symbole © protégeant les droits d'auteur d'un ouvrage a vu le jour.[26]

Deux ans plus tard, la Convention de La Haye de 1954 pour la protection des biens culturels en cas de conflit armé[27] est adoptée. Cette convention est l'exemple par excellence du lien entre le système de la culture et les objectifs

---

21 Histoire de l'UNESCO (n 12).
22 Ibid.
23 Constitution UNESCO (n 6), art. 1.
24 Ibid.
25 Organisation des Nations unies pour l'Éducation, la Science et la Culture, *Convention universelle sur le droit d'auteur* (adoptée le 06.09.1952).
26 Histoire de l'UNESCO (n 12).
27 Organisation des Nations unies pour l'Éducation, la Science et la Culture, *Convention pour la protection des biens culturels en cas de conflit armé, avec règlement d'exécution* (adoptée le 14.05.1954) (Convention de La Haye de 1954).

universels de paix et de sécurité internationale. En effet, l'UNESCO est elle-même née des suites désastreus des deux Guerres mondiales. Le préambule de la Constitution de l'UNESCO commence par mentionner que :

> Les guerres [naissent] dans l'esprit des hommes, c'est dans l'esprit des hommes que doivent être élevées les défenses de la paix.[28]

La Convention de 1954, juridiquement contraignante, reprend donc cette idée que les défenses de la paix par la culture doivent naître dans l'esprit des hommes et « [considère] que la protection [des biens culturels] doit être organisée dès le temps de paix par des mesures tant nationales qu'internationales ».[29] Elle s'applique en cas de guerre déclarée ou en cas de conflit armé entre deux ou plusieurs États contractants et ce, indépendamment de la reconnaissance de l'état de guerre par les parties.[30] L'article 18, al. 2, précise qu'elle s'applique également en cas d'occupation de tout ou partie du territoire d'un État contractant, sans nécessité de résistance militaire.

Cette convention définit pour la première fois ce qui est entendu par « biens culturels », à son article premier. Il s'agit, qu'importe leur origine ou leur propriétaire :

(a) [Des] biens, meubles ou immeubles, qui présentent une grande importance pour le patrimoine culturel des peuples, tels que les monuments d'architecture, d'art ou d'histoire, religieux ou laïques, les sites archéologiques, les ensembles de constructions qui, en tant que tels, présentent un intérêt historique ou artistique, les œuvres d'art, les manuscrits, livres et autres objets d'intérêt artistique, historique ou archéologique, ainsi que les collections scientifiques et les collections importantes de livres, d'archives ou de reproductions des biens définis ci-dessus ;

(b) [Des] édifices dont la destination principale et effective est de conserver ou d'exposer les biens culturels meubles définis à l'alinéa (a), tels que les musées, les grandes bibliothèques, les dépôts d'archives, ainsi que les refuges destinés à abriter, en cas de conflit armé, les biens culturels meubles définis à l'alinéa (a) ;

(c) [Des] centres comprenant un nombre considérable de biens culturels qui sont définis aux alinéas (a) et (b), dits « centres monumentaux ».

La Convention distingue ensuite trois catégories d'obligations : la protection (art. 2), la sauvegarde (art. 3) et le respect des biens culturels (art. 4). Ce texte est « le premier et le plus complet des traités multilatéraux consacrés exclusivement à la protection du patrimoine culturel en temps de paix et en cas de conflit armé ».[31]

---

[28] Constitution UNESCO (n 6).
[29] Convention de La Haye de 1954 (n 27), préambule.
[30] Ibid., art. 18.
[31] Convention de La Haye de 1954 (n 27) ; Organisation des Nations unies pour l'Éducation, la Science et la Culture, *La Convention de La Haye de 1954 pour la protection des biens culturels en cas de conflit armé*, https://fr.unesco.org/protecting-heritage/convention-and-protocols/1954-convention.

Il est intéressant d'observer que, des actes normatifs de la culture, la protection de la culture en temps de conflit se trouve parmi les premiers à avoir été adoptés. Non seulement il était nécessaire d'établir une Organisation protégeant la culture après la Guerre, il a été aussi rendu clair dans la Constitution que l'objectif de cette organisation est d'assurer la paix à travers la culture. Enfin, il a été fondamental de protéger l'héritage culturel au cas où ces atrocités viendraient à se reproduire.

En 1970, la Conférence générale de l'UNESCO conclut la Convention concernant les mesures à prendre pour interdire et empêcher l'importation, l'exportation et le transfert de propriété illicites des biens culturels.[32] Cet instrument juridiquement contraignant a pour objectif de prévoir les « mesures pour interdire et empêcher [le trafic] illicite des biens culturels »,[33] mesures communes à tous les États parties. Tout cela se fait en vertu des principes de coopération culturelle internationale.[34] Parmi les principes de cette convention figurent la prévention (e.g., art. 5), la restitution (e.g., art. 7 et 13) et la coopération internationale (e.g., art. 9). Comparée à celle de 1954, cette convention donne une définition plus détaillée des « biens culturels » à son article premier.

Deux ans plus tard, la célèbre Convention sur la protection du patrimoine mondial, culturel et naturel de 1972[35] est adoptée. Cette convention reconnaît les notions de protection de la nature et de préservation des biens culturels dans un même texte et dénonce la menace de destruction du patrimoine culturel et du patrimoine naturel du fait de l'évolution de la vie sociale et économique.[36] Elle est le produit d'une fusion entre un mouvement centré sur les menaces sur les sites culturels et la préservation de la nature.[37] Elle rappelle la Constitution de l'UNESCO et sa mission de maintenir, diffuser et contribuer à faire avancer le savoir tout « en veillant à la conservation et protection du patrimoine universel ».[38] La Convention rappelle également dans son préambule la nécessité de « l'assistance collective ». Le patrimoine culturel est défini à l'article premier comme ayant « une valeur universelle exceptionnelle ».[39]

En 1975, le Fonds du patrimoine mondial (art. 15) est créé afin d'aider les États parties à identifier, préserver et promouvoir les sites du patrimoine

---

[32] Organisation des Nations unies pour l'Éducation, la Science et la Culture, *Convention concernant les mesures à prendre pour interdire et empêcher l'importation, l'exportation et le transfert de propriété illicites des biens culturels* (adoptée le 14.11.1970) (Convention de 1970).
[33] Convention de 1970 (n 32), préambule.
[34] Ibid.
[35] Organisation des Nations unies pour l'Éducation, la Science et la Culture, *Convention concernant la protection du patrimoine mondial culturel et naturel* (adoptée le 16.11.1972) (Convention de 1972).
[36] UNESCO Centre du patrimoine mondial 1992–2022, *La Convention du patrimoine mondial*, https://whc.unesco.org/fr/convention/ ; Convention de 1972 (n 35), préambule.
[37] Ibid., UNESCO.
[38] Ibid.
[39] Convention de 1972 (n 35), art. 1.

et privé afin de « favoriser la reconnaissance [des droits culturels] à tous les niveaux ».[49] L'article 2 de la Déclaration donne des définitions de la culture, de l'identité culturelle et de la communauté culturelle. Ce texte consacre en détail les droits culturels comme droits humains universels (préambule, al. 2). L'objectif de cette déclaration est de proposer un nouveau texte rassemblant les notions déjà connues et reconnues des droits culturels qui sont dispersés dans différents instruments.[50]

En novembre 2001, la 31e session de la Conférence générale de l'UNESCO est la première réunion ministérielle à avoir lieu après les événements du 11 septembre 2001. C'est dans ce contexte qu'a été adoptée, à l'unanimité, la Déclaration universelle de l'UNESCO sur la diversité culturelle.[51] C'est un texte non contraignant doté d'une force symbolique et d'une légitimité telles qu'elles en font « un instrument phare du droit international de la culture ».[52] Cette déclaration reprend la proclamation des droits de l'homme notamment par le Pacte international relatif aux droits économiques, sociaux et culturels. Elle rappelle également la Constitution de l'UNESCO et « l'exigence » de la diffusion de la culture pour atteindre les objectifs de justice, de liberté et de paix.[53] En effet, le directeur général de l'UNESCO à l'époque, Koïchiro Matsuura, rappelle au début de la Déclaration qu'il était indispensable de « réaffirmer les convictions que le dialogue interculturel constitue le meilleur gage pour la paix et de rejeter catégoriquement la thèse des conflits inéluctables de cultures et de civilisations ».[54] Dans son préambule, la Déclaration rappelle, notamment, la Déclaration de Mexico de 1982 et la définition de la culture qu'elle a établie.

Cette déclaration reconnaît pour la première fois la diversité culturelle comme patrimoine commun de l'humanité à son article premier et mentionne la mission de protection de ce patrimoine au bénéfice des générations futures. Dans ce même article, la diversité culturelle est comparée à la biodiversité dans l'ordre du vivant afin d'exemplifier sa nécessité pour l'humain. C'est dans un deuxième temps que la diversité culturelle est liée aux droits de l'homme (art. 4–6). L'idée ici est d'assurer une accessibilité à tous de la diversité culturelle ; pour ce faire, l'article 27 de la Déclaration universelle des droits de l'homme ainsi que les articles 13 et 15 du Pacte international relatif aux droits économiques, sociaux et culturels sont rappelés. Les principes de solidarité internationale, le rôle des

---

[49] H. FAES, « Droits de l'homme et droits culturels » (2008/4), 108, *Transversalités*, pp. 85–99, p. 92.
[50] Déclaration de Fribourg (n 48), p. 12.
[51] Déclaration universelle de l'UNESCO sur la diversité culturelle (n 1).
[52] V. GUÈVREMENT, « Quelques propos sur le potentiel d'interactions et de chevauchements entre les conventions relatives au patrimoine culturel immatériel et à la diversité des expressions culturelles », dans *Regards croisés sur la convention pour la sauvegarde du patrimoine culturel immatériel et la convention sur la protection et la promotion de la diversité des expressions culturelles sous la direction de Véronique Guèvremont et Olivier Delas*, Collection Patrimoine en mouvement, Presses de l'Université de Laval, 2019, p. 13.
[53] Déclaration universelle de l'UNESCO sur la diversité culturelle (n 1), préambule.
[54] Ibid.

partenariats entre les secteurs public, privé et la société civile ainsi que le rôle de l'UNESCO sont à nouveau définis.

Lors de cette même 31e session, la Convention sur la protection du patrimoine culturel subaquatique de 2001[55] a été adoptée. Cet acte juridiquement contraignant définit les moyens d'identification, de recherche, et de protection et de préservation du patrimoine subaquatique.[56] En effet, du fait de la location spécifique du patrimoine culturel subaquatique, les juridictions nationales ne le protègent pas. Il était donc urgent de constituer un instrument juridique international régissant la protection du patrimoine subaquatique, permettant « le renforcement des capacités et l'échange des connaissances » et assurant la coopération entre États.[57] Cette protection est nécessaire à la lutte contre le pillage (art. 10, al. 4), l'exploitation commerciale (art. 2, al. 7, et Annexe, Règle 2), et d'autres menaces, telles que les dégradations environnementales. De plus, la conservation de ce patrimoine culturel subaquatique permet de comprendre le changement climatique et la montée du niveau des eaux.[58]

Deux Conventions de l'UNESCO ont ensuite fait fortement avancer le système de la culture en droit international dans les années 2000. Adoptées respectivement par les 32e et 33e, Conférences générales de l'UNESCO, la Convention pour la sauvegarde du patrimoine culturel immatériel de 2003[59] et la Convention sur la protection et la promotion de la diversité des expressions culturelles adoptée en 2005[60] sont deux instruments phares œuvrant tous deux à protéger le patrimoine commun de l'humanité. Les deux Conventions trouvent leur source dans le préambule de la Déclaration universelle sur la diversité culturelle de 2001.[61]

Examinons premièrement la Convention de 2003. La crainte des répercussions « des processus de mondialisation et de transformation sociale »[62] sur la culture et le risque « d'homogénéisation »[63] se retrouvent dans le préambule de la Convention de 2003 pour la sauvegarde du patrimoine culturel immatériel. En effet, ces phénomènes sont « de graves menaces de dégradation, de disparition

---

[55] Organisation des Nations Unies pour l'Éducation, la Science et la Culture, *Convention sur la protection du patrimoine culturel subaquatique* (adoptée le 02.11.2001) (Déclaration de 2001).
[56] Ibid.
[57] Ibid.
[58] Ibid.
[59] Organisation des Nations Unies pour l'Éducation, la Science et la Culture, *Convention pour la sauvegarde du patrimoine culturel immatériel* (adoptée le 17.10.2003, entrée en vigueur le 20.04.2006) (Convention de 2003).
[60] Organisation des Nations Unies pour l'Éducation, la Science et la Culture, *Convention sur la protection et la promotion de la diversité des expressions culturelles* (adoptée le 20.10.2005, entrée en vigueur le 18.03.2007) (Convention de 2005).
[61] Déclaration de 2001 (n 55), préambule al. 10 ; Convention de 2003 (n 59), préambule al. 3 ; GUÈVREMENT (n 52), p. 13.
[62] Convention de 2003 (n 59), préambule al. 5.
[63] GUÈVREMENT (n 52), p. 13.

et de destruction sur le patrimoine culturel immatériel ».[64] En outre, il n'y avait avant cela « aucun instrument multilatéral contraignant »[65] protégeant le patrimoine culturel immatériel. Le préambule (al. 3) mentionne également le rôle du patrimoine culturel immatériel comme « garant du développement durable », menant à une évolution du système de la culture évolue ici et une extension de son champ d'action au développement durable. Ce sont ces rôles que prend l'Organisation à travers cette convention. La définition du patrimoine culturel immatériel est donnée à l'article 2. Il est également précisé que la Convention ne considère que « les [éléments] du patrimoine culturel immatériel conformes aux instruments internationaux existants relatifs aux droits de l'homme »,[66] ceux mentionnés sont la Déclaration universelle des droits de l'homme de 1948 et les deux Pactes internationaux de 1966.

Quant à la Convention de 2005 sur la protection et la promotion de la diversité des expressions culturelles, elle reprend également cette crainte de la rapidité d'évolution du processus de mondialisation mentionnée dans la Déclaration de 2001 et dans la Convention de 2003 à la fin de leurs préambules.[67] Cette fois la menace est étendue aux « risques de déséquilibres entre pays riches et pays pauvres ». Cette rhétorique de protection des « divers peuples et sociétés constituant l'humanité »[68] se retrouve tout au long du préambule et de la Convention à travers l'utilisation d'expressions telles que « des communautés, peuples et nations », « peuples et sociétés constituant l'humanité ». La notion de développement durable et la contribution des peuples autochtones à celle-ci, l'éradication de la pauvreté et l'interdiction du traitement de la culture comme « ayant exclusivement une valeur commerciale » sont également mentionnées tout au long du préambule. Les peuples autochtones, les femmes et les personnes appartenant aux minorités sont mis en lumière dès le préambule, annonçant déjà l'étendue des objectifs et principes de la Convention. Contrairement aux précédentes conventions, celle-ci commence par rappeler les principes fondamentaux de droit international tels que le respect des droits de l'homme et des libertés fondamentales, le principe de souveraineté, l'égale dignité et le respect de toutes les cultures ou encore le principe de solidarité et de coopération internationales. Les définitions de la diversité culturelle, des expressions culturelles, des politiques culturelles et d'autres définitions relatives à la diversité culturelle n'apparaissent que dans un second lieu à l'article 4. La structure de la Convention est ensuite similaire à la Convention de 2003, y compris l'institution d'un Comité intergouvernemental pour la protection et la promotion de la diversité des expressions culturelles.

---

[64] Ibid.
[65] Convention de 2003 (n 59), préambule al. 9.
[66] Convention de 2003 (n 59), art. 2, al. 1.
[67] Convention de 2005 (n 60), préambule al. 19.
[68] Ibid., al. 7.

En effet, les deux conventions sont aussi semblables dans leur processus d'adoption. Elles ont été négociées et adoptées très rapidement, en à peine deux ans chacune. Cet engouement s'est ensuite vu dans la ratification par les États. En date du 1er juillet 2021, respectivement 180 États pour la Convention de 2003 et 151 États pour celle de 2005 ont ratifié les instruments.[69] Ces deux conventions ont également introduit de nouveaux concepts et définitions dans le système de la culture ; celle du patrimoine culturel immatériel (art. 2, al. 1 et 2, de la Convention de 2003) et celle des expressions culturelles (art. 4, al. 2 et 3, de la Convention de 2005). Ces éléments font d'elles des instruments fondamentaux du système normatif de la culture.

En 2007, la question continue de se poser quant à la reconnaissance de la culture parmi les droits humains.[70] La Déclaration et Programme d'action de Téhéran sur les droits de l'homme et la diversité culturelle de 2007[71] s'inscrit dans ce contexte. Elle a été rédigée sous les auspices de l'Assemblée générale des Nations unies (A/62/464) durant la réunion ministérielle du Mouvement des pays non alignés sur « les droits de l'homme et la diversité culturelle » en septembre 2007, patronnée notamment par l'UNESCO.[72] Le texte reprend dès le premier paragraphe de son préambule l'appartenance de l'identité culturelle au patrimoine commun de l'humanité et aux droits de l'homme :

> Réaffirmant leur détermination à promouvoir et à protéger les droits de l'homme et les libertés fondamentales, notamment le droit de préserver l'identité culturelle, qui est une particularité essentielle de l'humanité et constitue un patrimoine commun de l'humanité.[73]

Toute la Déclaration rappelle des principes fondamentaux en droit international et sert de plateforme pour intégrer, par ces principes, la culture aux droits humains. Le paragraphe VII de la Déclaration énonce même que « chaque culture possède une dignité et une valeur qui méritent reconnaissance, respect et protection [et que collectivement] elles ont [e]n commun un ensemble de valeur[s] universelles ».[74]

---

[69] Guèvrement (n 52), p. 14 ; Organisation des Nations Unies pour l'Éducation, la Science et la Culture, « Annexe II État des ratifications des conventions et accords adoptés sous les auspices de l'UNESCO (à la date du 01.07.2021) », Conseil exécutif, 212e session, 16.08.2021, EX/23.I.INF, https://unesdoc.unesco.org/ark:/48223/pf0000378425/PDF/378425fre.pdf.multi. page=11.

[70] Faes (n 49), p. 92.

[71] Organisation des Nations Unies pour l'Éducation, la Science et la Culture, Informations concernant la réunion ministérielle du mouvement des pays non alignés sur les droits de l'Homme et la diversité culturelle, *Déclaration et Programme d'action de Téhéran sur les droits de l'Homme et la diversité culturelle*, Téhéran, 03–04.09.2007 (Déclaration et Programme d'action de Téhéran).

[72] Ibid., note explicative.

[73] Ibid., note explicative, § I.

[74] Ibid., § VII ; Faes (n 49), p. 92.

La Déclaration de Téhéran fait partie des instruments de l'Assemblée générale des Nations unies, mais ce n'est pas le seul instrument universel, hors du système de l'UNESCO, à être spécifique à la culture.

En effet, il est évident de mentionner le Pacte international relatif aux droits économiques, sociaux et culturels de 1966, bien que celui-ci ne traite pas uniquement de la culture. Il convient également de nommer les instruments de *soft law* tels que les dispositions modèles UNESCO–UNIDROIT définissant la propriété de l'État sur les biens culturels non découverts de 2011.[75] Ce document fournit des dispositions législatives types que les États peuvent envisager d'intégrer dans leur législation nationale.

2.2. LE SYSTÈME RÉGIONAL DE LA CULTURE

Le système de la culture dans l'ordre juridique international se développe également au niveau régional. Chaque région onusienne dispose d'instruments normatifs régissant la culture de manière autonome. Quelques exemples de la pratique en Afrique, en Amérique, en Asie, en Europe et au sein de la Ligue des États arabes seront décrits.

2.2.1. En Afrique

S'agissant du système normatif de la culture en Afrique, trois instruments importants méritent d'être mentionnés : le Manifeste culturel panafricain de 1969, la Charte culturelle de l'Afrique de 1976 et la Charte de la renaissance culturelle africaine de 2006.

Tout d'abord, le Manifeste culturel panafricain de 1969,[76] instrument non contraignant adopté sous l'égide de l'Organisation de l'Unité africaine (OUA) lors du Symposium du Festival culturel panafricain à Alger, annonce le point de départ des objectifs de l'Organisation en matière de culture. Il rappelle que le peuple est la source de la culture. Il la crée, la transforme, l'édifie ; la culture « est vision de l'homme et du monde » (§§ 1–2). Le Manifeste définit ce qu'elle entend par culture notamment qu'« elle est système de pensées, philosophies, sciences, croyances, arts et langues » (§ 2) mais « englobe [également] le social, le politique, l'économique et le technique » (§ 3). Cet instrument rappelle également les

---

[75] Organisation des Nations unies pour l'Éducation, la Science et la Culture, Institution internationale pour l'unification du droit privé (UNIDROIT), *Dispositions législatives modèles UNESCO–UNIDROIT définissant la propriété de l'État sur les biens culturels non découverts* (2011).

[76] Symposium du premier Festival culturel panafricain, *Manifeste culturel panafricain*, 1969 (Manifeste culturel panafricain).

atrocités et les conséquences dévastatrices du colonialisme et de la traite négrière ; ces horreurs de l'histoire ayant eu un impact concret et destructeur sur la culture (§§ 5-7), il était important de poser, non pas un objectif, mais une nécessité de « retour aux sources des valeurs ... pour y opérer un inventaire critique » (§ 5) à la suite du colonialisme. Ce Manifeste sert donc de base pour redéfinir les principes de « culture africaine », d'« Africanité », l'« identité africaine » et les « réalités culturelles » propres à l'Afrique (§§ 15-19). Après avoir, dans un premier temps, rappelé ce contexte historique, les principes et le contenu de la culture africaine, le Manifeste annonce les objectifs de « recouvrement du patrimoine culturel [de l'Afrique], la défense de sa personnalité et l'éclosion de nouvelles branches de sa culture » (§ 23). Les langues sont notamment un sujet fondamental dans ce document, il s'agit d'un élément repris à plusieurs reprises tout au long de la seconde partie, parmi ceux définissant les éléments propres aux réalités culturelles africaines. Le document se termine par des « suggestions et propositions pour l'utilisation dynamique dans la vie actuelle des peuples africains des éléments de la culture africaine », par la création du système de la culture en Afrique, à travers différents organismes et instituts culturels notamment, mais aussi la législation en matière de culture.

Le Manifeste figure d'ailleurs parmi les instruments guides de la Charte culturelle de l'Afrique de 1976,[77] adoptée par l'Organisation de l'Unité africaine lors de sa Treizième Session Ordinaire à Port-Louis. Cette charte commence cette fois par annoncer les droits imprescriptibles des peuples à leur vie culturelle et à son organisation, elle rappelle les principes de droits fondamentaux tels que l'égalité, du droit au respect de toutes les cultures et du droit au libre accès à la culture pour tous les individus. Toute une partie du préambule est à nouveau réservée au rappel des conséquences de la « domination coloniale sur le plan culturel », notamment « la dépersonnalisation des peuples africains, la falsification de l'histoire, le dénigrement des valeurs africaines et le remplacement des langues par celles des colonisateurs ».[78] Enfin, les objectifs de la Charte sont annoncés sur le ton de l'urgence ; il s'agit ici de reconstruire et de retrouver une « unité de l'Afrique » et de son identité culturelle. Cela se fait notamment à travers la réhabilitation, la sauvegarde et promotion et le développement du patrimoine culturel africain (art. 1, lit. b et h), le combat contre la domination culturelle (lit. d) et la coopération culturelle entre États africains (lit. e) ainsi qu'au niveau international (lit. f). Aux fins du développement culturel national, les principes des politiques culturelles africaines et de démocratisation de la culture sont définis. Tout un chapitre est dédié à la formation et à l'éducation (art. 12-16) et un autre entièrement dédié aux langues africaines (art. 17-19), éléments fondamentaux de la culture africaine à protéger et promouvoir.

---

[77] Organisation de l'Unité africaine (OUA), *Charte culturelle de l'Afrique* (adoptée le 05.07.1976) (Charte culturelle de l'Afrique).

[78] Charte culturelle de l'Afrique (n 77), § 6.

Enfin, la Charte de la renaissance culturelle africaine de 2006,[79] adoptée cette fois sous l'égide de l'Union africaine, s'inspire de la précédente Charte culturelle de l'Afrique de 1976 sous l'OUA et la remplace (art. 1). Les principes, objectifs et chapitres sont similaires entre les deux instruments. Toutefois, celle de 2006 possède un titre VIII sur les relations avec la Diaspora africaine, notamment à travers la création d'institutions (Maisons de l'Afrique) dans les pays où la Diaspora est fortement présente.

2.2.2. Dans le système interaméricain

Sur le continent américain, deux exemples du système institutionnel et normatif de la culture peuvent être mis en relief : la Convention en vue d'encourager les relations culturelles interaméricaines de 1954[80] et le Comité interaméricain sur la Culture (CIC).

La Convention en vue d'encourager des relations culturelles interaméricaines de 1954 est un traité multilatéral adopté lors de la dixième Conférence interaméricaine de l'Organisation des États américains (OAS). Cet instrument, très succinct, est une révision de la Convention du même nom de 1936. Son but est de « renforcer l'esprit » de la précédente Convention. Les premiers articles, contrairement aux conventions vues précédemment, ne commencent pas par poser des définitions ou des principes. Il s'agit plutôt d'établir le nombre de bourses (*fellowships*) que les gouvernements doivent attribuer aux étudiants, enseignants et autres boursiers des États membres (art. 1), le contenu, financier et matériel, de ces bourses (art. 2) et les modalités (art. 3–5). Il leur est également demandé de transmettre un rapport annuel concernant les bourses et boursier-ère-s à l'Union pan américaine (art. 10).

Quant au système institutionnel, le Comité interaméricain sur la Culture (CIC)[81] est un excellent exemple de ce qu'il se passe sur le continent. Ce comité a été créé en 2002 lors de la première Réunion interaméricaine des ministres de la Culture et Hautes Autorités. Le Comité est sous l'égide du « Inter-American Council for Integral Development » (CIDI) de l'Organisation des États américains (OEA). Ce Conseil a pour objectifs de promouvoir le développement économique et de combattre la pauvreté et comprend des programmes œuvrant distinctement pour des objectifs de développement durable, notamment la préservation de la diversité culturelle. C'est dans ce cadre que s'inscrit le Comité interaméricain sur la Culture. Ses objectifs sont notamment de coordonner les

---

[79] Union africaine, *Charte de la renaissance culturelle africaine* (adoptée le 24.01.2006).
[80] Organisation des États américains, *Convention en vue d'encourager des relations culturelles interaméricaines*, Caracas, 01–28.03.1954.
[81] Organization of American States, « What is the CIC? », http://www.oas.org/udse/cic/ingles/web_cic/home-cic.htm.

dialogues en matière de culture entre les États, d'encourager et promouvoir les activités culturelles au sein de l'éducation.

2.2.3. La Ligue des États arabes

Au sein de la Ligue des États arabes, il n'y a pas d'instrument normatif régissant la culture de manière autonome. Cependant, la Charte de la Ligue arabe de 1945[82] énonce à son article 2, lit. c son objectif de renforcement des relations et coopération interétatiques dans les affaires culturelles. L'article 4 prévoit l'instauration d'un Comité Spécial, dans lequel les États membres de la Ligue sont représentés, pour chaque matière énumérée à l'article 2, comprenant alors les affaires culturelles. La Charte arabe des droits de l'homme de 2004[83] dispose à son article 25, le « droit de jouir de sa culture, d'utiliser sa langue et de pratiquer les préceptes de sa religion », contrairement aux instruments constitutionnels des autres régions et aux instruments universels qui énoncent ce droit erga omnes, ici les « personnes appartenant à des minorités » sont les sujets visés explicitement par ce droit. L'article 42 énonce le droit de tous à la vie culturelle, comprenant ici la recherche scientifique et ses progrès.

En 1970, des mouvements au sein des pays arabes de « prise de conscience de l'importance de la culture dans le monde arabe »[84] ont mené à la création de l'Organisation arabe pour l'Éducation, la Culture et la Science (ALESCO). C'est au sens de l'article 4 de la Charte de la Ligue arabe que cette organisation a été fondée. Cette organisation a élaboré le « Plan culturel arabe global » de 1985 dans le but de « développement des structures culturelles ... de formation des citoyens, de prise en considération de leurs valeurs culturelles ... et de leur patrimoine, de [leur] appartenance à la nation, ainsi que la coopération universelle ».[85] L'ALESCO a collaboré avec l'UNESCO, en 1979 et 2001 et également en 2016, lorsque les deux Organisations ont signé un nouvel accord de coopération pour une durée de trois ans. Les objectifs sont toujours d'assurer la coopération internationale et régionale dans de nombreux domaines tels que la protection et la sauvegarde du patrimoine culturel, l'éducation et la formation, ou encore la gestion de la biodiversité dans la région arabe.

2.2.4. L'Association des Nations d'Asie du Sud-Est

S'agissant de la région d'Asie du Sud-Est, nombreux sont les instruments normatifs susceptibles d'être examinés.

---

[82] Ligue des États arabes, *Charte de la Ligue arabe* (adoptée le 22.03.1945).
[83] Ligue des États arabes, *Charte arabe des droits de l'homme* (adoptée en mai 2004).
[84] M. BOUKROUH, « Les politiques culturelles arabes : mythes et réalités » (2008), 127 *Jeu* pp. 173–177, p. 173.
[85] Ibid., p. 174.

Sur le plan institutionnel, la Communauté socioculturelle (ASCC) de l'Association des Nations d'Asie du Sud-Est (ASEAN), dont le Programme 2025 a été adopté en novembre 2015 lors du 27e sommet ASEAN, n'a pas la culture comme objectif exclusif. Cependant, l'ASCC œuvre aussi à assurer « une communauté harmonieuse, consciente et fière de son identité, [de] sa culture et [de] son héritage ».[86] Ces objectifs sont atteints à travers la coopération, à commencer par le domaine de la culture et des arts. Dans ce domaine, le point de départ est l'action en faveur de la célébration de la riche diversité culturelle et l'héritage culturel de l'ASEAN. Le secteur culturel de l'ASCC promeut le rôle de la culture et des arts dans les objectifs de tolérance, de paix et de coopération mutuelle.[87]

Tout cela se faisait déjà avant 2015 dans le système normatif. En 2000 déjà, les États membres de l'ASEAN ont adopté la Déclaration de l'ASEAN sur l'héritage culturel.[88] Le préambule rappelle les « vastes ressources culturelles et les héritages des civilisations » qui doivent être préservés et mis en valeur. Cet instrument œuvre à protéger cet héritage culturel et les droits culturels aux niveaux régional et national. La Déclaration insiste explicitement sur la préservation des cultures du passé et du présent dans toutes les catégories abordées. Elle aborde également les questions commerciales, avec la prévention contre des transferts et acquisitions illicites de propriétés culturelles et en légiférant sur l'utilisation commerciale de ces héritages culturels. Tout cela doit se faire, comme toujours, à travers la coopération régionale et internationale.

Dans les années 2000, l'ASEAN a produit de nombreuses déclarations régissant la culture. Par exemple, en 2011 avec l'adoption de la « Declaration on ASEAN unity in cultural diversity: Towards strengthening ASEAN community ».[89] À nouveau, la culture est utilisée pour renforcer la communauté ASEAN dite « centrée sur les peuples et responsable socialement [avec les buts] d'atteindre la solidarité stable et l'unité à travers les Nations ».[90] La culture, les traditions culturelles et l'héritage des peuples de l'ASEAN sont des valeurs essentielles et nécessaires au renforcement des liens communautaires. Tout cela se retrouve tout au long de cette déclaration.

Dans la communauté ASEAN, le système normatif de la culture est utilisé aux fins de renforcement de la communauté et de ses peuples. Il n'y a pas de protection de la culture de manière exclusive ; celle-ci est, toujours et de manière limpide, associée à ces objectifs de renforcement et de protection de l'identité

---

[86] ASEAN Secretariat, *ASEAN Socio Cultural Community*, https://asean.org/our-communities/asean-socio-cultural-community/.
[87] Ibid.
[88] Association des Nations d'Asie du Sud-Est (ASEAN), *ASEAN Declaration on cultural heritage* (adoptée le 25.07.2000).
[89] Association des Nations d'Asie du Sud-Est (ASEAN), *Declaration on ASEAN unity in cultural diversity: Towards strengthening ASEAN community* (adoptée le 17.11.2011).
[90] Ibid., § 2.

de la communauté. Cela se voit aussi dans les autres Déclarations telles que : la Déclaration de Bandar Seri Begawan sur la culture et les arts pour la promotion de l'identité ASEAN vers une Communauté dynamique et harmonieuse de 2016, ou encore la Déclaration de Vientiane sur le renforcement de la coopération en matière d'héritage culturel de l'ASEAN de 2016.

2.2.5. En Europe

Le système normatif européen de la culture est composé de conventions du Conseil de l'Europe, de nombreuses conventions bilatérales et également du droit de l'Union européenne.

Au niveau du Conseil de l'Europe, nous pouvons, par exemple, noter la Convention du 3 mai 2017 sur les infractions visant des biens culturels.[91] Cette convention a pour objectif « de prévenir et combattre la destruction, les dommages et le trafic de biens culturels » (art. 1, al. 1 lit. a) et s'inscrit dans un contexte de « préoccupation » du Conseil de l'Europe s'agissant des destructions délibérées du patrimoine culturel et du trafic illicite des biens culturels par des groupes terroristes (préambule). Cet instrument est entré en vigueur le 1er avril 2022.[92]

Un Comité sur les infractions visant les biens culturels (PC-IBC), dont le mandat a été adopté par le Comité des ministres du Conseil de l'Europe en mars 2016 a pour but de « veiller à ce que la Convention [citée précédemment] traite de sujets spécifiques au droit pénal luttant contre le trafic illicite des biens culturels ».[93]

Quant au droit de l'Union européen, il existe plusieurs règlements et directives régissant la culture ; plus spécifiquement, la culture dans le commerce international. La directive 2014/60/UE du Parlement européen et du Conseil de 2014 relative à la restitution des biens culturels ayant quitté illicitement le territoire d'un État membre est un exemple de ce système. Il existe également les règlements (CE) n°116/2009 du Conseil du 18 décembre 2008 concernant l'exportation de biens culturels en dehors de l'UE et le règlement (UE) 2019/880 du Parlement européen et du Conseil du 7 juin 2019 relatif à l'importation des biens culturels. Il est intéressant que le système de la culture en Europe soit si fortement lié aux relations commerciales et à la régulation du trafic des biens culturels.

---

[91] Conseil de l'Europe, *Convention du Conseil de l'Europe sur les infractions visant des biens culturels*, Série des traités du Conseil de l'Europe n° 221 (adoptée le 03.05.2017).
[92] Conseil de l'Europe Portail, Bureau des Traités, *Détails du traité n° 221*, https://www.coe.int/fr/web/conventions/full-list?module=treaty-detail&treatynum=221.
[93] Conseil de l'Europe portail, Comité européen pour les problèmes criminels, *Comité sur les infractions visant les biens culturels (PC-IBC)*, https://www.coe.int/fr/web/cdpc/activities/offences-relating-to-cultural-property.

En somme, il apparaît clairement que le système de la culture se décline différemment selon les niveaux. Au niveau universel, le système institutionnel de l'UNESCO est à la source de tous les instruments régissant la culture de manière autonome. D'ailleurs, ces instruments abordent des sujets variés, de la protection du patrimoine mondial et culturel aux politiques culturelles, en passant par la diversité culturelle, la culture y est présentée et définie de manière complète. Au niveau régional, chaque système a sa particularité. Celle-ci est liée à l'histoire et aux besoins spécifiques de chacune des régions. La manière dont la culture et les droits culturels y sont présentés diffère selon le système, mais cela représente bien les besoins de l'humanité dans son ensemble. Le système de la culture présente donc les déclinaisons du droit international de la culture et confirme son autonomie. Cela étant, cette autonomie n'occulte pas le fait que la culture entretient bel et bien des relations de complémentarité avec d'autres pans du droit international.

3. LA CULTURE DANS LE SYSTÈME JURIDIQUE INTERNATIONAL

Hormis les instruments spécifiques la régissant, la culture est présente dans d'autres domaines que le droit international de la culture en tant que tel. Elle est reconnue dans le système juridique international dans son ensemble. En effet, la culture y est référencée tant de manière explicite qu'implicite et tient un rôle considérable en tant que vecteur de droits pour les sujets du droit international. Ce sont ces rôles que joue la culture dans les différents domaines du système juridique international qui sont intéressants à analyser.

Dans le cadre de la présente contribution, deux facettes seront mises en exergue : d'une part, la culture en tant que droit humain et la culture en tant qu'instrument économique.

3.1. LA CULTURE, UN DROIT HUMAIN

La culture en tant que droit humain revêt deux significations. Stricto sensu, cela renvoie à un droit fondamental protégé et régi par le droit international des droits de l'homme. Lato sensu, cela vise la protection de la culture en droit humanitaire.

3.1.1. La culture en tant que droit fondamental humain

Au-delà d'une reconnaissance en tant que droit, la culture fait partie intégrante des droits fondamentaux en droit international. Malgré une description des droits culturels comme « une catégorie sous-développée des droits de l'homme »,[94] lesdits droits sont ancrés dans la mise en œuvre des droits humains et dans le principe même d'universalité de ces droits.[95] Les droits culturels constituent donc un droit fondamental indissociable des autres droits humains.[96] K. Bennoune, Rapporteuse spéciale des Nations unies dans le domaine des droits culturels, disait :

> Les droits culturels sont au cœur de l'expérience humaine et essentielle à la mise en œuvre globale des droits de l'Homme universels … la culture est comme l'oxygène de l'âme.[97]

Dans les instruments universels relatifs aux droits humains, la culture est mentionnée sous plusieurs formes. L'article 22 de la Déclaration universelle mentionne les « droits culturels » alors que l'article 27 de cette même déclaration fait référence au « droit de prendre part librement à la vie culturelle de la communauté ».[98] Le Pacte international relatif aux droits économiques, sociaux et culturels de 1966[99] est le premier instrument universel contraignant mentionnant les droits culturels à son article 15. Cet article reconnaît le droit de chacun-e de prendre part à la vie culturelle, une déclinaison de l'article 2, al. 2 sur la non-discrimination,[100] mais également l'accès aux progrès scientifiques, à « la protection des intérêts moraux et matériels découlant de toute production scientifique, littéraire ou artistiques dont il est l'auteur/autrice ».[101] Les éléments de coopération internationale dans ces domaines reviennent également. Le Pacte international relatif aux droits économiques, sociaux et culturels aborde la question du droit à l'éducation aux articles 13–14 qui relève également du mandat de l'UNESCO. Enfin, le Pacte international relatif aux droits civils et politiques de 1966[102] traite également les questions de droits culturels, surtout en faveur des minorités ethniques, religieuses ou linguistiques, comme à l'article 27. Cette disposition fait référence au droit d'avoir une vie culturelle commune, une religion et une langue qui leur sont propres.

---

[94] Rapport de l'experte A/HRC/14/36 (n 2), § 3.
[95] Ibid.
[96] Ibid., § 11.
[97] K. BENNOUNE, Special Rapporteur in the field of cultural rights, *Why cultural rights matter?*, Discours au Frankfurt Book Fair, 'Safe, not silent', Frankfurt, 17.11.2019, https://www.ohchr.org/sites/default/files/Documents/Issues/CulturalRights/Activities/FrankfurtBookfair-KBspeech-final.pdf, p. 2.
[98] FAES (n 49), p. 88.
[99] Pacte international relatif aux droits économiques, sociaux et culturels (adopté le 16.12.1966, entré en force le 03.01.1976) 993 UNTS 3 (PIDESC).
[100] BENNOUNE (n 97), p. 2.
[101] PIDESC (n 99), p. 15.
[102] Pacte international relatif aux droits civils et politiques (adopté le 16.12.1996, entré en force le 23.03.1976) 999 UNTS 171.

Dans les instruments de portée spécifique relatifs aux droits humains, la culture y est également présente en tant que droit humain. Dans la Convention internationale sur l'élimination de toutes les formes de discrimination raciale de 1965[103] ou encore la Convention sur l'élimination de toutes les formes de discrimination à l'égard des femmes de 1979,[104] pour ne citer que deux exemples, la culture est mentionnée à l'article 5. Pour la première, l'article 5, lit. e, al. VI énonce le droit de participation aux activités culturelles « dans des conditions d'égalité ». Pour la seconde, l'article 5 rappelle que la protection des pratiques culturelles doit être limitée aux circonstances où elle ne contribue pas à la continuité des pratiques coutumières discriminantes et portant atteinte à d'autres droits de l'homme. Comme tout droit fondamental, rares sont ceux qui sont absolus, le droit à la culture peut être restreint.

3.1.2. La culture dans le droit des conflits armés

Le lien malheureux entre la culture, les biens culturels, patrimoines culturels et les conflits armés existe depuis l'Antiquité. La Grèce antique était déjà le lieu de questionnement quant aux « choses sacrées » à ne pas détruire lors des guerres.[105] En effet, la protection juridique des biens culturels en temps de guerre a intéressé les philosophes et juristes tout au long de l'histoire de l'humanité.[106] Au XIXe siècle, le système normatif international de la protection des biens culturels en cas de conflit armé se développe de plus en plus. Au début du XXe siècle lors des deux Conférences internationales de la Paix de 1899 et 1907, les Conventions relatives aux lois de la guerre et abordant la protection des biens culturels sont adoptées.[107] De même après la Première Guerre mondiale, les travaux non aboutis sur les mesures protectrices du patrimoine culturel même en temps de paix ont influencé le développement du système.[108] Mais la codification de ces normes protectrices prend un tournant fondamental lors de l'adoption de la Convention de l'UNESCO pour la protection des biens culturels en cas de conflits armés de 1954[109] susmentionnée. Pour rappel, le but même de la création de l'UNESCO est de « contribuer au maintien de la paix et de la sécurité en resserrant … par la culture, la collaboration entre nations ».[110]

---

[103] Convention internationale sur l'élimination de toutes les formes de discrimination raciale (adoptée le 21.12.1965, entrée en force le 29.12.1994) 660 UNTS 195.
[104] Convention sur l'élimination de toutes les formes de discrimination à l'égard des femmes (adoptée le 18.12.1979, entrée en force le 03.09.1981) 1249 UNTS 13.
[105] J.A. Konopka, *La protection des biens culturels en temps de guerre et de paix d'après les conventions internationales (multilatérales)*, Imprimeries de Versoix SA, 1997, p. XIII.
[106] Ibid., p. XIV.
[107] Ibid., p. XV.
[108] Ibid.
[109] Convention de La Haye de 1954 (n 27).
[110] Constitution UNESCO (n 6), art. 1.

Les Conventions de La Haye de 1899 concernant les lois et coutumes de la guerre et de la terre, de 1907 pour le règlement pacifique des conflits internationaux, la Convention de La Haye de 1954 et ses protocoles de 1954 et 1999 sont applicables dans les questions de droit international humanitaire, le dernier étant spécifique à la culture. En pratique, la protection du patrimoine culturel des États en temps de guerre a fait l'objet d'une jurisprudence étayée.

Par exemple, en 2004, dans l'affaire *Procureur c. Miodrag Jokić*,[111] la Chambre de première instance du Tribunal pénal international pour l'ex-Yougoslavie (TPIY) a condamné le commandant des forces yougoslaves (JNA) pour avoir dirigé, d'octobre à décembre 1991, une campagne militaire comprenant des bombardements contre la municipalité de Dubrovnik (§ 21) dont la vieille ville était inscrite au patrimoine culturel mondial de l'humanité par l'UNESCO en 1975 (§ 23 ; 49). Les dommages se sont produits sur une centaine de monuments qui ont été totalement ou partiellement détruits.[112] Miodrag Jokić avait connaissance de cette protection et de l'illégalité de son bombardement sur la vieille ville (§ 23 ; 39). Il a plaidé coupable pour :

> La destruction ou l'endommagement délibéré consacrés à la religion, à la bienfaisance et à l'enseignement, aux arts et aux sciences, de monuments historiques, d'œuvres d'art et d'œuvres de caractère scientifique (§ 46).

Le règlement de La Haye et les Conventions précédemment mentionnées, la Convention pour la protection du patrimoine mondial de l'UNESCO de 1972, ainsi que les Protocoles additionnels I et II de 1997 aux Conventions de Genève de 1949 protégeaient déjà ce type d'édifices culturels et interdisent la dégradation des biens culturels (§§ 47–50). Cette condamnation est parmi les premières à avoir contribué à « marquer un tournant dans la construction du droit international dédié à la préservation du patrimoine en cas de conflits et de crises ».[113]

Un autre exemple plus récent est celui de l'affaire *Procureur c. Al Hassan Ag Abdoul Aziz Ag Mohamed Ag Mahmoud*[114] actuellement devant la Cour pénale internationale, ouverte le 14 juillet 2020. Al Hassan aurait été un commissaire de la Police islamique, membre d'Ansar Eddine. Il est « suspecté de crimes contre l'humanité prétendument commis à Tombouctou … dans le contexte d'une attaque généralisée et systémique commis[e] par les groupes armés Ansar

---

[111] Jugement de la Chambre de première instance, du 18.03.2004, *Le Procureur c. Miodrag Jokić* (aff. n° IT/01-42/1-S), §§ 21–50, jugement confirmé par la Chambre d'appel, arrêt du 30.08.2005.
[112] KONOPKA (n 105), p. VII.
[113] Ibid., p. VIII.
[114] Cour pénale internationale, *Fiche d'information sur l'affaire, Situation en Mali, Le Procureur c. Al Hassan Ag Abdoul Aziz Ag Mohamed Ag Mahmoud ICC-01/12-01/18*, https://www.icc-cpi.int/CaseInformationSheets/al-hassanFra.pdf.

Eddine/Al-Qaïda … entre le 1er avril 2012 et le 28 janvier 2013 ».[115] Il est notamment accusé d'avoir « pris part à la destruction des mausolées des saints musulmans à Tombouctou », qui sont des bâtiments protégés et historiques. Il sera intéressant de voir le développement de l'affaire prochainement.

3.2. LA CULTURE, INSTRUMENT ÉCONOMIQUE

3.2.1. La culture dans le droit du commerce international

Tout d'abord, l'Organisation mondiale du commerce (OMC) n'est pas la seule à avoir légiféré sur des questions liées à la culture dans le commerce international. En effet, l'UNESCO a elle-même adopté plusieurs conventions y afférentes. La Convention de l'UNESCO concernant les mesures à prendre pour interdire et empêcher l'importation, l'exportation et le transfert de propriétés illicites, conclue en 1970 et entrée en vigueur en 2004, ainsi que la Convention de 1970 sur la lutte contre le trafic illicite de biens culturels visent à promouvoir la lutte contre le trafic illicite de biens culturels au sein des États. Ensuite, la Convention UNIDROIT sur les biens culturels volés et illicitement exportés (1995) complète la Convention de l'UNESCO dans les éléments de droit privé.

Au sein de l'OMC, il est plutôt question de régir les questions relatives aux « industries culturelles ». Celles-ci sont :

> Les secteurs qui conjuguent création, production et commercialisation de biens et de services dont la particularité réside dans l'intangibilité de leurs contenus à caractère culturel, généralement protégés par le droit d'auteur. Les industries culturelles incluent l'édition imprimée et le multimédia, la production cinématographique, audiovisuelle et phonographique, ainsi que l'artisanat et le design. Certains pays étendent le concept à l'architecture, aux arts plastiques, aux arts du spectacle, aux sports, à la fabrication d'instruments de musique, à la publicité et au tourisme culturel.[116]

Les années 1980–1990 ont vu l'essor de ces industries et de leur développement dans le commerce international. Des questions se posent quant au développement de ces industries et à la préservation et la promotion de la diversité culturelle. Une difficulté se présente alors lors de la définition et l'établissement des règles pour les échanges des services culturels et des biens culturels au sein du commerce international ; il n'y a en effet pas de système de classification ni de définition commune des « services culturels commercialisés ».[117]

---

[115] Ibid.
[116] A. Cano Guiomar, A. Garzon et G. Poussin, *Culture, commerce et mondialisation questions et réponses*, UNESCO (éd.), *Publication de la Division de la créativité, des industries culturelles et du droit d'auteur*, Secteur de la Culture, Éditions UNESCO, 2000, p. 12.
[117] Ibid., p. 15.

Le GATT, instrument multilatéral fondamental régissant le commerce international jusqu'à la création de l'OMC en 1994, a été le lieu de naissance de la doctrine de l'« exception culturelle ». Celle-ci consiste à dire que « les biens et services culturels sont d'une nature particulière qui va au-delà des seuls aspects commerciaux ».[118] En effet, les valeurs, l'identité culturelle et la spécificité culturelle de ces biens et services doivent être protégées de la menace des aspects purement commerciaux. De ce fait, ils ne peuvent donc être « soumis aux seules règles de caractère commercial comme n'importe quel autre secteur d'activités [afin d'éviter une] standardisation des goûts et des comportements sociaux ».[119]

L'exception culturelle n'est pas mentionnée dans les accords et n'a aucun statut juridique. Pourtant, elle s'est tout de même traduite dans la pratique. Lors des négociations de l'Accord général sur le commerce des services (AGCS), la Communauté européenne, suivie ensuite par la plupart des membres de l'OMC, s'est abstenue de tout engagement dans la libéralisation des services au sujet de certains secteurs culturels tels que les services audiovisuels ou ceux relatifs aux bibliothèques et aux musées.[120] Ensuite, l'article IV de la Partie II de l'Accord du GATT[121] montre également une application de la doctrine de l'« exception culturelle ». En effet, cet article dispose que des contingents pourront être imposés avec « l'obligation de projeter … des films d'origine nationale » (lit. a), une manière de promouvoir les patrimoines nationaux et d'éviter la standardisation. L'article XX, lit. f du GATT propose également une exception générale concernant « l'adoption ou l'application des mesures imposées pour la protection de trésors nationaux ayant une valeur artistique, historique ou archéologique ».

De plus, l'Accord de Florence de 1950 pour l'importation d'objets de caractère éducatif, scientifique ou culturel[122] et le Protocole de Nairobi de 1976 qui le complète ouvrent les frontières douanières aux biens culturels.[123] L'Accord de Florence dispose notamment que les droits de douane ne doivent pas être appliqués à l'importation de livres, d'œuvres d'art, aux objets de caractère éducatif, scientifique ou culturel, etc. (art. 1).

Les accords dits « mega regionals » et autres accords de libre-échange régissent certains aspects de la culture dans le commerce international. C'est le cas, par exemple, de l'Accord économique et commercial global entre l'Union européenne et le Canada (CETA/AECG).[124] Cet accord vise notamment à

---

[118] Ibid., p. 39.
[119] Ibid., p. 40.
[120] Ibid., p. 42.
[121] Commission préparatoire de la Conférence des Nations unies sur le commerce et l'emploi, *Accord général sur les tarifs douaniers et le commerce de 1994* (GATT) (adopté le 30.10.1947).
[122] Accord pour l'importation d'objets de caractère éducatif, scientifique ou culturel (adopté le 22.11.1950, entré en vigueur le 21.05.1952) 131 UNTS 25 (Accord de Florence).
[123] Cano Guiomar, Garzon et Poussin (n 116), p. 45.
[124] Commission européenne, Accord économique et commercial global (CETA/AECG) entre le Canada, d'une part, et l'Union européenne et ses États membres, d'autre part, Journal officiel de l'Union européenne, L 11/23 (adopté le 14.01.2017).

réduire les obstacles au commerce entre le Canada et l'UE. Dans son Chapitre 28, les exceptions donnent aux deux parties le droit d'exclure certains domaines de l'Accord (ou de certains chapitres), particulièrement pour « préserver l'identité culturelle ». L'article 28.9 est dédié spécifiquement aux exceptions applicables à la culture dans les dispositions relatives aux subventions, aux investissements, au commerce transfrontière des services et aux marchés publics.

Sur le continent américain, un accord similaire est le United States–Mexico–Canada Agreement (USMCA),[125] entré en vigueur en juillet 2020 et remplaçant le North America Free Trade Agreement (NAFTA). Les industries culturelles y sont présentées au Chapitre 32 sur les exceptions et les dispositions générales (art. 32.6). Y sont définies comme activités culturelles les publications, distributions et ventes de livres, magazines, journaux, films, enregistrements audio et vidéo et les radiocommunications visées pour le grand public. Ici, les services audiovisuels sont la partie de la culture qui est la plus protégée.

3.2.2. La culture dans le droit international des investissements

La question de la culture au sein du régime international des investissements n'est pas nouvelle. Déjà lors des négociations du projet avorté d'Accord multilatéral sur l'investissement (AMI),[126] de nombreuses controverses ont émaillé le secteur de la culture.[127] En effet, le projet prévoyait l'introduction d'une clause d'exception pour les industries à vocation culturelle,[128] notamment l'édition, la presse et l'audiovisuel.

Au début du second millénaire, l'Accord de partenariat entre les États membres de l'ACP (African, Caribbean and Pacific Group of States) et la Communauté européenne,[129] aussi connu sous le nom de Cotonou Agreement 2000, entre en force. Ce traité contient des provisions sur les investissements et aborde certains aspects culturels. Dès le début du préambule au troisième paragraphe, les États signataires « [assurent] leur détermination à apporter une contribution significative au développement ... culturel des États ACP et au bien-être de leur population ».

De plus, l'article 9, al. 4 évoque la nécessité de prendre en considération les contextes culturels de chaque pays. Ensuite, le deuxième paragraphe de l'article 24 consacré au tourisme dispose que « les programmes et projets de coopération

---

[125] Agreement between the United States of America, the United Mexican States, and Canada (adopté le 07.01.2020) (USMCA).
[126] Organisation de coopération et de développement économiques, Groupe de négociation de l'Accord multilatéral sur l'investissement (AMI), *Projet d'Accord multilatéral sur l'investissement*, DAFFE/MAI (98)7/REV1 (24.04.1998), non classifié (Projet AMI).
[127] CANO GUIOMAR, GARZON et POUSSIN (n 116), p. 48.
[128] Projet AMI (n 126), p. 136.
[129] Partnership agreement between the members of the African, Caribbean and Pacific Group of States of the one part, and the European Community and its Members States, of the other part, signed in Cotonou on 23.06.2000.

[soutiennent] les pays ACP … en particulier les petites et moyennes entreprises (PME), [dans le] soutien et la promotion des investissements … y compris le développement des cultures indigènes dans les pays ACP, et le renforcement des liens entre le tourisme et les autres secteurs d'activité économique ». Ici, la culture et les investissements sont en interaction. Enfin, le développement culturel est défini à l'article 27, intégrant notamment la dimension culturelle à tous les niveaux de coopération au développement (lit. a).

Aujourd'hui, la nouvelle génération d'accords d'investissement internationaux (AII) contient de plus en plus de dispositions en vue de la protection de la culture. Pour illustration, le Code panafricain des investissements[130] prévoit en son article 17, al. 2 l'introduction de prescription de résultants pour encourager les investissements et le contenu local. Plus précisément, l'article 17, al. 2, lit. d dispose que cela soit fait par « des mesures visant à réduire les disparités économiques affectant certains groupes ethniques ou culturels en raison de la discrimination ou de l'oppression de ces groupes avant l'adoption [de ce code] ».

L'article 20, al. 1, lit. b impose une obligation à la charge des investisseurs de respecter les valeurs socioculturelles. De même, l'article 25, al. 3 sur la propriété intellectuelle et le savoir traditionnel dispose que les États membres de l'Union africaine et les investisseurs doivent prendre en compte la « protection des systèmes de connaissance traditionnelle et les expressions culturelles ». Enfin, l'article 38, quant à lui, permet aux États membres « d'adopter des politiques sur la diversité culturelle et linguistique en vue de promouvoir les investissements ».

En 2017, l'Accord sur la Zone d'investissement commune du Marché commun de l'Afrique orientale et australe (COMESA)[131] est révisé. Cet accord reconnaît le droit des États membres du COMESA à réguler et introduire des mesures relatives aux investissements sur leur territoire et a pour but de guider ces États à atteindre une harmonisation des pratiques en matière d'investissement. Son article 27, similaire à l'article 20 du Code panafricain de l'investissement fait référence au devoir des investisseurs du COMESA de respecter les valeurs socioculturelles. Cet accord n'a pour l'instant été ratifié par aucun État.

En juillet 2018, le Code commun des investissements de la Communauté économique des États de l'Afrique de l'Ouest (CEDEAO) entre en vigueur.[132] Les dispositions légales et principes de ce Code commun régissent l'admission des investissements au sein de la CEDEAO.[133] Tout d'abord, l'article 9 lit. h oblige les

---

[130] Commission de l'Union africaine, Département des Affaires économiques, Projet Code panafricain de l'investissement EA15660-15 (décembre 2016).

[131] Common market for Eastern and Southern African, *Revised investment agreement for the COMESA Common Investment Area* (CCIA) (adopté le 23.05.2007).

[132] Communauté économique des États de l'Afrique de l'Ouest (CEDEAO), *Code commun des investissements de la CEDEAO* (ECOWIC) (adopté le 22.12.2018).

[133] ECOWAS trade information system (ECOTIS), *Politique commerciale, Code Commun et politique des Investissements de la CEDEAO*, https://ecotis.projects.ecowas.int/wp-content/uploads/2020/06/ECOWIC-JULY-2018-FINAL-FRENCH.pd.

États membres à prendre, de bonne foi, des mesures préservant et promouvant la diversité culturelle et linguistique.

S'ensuit le premier lien entre les investissements et la culture dans ce code commun à l'article 17, al. 1, lit. d, selon lequel les États membres ont la possibilité d'introduire des mesures de promotion des investissements domestiques et des contenus locaux, incluant les mesures visant à remédier aux disparités économiques fondées sur l'histoire dont souffrent les groupes ethniques ou culturels identifiables en raison de mesures discriminatoires ou oppressives prises à l'encontre de ces groupes avant l'adoption de ce code. Bien que ce ne soit pas une obligation, mais une possibilité, les groupes culturels et ethniques sont mis en valeur dans les engagements, relatifs aux investissements locaux, pris par les États membres.

Quant à l'utilisation, la recherche ou l'exploitation des connaissances traditionnelles ou le folklore dans un État membre,[134] l'article 49, al. 2, lit. b (iv) dispose que « les investisseurs s'engagent à protéger [lesdites] connaissances traditionnelles conformément aux normes juridiques internationales et aux meilleures pratiques généralement acceptées et à adhérer aux normes minimales [citées par la suite] ». Parmi ces normes, il y a notamment « la possibilité pour les communautés locales des États membres de retirer leur consentement à l'accès ou imposer des restrictions aux activités liées à l'accès lorsque ces activités sont susceptibles de porter atteinte à leur vie socio-économique ou à leur patrimoine naturel ou culturel » (lit. b (iv)). Enfin, l'article 32 al. 1 lit. b contraint les investisseurs sur le territoire de l'« Economic Community of West African States » (ECOWAS) d'adhérer au principe de respect des objectifs et valeurs socioculturels.

Un autre exemple d'accord international d'investissement choisi est le Partenariat transpacifique global et progressiste (PTPGP),[135] entré en vigueur pour les sept pays ratificateurs le 30 décembre 2018. Cet accord multilatéral de libre-échange contient des provisions traitant des investissements. Le paragraphe 16 du préambule mentionne « l'importance de l'identité et de la diversité culturelles » et précise que « le commerce et l'investissement peuvent multiplier les occasions d'enrichir l'identité et la diversité culturelle au pays et à l'étranger ».

En Europe, il est intéressant de relever qu'un des points (D1) de la Stratégie 21 du Conseil de l'Europe pour le patrimoine culturel en Europe au XXIe siècle[136]

---

[134] Ces deux notions sont définies à l'article 49, al. 2, lit. a du Code commun des investissements de la CEDEAO.

[135] Accord de partenariat transpacifique global et progressiste (PTPGP) (entré en vigueur le 30.12.2018).

[136] Conseil de l'Europe portail, Culture et Patrimoine culturel, *D1 – Promouvoir le patrimoine culturel comme ressource et faciliter les investissements financiers*, https://www.coe.int/fr/web/culture-and-heritage/strategy-21-d1.

concerne la promotion du patrimoine culturel comme ressource et la facilitation des investissements financiers. Une des pistes d'action est le « [soutien] des projets d'investissement dans le patrimoine culturel ».

3.3. LA CULTURE, INSTRUMENT ENVIRONNEMENTAL

Bien avant la naissance du droit international de l'environnement en 1972 lors de la Conférence des Nations unies sur l'environnement à Stockholm,[137] l'UNESCO avait déjà commencé à s'intéresser à l'environnement. En utilisant ses axes d'action principaux dans les domaines de l'éducation, de la science et de la culture, l'Organisation s'est adaptée et a pris un rôle très actif en matière de protection de l'environnement et contre le dérèglement climatique. Alors que ces sujets ne relevaient explicitement pas de son rôle principal,[138] elle s'est distinguée en la matière, notamment par la création d'instituts internationaux, la création et la participation à des programmes de recherche, et l'adoption de recommandations et de résolutions concernant l'environnement, le développement durable et le climat.

3.3.1. L'UNESCO et l'environnement

Le rôle pionnier de l'UNESCO dans le droit international de l'environnement tient son inspiration initiale chez son premier directeur général de 1946 à 1948, Julian Huxley, un zoologue britannique. L'environnement est pour lui une préoccupation personnelle, ce qui l'a conduit à contribuer à la création, par le soutien de l'UNESCO,[139] de « [l]'union internationale pour la conservation de la nature »[140] en 1948, marquant ainsi une direction de l'UNESCO vers une « préoccupation et une sensibilité conséquente à l'environnement ».[141] Dès les années 1940, des projets sont entamés aboutissant à la création d'instituts internationaux de recherche en environnement s'intéressant à la conservation de la nature[142] ; parmi ceux qui ont abouti figurent, par exemple, l'Institut égyptien

---

[137] Organisation des Nations unies, *Environnement et développement durable*, Conférence des Nations Unies sur l'environnement, du 5 au 16 juin 1972, Stockholm, https://www.un.org/fr/conferences/environment/stockholm1972.
[138] Constitution UNESCO (n 6), préambule, §§ 7–8.
[139] A.-K. WOEBSE, « L'Unesco et l'union internationale pour la protection de la nature. Une impossible transmission de valeurs ? » (2012/4) 152 *Relations internationales* 29–38.
[140] UICN, *Une brève histoire de l'UICN*, https://www.iucn.org/fr/une-breve-histoire-uicn.
[141] C. MAUREL, « L'UNESCO, un pionnier de l'écologie?, Une préoccupation globale pour l'environnement, 1945–1970 », (2013/1) 3 *Monde(s)*, pp. 171–192, p. 175.
[142] Ibid., pp. 174–175.

du désert au Caire en 1954[143] et la Fondation Charles Darwin pour les Galápagos, créée en 1959.[144]

Dans sa mission pour l'environnement, l'UNESCO a également publié des articles marquants dans *Le Courrier de l'UNESCO* et sa revue scientifique *Impact*, surtout à la fin des années 1960.[145] Des articles tels que « Notre planète, devient-elle inhabitable » en 1969,[146] ou le numéro spécial « S.O.S. environnement » en juillet 1971,[147] ont appuyé la pensée et la direction écologique que prend l'Organisation.

Du 4 au 13 septembre 1968, l'UNESCO organise la « Conférence intergouvernementale sur l'utilisation rationnelle de la conservation des ressources de la biosphère », connue sous le nom de « Conférence de la Biosphère », qui vise à réconcilier l'environnement et le développement.[148] Il s'agit de la première réunion scientifique mondiale à se focaliser sur les problématiques environnementales, à invoquer la nécessité de rationaliser l'utilisation des ressources planétaires et de l'environnement et à insister sur l'emploi d'approches interdisciplinaires pour y arriver.[149] Cette conférence est le premier forum intergouvernemental à discuter du « développement durable » avant même que ce concept ne soit adopté par la communauté internationale.[150]

Sur l'impulsion de cette conférence, l'UNESCO a publié les résolutions favorisant la promotion de la recherche sur l'écologie et la création d'un Programme scientifique intergouvernemental sur l'Homme et la Biosphère (MAB).[151] Ce dernier a pour objectif « [d']améliorer les moyens de subsistance des populations et de sauvegarder des écosystèmes naturels et gérés, promouvant ainsi des approches novatrices du développement économique qui sont socialement et culturellement adaptées et viables du point de vue environnemental ».[152]

---

[143] M. Batisse, *Du désert jusqu'à l'eau 1948–1974. La question de l'eau et l'Unesco : de la « Zone aride » à la « Décennie hydrologique »*, Les Cahiers d'Histoire 4, Association des anciens fonctionnaires de l'Unesco (AAFU), 2005, p. 58.

[144] « L'UNESCO et la Fondation Darwin » (1982) XXXV(5) *Le Courrier de l'UNESCO : une fenêtre ouverte sur le monde* 28, https://unesdoc.unesco.org/ark:/48223/pf0000048986_fre ; Maurel (n 141), p. 176.

[145] Maurel (n 141), p. 177.

[146] M. Batisse, « Notre planète, devient-elle inhabitable ? » (1969) XXII(1) *Le Courrier de l'UNESCO : une fenêtre ouverte sur le monde* 4–5, https://unesdoc.unesco.org/ark:/48223/pf0000188408_fre.

[147] « Message à 3 milliards et demi de terriens, "S.O.S. Environnement" » (1971), *Le Courrier de l'UNESCO*, https://unesdoc.unesco.org/ark:/48223/pf0000078269_fre.

[148] Institut des sciences de l'environnement, Université de Genève, *Information sur le développement durable, 1968 Conférence internationale sur l'usage et la conservation de la biosphère (Paris)*, 26.01.2012, mis à jour 23.03.2014, https://ise.unige.ch/isdd/spip.php?article39.

[149] UNESCO, *The Biosphere Conference 25 years later*, 1993, pp. 4 et 26.

[150] Ibid., p. 4.

[151] Conférence générale de l'Organisation des Nations unies pour l'éducation, la science et la culture, Res 16C/2.312, Res 16C/2.313, Vol. I, 1970.

[152] UNESCO, *Programme sur l'Homme et la biosphère (MAB)*, https://fr.unesco.org/mab.

Il est également important de noter le travail considérable entrepris par l'UNESCO depuis 1950 en océanographie. La création de la Commission océanographique intergouvernementale de l'UNESCO (COI-UNESCO) en 1960 a propulsé le déploiement de connaissances sur la nature et les ressources de l'océan en faveur du développement durable, de la protection de l'environnement marin et de la lutte contre les changements environnementaux.[153] Cela se fait notamment à travers l'établissement en 1973 du « Groupe inter-institutions d'experts chargés d'étudier les aspects scientifiques de la pollution des mers ».[154]

En 1972, l'UNESCO a fait preuve d'une participation active lors de la Conférence des Nations unies sur l'environnement humain à Stockholm (Conférence de Stockholm de 1972). En effet, l'Organisation avait lancé l'idée d'une Déclaration universelle sur la protection et la préservation du milieu humain qui a dirigé l'adoption d'une déclaration de principes sur l'environnement humain lors de la Conférence.[155]

À la suite de la Conférence des Nations unies sur l'environnement et le développement à Rio, le Sommet Planète Terre de 1992, l'UNESCO s'est vue chargée de mettre en œuvre les Chapitres 35 et 36 de l'Agenda 21, concernant la science au service du développement durable, respectivement, la promotion de l'éducation, la sensibilisation du public et la formation à travers l'élaboration de matériels pédagogiques en matière d'éducation et de développement durable.[156] Depuis, les actions de l'UNESCO en faveur du développement durable et de ses objectifs ne cessent de croître. En 2001, la notion de développement durable apparaît implicitement lorsque la Déclaration universelle sur la diversité culturelle[157] énonce le rôle de la diversité culturelle comme facteur de développement à part entière, des points de vue tant économique qu'intellectuel, affectif, moral et spirituel (art. 3). Lors du Sommet de Johannesburg sur le développement durable de 2002, l'UNESCO a confirmé son engagement en faveur de l'Agenda 21 et s'est impliquée dans plusieurs partenariats, notamment avec l'Organisation des Nations unies pour l'alimentation et l'agriculture (FAO).[158]

Huit résolutions sont adoptées par l'UNESCO en lien avec la culture et le développement durable de 2010 à 2017.[159] En novembre 2015, une « Politique sur

---

[153] UNESCO, *Une planète, un océan*, https://fr.unesco.org/themes/planète-océan.
[154] MAUREL (n 141), p. 177.
[155] G. HANDL, *Environnement : Les déclaration de Stockholm (1972) et de Rio (1992)*, United Nations Audiovisual Library of International Law, United Nations, 2013, https://legal.un.org/avl/pdf/ha/dunche/dunche_f.pdf, p. 2.
[156] UNESCO, *L'UNESCO et le développement durable*, 2005, https://unesdoc.unesco.org/ark:/48223/pf0000139369_fre, p. 3.
[157] Déclaration universelle de l'UNESCO sur la diversité culturelle (n 1).
[158] *L'UNESCO et le développement durable* (n 156), p. 4.
[159] United Nations Resolutions, *Culture & Sustainable Development*, http://www.unesco.org/culture/culture-for-sustainable-urban-development/UN-Resolutions-on-CLT-Sustainable-Development.pdf.

l'intégration de la dimension du développement durable dans les processus de la Convention du patrimoine mondial », ayant pour but « d'exploiter le potentiel des biens du patrimoine mondial … pour contribuer au développement durable et donc augmenter l'efficacité et la pertinence de la Convention tout en respectant son objet premier et son mandat de protéger la valeur universelle exceptionnelle des biens du patrimoine mondial », est adoptée par la 20e Assemblée générale des États parties à la Convention du patrimoine mondial.[160] Plus récemment, le 18 mars 2021, l'UNESCO s'est jointe à l'appel des Nations unies pour la reconnaissance du droit à un environnement sûr, propre, sain et durable, qu'elle considère « lié à tous ses domaines d'action, notamment à travers les principes éthiques du changement climatique, l'éducation au développement durable, les questions liées à la santé des océans ainsi que les [autres] projets spécifiques ».[161]

3.3.2. L'UNESCO et les changements climatiques

L'UNESCO porte une attention particulière sur le rôle principal des changements climatiques dans la dégradation de la biodiversité et ses impacts exponentiels sur les moyens de subsistance des hommes. Parmi ses actions, plus de 30 programmes de l'UNESCO visent le changement climatique en favorisant l'apport de connaissances, l'éducation et la communication sur le réchauffement climatique et les implications que cela aura pour les générations présentes et futures.[162] Ce chapitre se centrera sur les initiatives de l'UNESCO en faveur du climat liées à la culture, et plus précisément au patrimoine mondial et à la prise en considération des peuples autochtones.

Tout d'abord, des sites du patrimoine mondial de l'UNESCO ont été désignés par l'Organisation, au même titre que des réserves de biosphère et des géoparcs mondiaux, comme des observatoires des effets du changement climatique et des lieux de mise en application des mesures d'atténuation et d'adaptation à ces effets.[163] Les conséquences du réchauffement planétaire nuisant grandement à la diversité culturelle, à la biodiversité et au patrimoine naturel et culturel mondial, ces sites désignés ont un rôle fondamental de sensibilisation et de témoin à jouer dans la lutte contre le dérèglement climatique.

En 2005, en réponse à l'intervention d'un groupe d'organisations non gouvernementales et de particuliers pointant au Comité du patrimoine mondial

---

[160] UNESCO, *La culture pour le développement durable*, https://fr.unesco.org/themes/culture-développement-durable.
[161] UNESCO, *L'UNESCO se joint à l'appel de l'ONU pour la reconnaissance internationale du droit à un environnement sain*, Actualités, 18.03.2021, https://www.unesco.org/fr/articles/lunesco-se-joint-lappel-de-lonu-pour-la-reconnaissance-internationale-du-droit-un.
[162] UNESCO, *Faire face au changement climatique*, https://fr.unesco.org/themes/faire-face-au-changement-climatique.
[163] UNESCO, *Sites désignés par l'UNESCO : un observatoire sur le changement climatique*, https://fr.unesco.org/themes/faire-face-au-changement-climatique/sites-unesco.

la question des impacts du changement climatique sur le patrimoine mondial, l'UNESCO a accéléré les initiatives œuvrant à étudier et à définir des stratégies pour répondre à cette question.[164]

Cela s'est fait par la préparation d'un rapport intitulé « Prévision et gestion des effets du changement climatique sur le patrimoine mondial » en 2006.[165] Le premier, après avoir présenté les effets du changement climatique sur le patrimoine mondial, culturel et naturel et ses implications pour la Convention du patrimoine mondial de 1972, présente les actions à entreprendre au niveau du changement climatique et du patrimoine mondial. La nécessité pour le Comité du patrimoine mondial de travailler en étroite collaboration avec, notamment, la Convention-cadre des Nations unies sur les changements climatiques (CCNUCC) et le Protocole de Kyoto[166] est incluse parmi ces mesures. L'article 2 de la CCNUCC établissant l'objectif de « stabilisation des concentrations de gaz à effet de serre dans l'atmosphère à un niveau qui empêche toute perturbation anthropique dangereuse du système climatique » y est rappelé.[167] Dans le document de « Stratégie pour aider les États parties à la Convention à mettre en œuvre des réactions de gestion adaptées » qui suit le rapport ci-dessus,[168] des actions préventives et correctives à adopter pour contrer les effets du réchauffement climatique sont examinées, et un accent est mis sur l'importance du partage des connaissances, la coopération et la collaboration avec d'autres conventions, instruments et institutions dans cette lutte collective.[169]

Enfin, en 2007, un « Document d'orientation sur les impacts du changement climatique sur les biens du patrimoine mondial » est adopté par les États parties à la Convention du patrimoine mondial.[170] Celui-ci rappelle notamment les articles 4–6 de la Convention relatifs aux principes fondamentaux dirigeant cette convention et la protection du patrimoine mondial.[171] L'article 6 rappelle notamment la nécessité d'agir en coopération au sein de la communauté internationale. Il est également expliqué que, bien que l'article 11 énumérant les

---

[164] UNESCO, Convention du patrimoine mondial, *Changement climatique et patrimoine mondial*, https://whc.unesco.org/fr/changementclimatique/.

[165] UNESCO, Convention du patrimoine mondial, *Changement climatique et patrimoine mondial, Rapport sur la prévision et la gestion des effets du changement climatique sur le patrimoine mondial*, Cahiers n° 22, mai 2007, https://whc.unesco.org/fr/series/22/, pp. 19–41.

[166] Ibid., p. 29.

[167] Ibid.

[168] UNESCO, Convention du patrimoine mondial, *Changement climatique et patrimoine mondial, Stratégie pour aider les États parties à mettre en oeuvre des réactions de gestion adaptées*, Cahiers n° 22, mai 2007, https://whc.unesco.org/fr/series/22/, pp. 43–46.

[169] Ibid., pp. 44–45.

[170] UNESCO, Convention du patrimoine mondial, Comité du patrimoine mondial, *Élaboration d'un document d'orientation sur les effets du changement climatique sur le patrimoine mondial* (2006), https://whc.unesco.org/fr/CC-document-orientation/ (adopté en juillet 2006).

[171] Ibid., pp. 6–7.

« dangers sérieux et spécifiques » ne mentionne pas explicitement le changement climatique, le langage de l'article est suffisamment clair et large pour inclure les effets de cette menace.[172] Le Comité du patrimoine mondial prend, en outre, en considération le principe de précaution, défini par l'article 3 de la CCNUCC, dans les décisions prises concernant la protection de l'authenticité et de l'intégrité des sites du patrimoine mondial face aux effets du changement climatique sur les sites du patrimoine mondial.[173] L'Annexe 1 présente les priorités dans les recherches spécifiques relatives au patrimoine culturel et naturel et la compréhension des impacts que le changement climatique cause sur ces sites.[174] L'Annexe 2, quant à elle, avance la nécessité de modifier les critères d'inscription à la Liste du patrimoine mondial en prenant en compte la vulnérabilité aux menaces du changement climatique sur ces patrimoines.

Plus récemment, en 2014, l'UNESCO a publié un guide pratique sur « l'Adaptation des sites du patrimoine mondial face au changement climatique ».[175] Son objectif est d'assister les responsables de la gestion des sites du patrimoine mondial à faire face aux effets probables du changement climatique sur leurs sites en leur offrant, par exemple, des idées pour identifier et sélectionner les options pour répondre et s'adapter au changement climatique. De plus, l'objectif est également de fournir des conseils pratiques sur la manière d'évaluer le risque pour la valeur universelle exceptionnelle du site.[176]

De surcroît, l'UNESCO tient compte des savoirs des peuples autochtones et des communautés locales pour entreprendre des actions efficaces en matière de lutte contre le réchauffement climatique.[177] En effet, les peuples autochtones représentent 350 millions de personnes et subissent les changements climatiques en première ligne, du fait de leurs habitats situés dans des environnements à risque.[178] Le Programme de l'UNESCO sur les Systèmes de savoirs locaux et autochtones (LINKS) permet de favoriser les connaissances autochtones, indispensables à la compréhension des variabilités environnementales à l'adaptation à ces situations.[179] Le Programme favorise la « collaboration transdisciplinaire avec les scientifiques et les décideurs » et met en avant le lien fondamental entre la culture et la lutte contre le changement climatique.

---

[172] Ibid., p. 7.
[173] Ibid., pp. 8–9.
[174] Ibid., pp. 10–11.
[175] UNESCO, Convention du patrimoine mondial, *L'UNESCO publie un guide pratique sur l'adaptation des sites du patrimoine mondial face au changement climatique*, Actualités, 21.05.2014, https://whc.unesco.org/fr/actualites/1128.
[176] Ibid., p. 10.
[177] UNESCO, Peuples autochtones, *Développement durable et changement environnemental*, https://fr.unesco.org/indigenous-peoples/sustainable-development.
[178] UNESCO, LINKS Systèmes de savoirs locaux et autochtones, *Savoirs autochtones et changement climatique*, https://fr.unesco.org/links/climatechange.
[179] Ibid.

En 2017, la Conférence générale de l'UNESCO a adopté une nouvelle Stratégie pour faire face au dérèglement climatique. Celle-ci a pour objectif d'accompagner les États membres à s'adapter au réchauffement planétaire et à atténuer ses effets dans la période 2018–2021, en conformité avec les contributions déterminées au niveau national communiquées par les États parties à l'Accord de Paris de 2015.[180] En 2021, le Service d'évaluation et d'audit de l'UNESCO a effectué une évaluation de cette stratégie, mesurant la pertinence et l'efficacité de celle-ci, les obstacles au succès et définissant la capacité de l'UNESCO à aider les États membres en matière de changement climatique.[181] Il a été relevé qu'en 2020, l'UNESCO a atteint la neutralité carbone.[182]

4. CONCLUSION

La culture est un élément fondamental du système juridique international. Elle est à l'origine d'une des institutions spécialisées les plus importantes du système onusien, à savoir l'UNESCO ; elle est également au centre de nombreux actes normatifs internationaux régissant la culture, les droits culturels et tout ce que cela engendre. Au niveau universel, la culture et les droits qui en découlent font partie intégrante des principes fondamentaux du droit international. Du droit mou aux instruments contraignants, la culture trouve sa place et joue un rôle dans le renforcement de la coopération entre les nations. Au niveau régional, la culture s'illustre dans les instruments normatifs de manière spécifique et répond aux besoins et à l'histoire de chaque région, notamment à la suite d'épisodes destructeurs tels que la colonisation. C'est en cela que la culture est un système à elle seule.

De façon plus large, le système juridique international intègre bel et bien la culture sous différentes formes dans de nombreux domaines. Si la culture, sous la forme des patrimoines culturels et des édifices culturels historiques, est protégée dans le droit des conflits armés et dans le droit international de l'environnement et du changement climatique, ce sont les aspects de l'audiovisuel, de la presse et de la cinématographie qui sont plus protégés dans le droit international économique. Parfois, la protection se fait soit par le truchement d'une disposition claire et précise soit par le biais d'une exception culturelle. En outre, la culture, en tant que patrimoine mondial ou savoirs autochtones, a un rôle fondamental à jouer dans la lutte contre le réchauffement climatique. Le rôle que prend le système de l'UNESCO face à ce défi universel est indéniable, voire avant-gardiste par moments ; qu'il s'agisse d'entreprises spécifiques à l'Organisation,

---

[180] UNESCO, 39e Conférence générale, *Stratégie de l'UNESCO pour faire face au changement climatique*, 39 C/46 [2007], https://unesdoc.unesco.org/ark:/48223/pf0000259255_fre.
[181] Ibid.
[182] Ibid., p. 3.

de mouvements de coopération et de collaboration avec d'autres institutions et États, ou de contributions et publications ayant influencé, de très près ou de loin, la création et l'évolution du droit international de l'environnement et du changement climatique. En somme, cette diversité de formes de la culture permet des interactions véritables entre le droit international de la culture et le reste du droit international public.

La culture sous ses multitudes visages est créatrice de liens entre les différents domaines du droit international. Elle est vectrice d'unité pour l'ordre juridique international et contribue au renforcement de la coopération entre les États, et au respect de valeurs communes à l'humanité. C'est donc une force fédératrice pour l'ensemble du système juridique international.

THE TWO FACES OF COLLECTORS, RECONCILED BY COMMON SENSE

James A.R. Nafziger*

Most if not all of us would agree that collectors and collections are a root source of a range of problems that persistently challenge cultural heritage management. In response to these problems, workable laws and ethical commitments are essential. But let us recall the conclusion of a distinguished Mexican archaeologist, the late Jaime Litvak King. After serving as director of the Instituto de Investigaciones Antropológicas at UNAM and while serving as the head of the anthropology department of the Universidad de las Américas in Cholula, he observed that fruitful discussion about the fundamental role of collectors and collections is, as he put it, 'not really about laws. Not even about ethics. It is really about common sense'.[1] He was of course highlighting the need to figure out how best to activate the rules of law and principles of ethics creatively and pragmatically. First and foremost, we need to understand the critical, multiple roles of collectors and collections in cultural heritage management. We can then ask how this understanding informs our choices of best practices to protect heritage. I will explore those two questions today, leaving it to others to discuss issues of returning and restituting cultural material from collections in one country to countries of origin.

The history of collecting can be traced back to at least the Ancient Greeks. And like the comedies and tragedies they loved, collecting has two faces. Let's begin with the smiling one before turning to the sad one.

Collecting art and archaeological material has truly been 'one of the central axes on which art history is based'.[2] Moreover, at its peak during the era of colonization, the imperialistic grabbing of cultural artifacts and monumental

---

* These remarks were presented at the conference 'Cultura y Derecho' in Mexico City, April 21, 2022. The author thanks the Mexican Center on Uniform Laws, the International Academy of Comparative Law, and especially Jorge Sánchez Cordero for giving the author this opportunity.

[1] JAIME LITVAK KING, *Cultural Property and National Sovereignty*, in The Ethics of Collecting Cultural Property: Whose Culture? Whose Property? 207 (Phyllis Mauch Messenger ed. 1989) (hereinafter The Ethics of Collecting).

[2] ELINA MOUSTAIRA, Art Collections, Private and Public: A Comparative Legal Study 1 (2015).

sculpture, which is so much in both the background and the forefront of international claims for repatriation of cultural material today, ironically fostered the scientific discipline of archaeology.[3] More broadly, Jaime Litvak wrote that 'the contribution of collectors to knowledge and to the safekeeping of pieces that are witnesses to the intellectual achievements of humankind is well known and well recognized'.[4] In the words of another leading archaeologist of pre-Columbian heritage, '[t]he assembled legacy of a serious collector becomes the grist of future scholars'.[5] Indeed, collectors themselves are often scholars. A leading example of the collector-scholar was the Mexican artist and expert on Olmec civilization, Miguel Covarrubias.

Artifact collectors sometimes assist professional archaeologists. The relationship can even be symbiotic. Archaeologists attest that collectors can sometimes be their eyes and ears, discovering artifacts along eroding riverbanks year-round and thereby enhancing knowledge whenever they, or at least the best of them, carefully record the contexts and coordinates of their discoveries. 'In return, the archaeologists help the collectors identify and record what they find'.[6]

Collecting may also inspire cultural masterpieces.[7] For example, Frank Lloyd Wright, the renowned architect, was an avid collector of *ukiyo-e* (or so-called 'floating world') prints from 19th-century Japan. He acknowledged that collecting the prints, which numbered around 5,000 in his collection, might have been an obsession. They unquestionably inspired his architecture, and his occasional sale of some prints helped subsidize his architectural work, although he had to reclaim several of them and repay purchasers when it became apparent that the prints had been retouched prior to his sale of them. Eventually, he forfeited the bulk of his inspirational collection to a bank for failure to repay collateral on a loan. Another example from the United States of beneficial collecting involved the paintings of the Belgian surrealist René Magritte that were collected by Jasper Johns, Robert Rauschenberg, and Andy Warhol. The paintings, which featured the kind of commonplace objects that often embellished Magritte's work, thereby inspired the American artists.[8]

The renowned artist Diego Rivera drew inspiration for his famous murals from his massive personal collection of at least 40,000 pre-Columbian objects, which he donated to the Anahuacalli Museum. Rivera's collection had a direct and profound effect not only on his own art but also indirectly on Mexican

---

[3] CRAIG FORREST, International Law and the Protection of Cultural Heritage 132 (2010).
[4] LITVAK KING, *supra* note 1, at 200.
[5] See GILLETT G. GRIFFIN, *Collecting Pre-Columbian Art*, in The Ethics of Collecting, *supra* note 1, at 103, 105.
[6] CYNTHIA BARNES, *Saving a Stone Age Site*, NAT'L GEOGRAPHIC, Oct. 2005, at 92.
[7] The following examples are drawn from JAMES A.R. NAFZIGER, ROBERT KIRKWOOD PATERSON & ALISON DUNDES RENTELN, Cultural Law 219–20 (2010).
[8] See DEBORAH SOLOMON, *The Well-Mannered Surrealist*, N.Y. TIMES, Dec. 5, 2021, at 15.

society as a whole because of his extraordinary influence in using mural art to inspire Mexican national identity and solidarity. Rivera's influence abroad was also profound. His full-room masterpiece in the Detroit Institute of Arts on industry and its role in society, as well as provocative murals elsewhere in the United States, inspired Thomas Hart Benton, Ben Shahn, and other leading artists in the United States during the period between the two World Wars.[9]

Of course, a critical question is whether such social purposes and achievements justify substantial collecting given its potential for encouraging the looting and commercialization of cultural material. This concern has led to a proposal to adopt a 'new value' of promoting a stream of creative expression over time by ensuring greater access of artists to the already collected work of their predecessors, thereby encouraging a constructive, open movement of cultural material rather than the marketing of newly looted cultural material.[10]

Four hundred years before Rivera, Hernán Cortés introduced Europe to pre-Columbian art, and Aztec utilitarian goods inspired the great Albrecht Dürer during a visit he made to Antwerp where they were displayed. In fact, virtually all of the major European capitals gained access to Mexican feathered textiles, wooden objects, as well as Mexican jade and obsidian objects.[11] This mixture of imperialistic looting and cosmopolitan benefits helps shift our focus from the sunny side of collecting to the dark side – the tragic face – of collecting.

In the famous *Goldberg* case decided by the Seventh Circuit Court of Appeals in the United States,[12] the Autocephalous Greek-Orthodox Church of Cyprus sued a rather naïve art dealer from Indiana, Peg Goldberg, for the restitution to the Church as the successor-in-interest of a large, early medieval mosaic that had been stolen from a church at Kanakaria in northern Cyprus. Goldberg had traveled to Europe in search of Modigliani paintings. Instead, she was sucked into the underworld of the European art market that catered to inexperienced dealers and collectors. She quickly arranged for a large loan from an Indiana bank and purchased the looted mosaics. In the legal action that followed, the federal district court awarded possession of the mosaics to the plaintiff Church. The Seventh Circuit Court of Appeals upheld the decision, confirming that the requirements for federal jurisdiction had been satisfied; that the law of Indiana, the defendant's domicile and place of final performance, applied, and by happy

---

[9] See LINDA DOWNS, Diego Rivera: The Detroit Industry Murals (1999); BETTY ANN BROWN, *The Past Idealized: Diego Rivera's Use of Pre-Columbian Imagery*, in Diego Rivera: A Retrospective (1986).

[10] See STEPHEN K. URICE, *The Beautiful One Has Come – To Stay*, in Imperialism, Art, and Restitution 135, 156 (JOHN HENRY MERRYMAN ed. 2006).

[11] GRIFFIN, *supra* note 5, at 104.

[12] See Autocephalous Greek-Orthodox Church of Cyprus v. Goldberg, 917 F.2d 278 (7th Cir. 1990). A superb account of the *Goldberg* saga appears in DAN HOFSTEDTER, *Annals of the Antiquities Trade, The Angel on Her Shoulder*, NEW YORKER, July 13, 1992, at 36, July 20, 1992, at 38.

coincidence under the circumstances, so did the law of Switzerland, the country in whose free port of Geneva the mosaics were transferred to the defendant. The court also decided that the action was timely; that the plaintiff was entitled to the possession of the mosaics; and that Turkey's decrees purporting to confiscate property in northern Cyprus after its occupation there did not divest the Church, based in Nicosia, of its claim of title.

Chief Judge Bauer began his opinion for the federal appeals court by quoting from *The Siege of Corinth*, in which Lord Byron lamented the capacity of war to reduce even the grandest and most sacred temples to mere 'fragments of stone' for avaricious collectors. He concluded his opinion by observing that

> [o]nly the lowest of scoundrels attempt to reap personal gain from this collective loss. Those who plundered the churches and monuments of war-torn Cyprus, hoarded their relics away, and are now smuggling and selling them for large sums, are just such blackguards. The Republic of Cyprus, with diligent effort and the help of friends ... has been able to locate several of these stolen antiquities; items of vast cultural, religious [and monetary] value. Among such finds are the pieces of the Kanakaria mosaic at issue in this case.[13]

It is significant that the court clearly viewed its role not only to rectify wrongful activity but to deter 'the lowest of scoundrels' and 'blackguards', all of them notorious in the European underworld of art, from any further looting, thereby protecting cultural heritage.

Although the *Goldberg* case and many *Goldberg* variations, so to speak, have arisen out of black-market transactions in art and artifacts, the distinction between black markets and lawful markets is questionable. A leading U.S. archaeologist, Ricardo Elia, has argued that looting constitutes an economic system of its own based on the supply and demand for cultural material that collectors and the general public generate. As he has written:

> The primary cause of looting is collecting. Collectors, both private and institutional (i.e. museums), acquire archaeological objects for their artistic, aesthetic, and investment values. These values may be appreciated without regard for contextual information required by archaeologists, who are concerned primarily with the scientific and historical information potential of the objects. The collectors, especially at the high end of the market, are often wealthy individuals and prominent figures in society; it is they who create the initial demand for antiquities. Collectors purchase antiquities from dealers, who finance and operate a network of runners, couriers, and smugglers; these agents of the dealers, in turn pay the looters who furnish the supply of antiquities through their clandestine digging at archaeological sites.[14]

---

[13] Ibid., at 279, 293.
[14] RICARDO J. ELIA, *Looting, Collecting, and the Destruction of Archaeological Resources*, 6 Nonrenewable Resources, no. 2, at 85 (1997).

That is how the clandestine economic system works. Thus, Ricardo Elia has argued that the antiquities market operates as a 'double market' that combines elements of a legal market with a black market. Within an industry of art and artifact exchange that generates an estimated $50 billion annually, looting and collecting go hand in hand. Elia has described this cozy relationship as follows:

> Many aspects of the system are illegal or carried out in secret, especially in the countries of origin, where objects are illegally looted from sites and often smuggled across national borders. Once material enters the market, business transactions between looters and dealers' agents, dealers and collectors, and collectors and museums are protected by a tradition of secrecy and nondisclosure. Generally, however, once a looted object enters the commerce of art-acquiring countries – especially nations like the United States, the United Kingdom, Germany, and Japan – the antiquities market is not only legal and protected by national laws and policies that favor purchasers and possessors, but also a status-producing arena for collectors who can afford to purchase, display, and donate valuable antiquities.[15]

Wealthy and powerful collectors, resembling a sort of cultural mafia, encourage this corrupt system by rewarding or even hiring looters and selling their acquisitions on the international market. Arguably, however, the status and transfer of significant cultural material should be governed by a rule of *res extra commercium*, that is, that some 'things' should not appear on the commercial market at all.

Of course, we shouldn't forget the smiling face of collectors that expresses their substantial contributions to our understanding of and appreciation of human achievements and ultimately the human condition, especially when the public gains access to private collections. Museums open to the public as citadels of education, enlightenment, and entertainment owe their existence to collectors. That is the smiling face once again. But, sadly, the legacy of conquest, colonization and commerce[16] is all too accurately expressed by the tragic face of collectors as well. Whether they are innocent individuals, money launderers, tax dodgers, enlightened corporations, museums or other institutions, they all too often incentivize looting, destruction, and decontextualization of heritage.

In response to these threats, national and regional laws and regulations, as well as bilateral and multilateral international agreements, particularly within the frameworks of the World Trade Organization, UNESCO, and UNIDROIT, are essential. We shouldn't forget, incidentally, the fundamental role that Mexico played in the initiation, drafting, approval, and ultimate achievements of the 1970 UNESCO Convention on the Means of Prohibiting and Preventing the Illicit Import, Export, and Transfer of Ownership of Cultural

---

[15] Ibid.
[16] *See generally* JAMES A.R. NAFZIGER & ANN M. NICGORSKI, Cultural Heritage Issues: The Legacy of Conquest, Colonization, and Commerce (2009).

Property.[17] Without Mexico's leadership, there would have been no 1970 Convention, at least at that time. In addition to such hard-law instruments, ethical codes such as those of the International Council of Museums (ICOM), the American Alliance of Museums, individual museums, and other institutions offer substantial soft-law support.

All of these measures, whether of hard law or soft law, do not focus so much on acquisition and possession of cultural material by private collectors as they do on collecting by museums and other institutions, as well as on the obligations of governments to promote best practices. It is interesting, however, that a rare code of ethics directed toward the actions of individual collectors was the adoption in February 2022, at the ARCO Madrid art fair, of a 'Code of Conduct for Collectors'.[18] Although it is limited to transactions in contemporary art between collectors and dealers, this new instrument may offer a template for broader codes of conduct governing the actions of collectors.

Taken together, how effective is all this authority? The instruments themselves help answer that question insofar as they offer a language for constructive and forceful discourse about protecting cultural heritage as well as mechanisms for doing so. They are without question better than nothing. For example, ICOM's ever-evolving code of ethics has provided as follows:

> Every effort must be made before acquisition to ensure that any object or specimen offered for purchase, gift, loan, bequest, or exchange has not been illegally obtained in or exported from, its country of origin or any intermediate country in which it might have been owned legally (including the museum's own country). Due diligence in this regard should establish the full history of the item from discovery or production.[19]

On the other hand, exceptions to such efforts may limit the efficacy of the instruments. Thus, the guidelines of the American Alliance of Museums, which inspired the standards adopted by the Association of Art Museum Directors, recognize

> that there are cases in which it may be in the public's interest for a museum to acquire an object, thus bringing it into the public domain, when there is substantial but not full documentation that the provenance meets the conditions outlined above. If a museum accepts material in such cases, it should be transparent about why this is an appropriate decision in alignment with the institution's collections policy and applicable ethical codes.[20]

---

[17] *See La Convención de la UNESCO de 1970: Sus nuevos desafíos* 213–216 (JORGE A. SÁNCHEZ CORDERO ed. 2014).
[18] *See* TESSA SOLOMON, *A New Code for Ethical Collecting Calls on the Art Market to Do Better by Transparently Working with Dealers*, March 1, 2022, ARTnews.com.
[19] International Council of Museums, Code of Ethics §2.3 (2022).
[20] American Alliance of Museums, Standards Regarding Archaeological Material and Ancient Art (2022).

Turning from the soft law of ethical codes to hard law, international agreements to protect cultural heritage unfortunately include escape clauses, such as that in the 1970 UNESCO Convention that enables a State Party to limit its obligations to what is 'consistent with national legislation'[21] in preventing its museums and similar institutions from acquiring illegally exported material. The non-retroactivity of the UNESCO Convention and other international instruments has also limited the effectiveness of the legal regime.

Overall, it is very hard to determine how effective the legal regime has been in confronting the sad face of collectors. Conclusions remain anecdotal or statistically narrow, such as knowing the mere number, but not the success rate of interdictions of looted material by customs officials at ports of entry. On the plus side, training of law enforcers continues to improve, institutional and government practices are increasingly transparent, and potential breaches of the pertinent laws and codes are gradually becoming more inhibited by principles of comity and reciprocity. And we finally have come to understand how important it is to engage indigenous and other cultural source communities in the governance of heritage. The impressive project of the International Law Association to that effect, directed by Andrzej Jakubowski and Lucas Lixinski, is a leading example of this promising trend in cultural heritage management.

Still, speaking of the ethical codes, it has been observed that:

> [M]useums ... have much latitude in acquiring an object without full provenance, provided it is not to be illegal and if there is a strong enough case for its importance ... Now, the stakes are effectively higher, which might encourage a different, and perhaps even more dangerous, kind of trafficking via new networks that will establish false provenances for looted objects. Even in this era of stricter standards, museums continue to buy objects from the same dealers, albeit with a stricter eyes towards provenance ... The new ethical standards are therefore not enough to stop the illicit trade in antiquities and absolve museums of their secondary guilt in that trade.[22]

How can we do better? Let us turn again to Jaime Litvak, the Mexican advocate of common sense in taking measures to protect heritage. In his words, 'a new way of dealing with collecting has to be developed. Collectors are not necessarily destructive, snobbish, tax-haven seeking boors ... Many, perhaps the majority, are well-meaning, cultural, involved, caring individuals'.[23] So, he asks, why not coopt them to work with trained archaeologists, art historians, paleochemists,

---

[21] Art. 7, UNESCO Convention on the Means of Prohibiting and Preventing the Illegal Import, Export, and Transfer of Ownership of Cultural Property (Nov. 14, 1970), 823 U.N.T.S. 231.
[22] HOLLY FLORA, *The Quest for the Masterpiece: Traditional Practices of Collecting in American Museums*, in FRANCESCO FRANCIONI & JAMES GORDLEY, Enforcing International Cultural Heritage Law 228 (2013).
[23] LITVAK KING, *supra* note 1, at 207.

and so on, toward a common purpose of protecting, contextualizing, sharing, and caring of cultural heritage? After all, collectors can be crucial custodians of heritage. Professional associations could help establish such cooperation.

We should also promote public access to private collections and public acquisition of them without stimulating any further looting. For example, we need to strike better balances under national tax laws to encourage donations of cultural material to museums and other institutions without incentivizing the plunder of undiscovered heritage – in other words, allowing tax deductions of donations but not too much. Common sense is all about working together, about collaboration for the public good.

Common sense surely supports the trend today of long-term loans of material by countries of origin to museums and other institutions in other countries so as to share national patrimonies and thereby enlighten the global public. Also, shorter-term loans can replace the controversial practice of *partage*, by which ownership has been shared between host countries and foreign excavators of archaeological material.[24] Why not simply grant ownership to countries of origin but require them to display significant material and, on a rotating, shorter-term basis, consecutively loan portions of the finds to foreign institutions?[25] Rigid legal claims should not stand in the way of partnerships and the resulting benefits of cultural diffusion based on a best practice of sharing important cultural material. In the end, '[t]he biggest obstacle to implementing this kind of archaeological cooperation is … not practical but ideological.'[26]

It seems reasonable to conclude that the content and structure of cultural heritage law and ethics and the techniques of cultural management are generally well developed today. We've come a long ways in the 60 years since Mexico and Peru proposed what 10 years later became the 1970 UNESCO Convention against illegal trafficking. What is sorely needed, however, are imaginative and practical approaches to implementing this regime so as to educate, encourage, and engage responsible collecting in the public interest. It is a matter of common sense.

---

[24]   See JAMES CUNO, Who Owns Antiquity? Museums and the Battle over Our Ancient Heritage xxxii (2008).
[25]   See BERNARD FRISCHER, *Museums Should Dig In*, N.Y. TIMES, Dec. 22, 2010.
[26]   FLORA, *supra* note 22, at 239.

CHANGEMENT CLIMATIQUE ET CULTURE

Diego Prieto Hernández*

Comme beaucoup d'entre vous le savent probablement, l'INAH, qui dépend du Ministère de la Culture, est l'entité du gouvernement fédéral chargée de la promotion et du développement de la recherche scientifique en matière d'anthropologie et d'histoire, liée à la population du pays et à son patrimoine culturel ; il est également mandaté par la loi pour assurer la connaissance, la sauvegarde, le soin, la protection juridique, la récupération, la diffusion et la jouissance sociale du patrimoine culturel archéologique et historique et, depuis 1985, des biens d'intérêt paléontologique.

À plus d'une occasion et de plus en plus souvent, dans ce travail ardu sur l'ensemble du territoire national, y compris sa mer territoriale et ses eaux intérieures, nous avons dû faire face ces derniers temps aux impacts graduels ou intempestifs causés par des phénomènes météorologiques ou des catastrophes accidentelles que nous pouvons associer au changement climatique, qui ont des effets néfastes ou franchement destructeurs sur nos biens culturels, mobiliers et immobiliers, ainsi que sur la vie des personnes et de leurs communautés. De la même manière, nous avons dû considérer le rôle que la culture et la participation communautaire ont et devraient avoir dans l'atténuation du changement climatique, ainsi que dans la gestion des risques qui en découlent.

Les conditions résultant du changement climatique, telles que les sécheresses intenses, les pénuries d'eau, les incendies graves et, à l'inverse, l'élévation du niveau de la mer et l'intrusion d'eau salée dans les masses d'eau douce, les tempêtes catastrophiques, les inondations et, en général, l'exposition à des facteurs chimiques et physiques non ordinaires, la diminution de la biodiversité et l'affectation des écosystèmes, affectent à des degrés divers notre santé, la possibilité de cultiver des aliments, le logement, la sécurité, le travail et la culture et ses expressions patrimoniales.

Je dois insister sur la prolifération des incendies, favorisée par la prolongation des sécheresses et l'augmentation de la température due au réchauffement de la planète et de ses territoires.

---

* This text was translated into French by Jorge Sánchez Cordero.

En outre, c'est un fait que certains secteurs de la population sont plus vulnérables à ces impacts, comme les personnes vivant dans les zones rurales ou suburbaines les plus vulnérables et les plus éloignées, les zones côtières ou semi-désertiques, et les régions au climat chaud et sec. Des milliers de personnes migrent ou sont déplacées de force, des communautés entières, qui ont dû se déplacer soit à cause de la perte physique ou productive de territoire, soit à cause du manque d'éléments de base pour la survie, soit encore à cause de situations de famine. Nous assistons à une augmentation de ces contingents humains, déjà enregistrés comme « migrants ou réfugiés climatiques », dont la vie, le patrimoine et la culture ont été gravement perturbés par le déracinement provoqué par le manque d'opportunités.

En ce qui concerne le patrimoine culturel, il suffit de dire que le changement climatique a été identifié comme une menace pour 72 % des sites du patrimoine naturel et culturel inscrits sur la liste du patrimoine mondial. Vu dans une perspective globale, au fur et à mesure qu'il progresse, le changement climatique est devenu, non pas la seule, mais la menace la plus répandue qui pourrait compromettre sérieusement des siècles de progrès économique humain, de patrimoine et de pratiques bioculturelles actuelles.

On ne peut pas ignorer que les émissions à l'origine du changement climatique proviennent de toutes les régions du monde et nous affectent tous, mais que certains pays les génèrent beaucoup plus que d'autres. Les 100 pays qui émettent le moins de gaz carbonique génèrent 3 % des émissions, tandis que les 10 pays les plus émetteurs en génèrent 68 % ; et il semble parfois que seuls les premiers aient des obligations.

Tout le monde doit agir sur le climat, mais les personnes et les pays qui génèrent les impacts négatifs les plus importants ont la plus grande responsabilité.

Face à tout cela, l'UNESCO, une série d'organismes internationaux, d'organismes gouvernementaux nationaux et d'organisations privées, sociales et communautaires ont déployé un large éventail de diagnostics, de stratégies, de plans, de programmes, de projets et d'actions, individuels ou coordonnés, pour la protection, la gestion, la récupération et la prévention du patrimoine culturel face au changement climatique, de sorte qu'au début de cette troisième décennie du XXIe siècle, nous avons déjà parcouru un chemin à considérer.

Cependant, nous sommes encore loin d'avoir une garantie de succès dans cette direction, parce que les causes du phénomène impliquent la sphère culturelle mais la dépassent, et parce que la récurrence des phénomènes liés au changement climatique nous dépasse constamment.

Nous parlons d'impacts qui peuvent être catastrophiques, puisqu'ils impliquent la suppression ou l'altération des pratiques culturelles et bioculturelles existantes, ce qui aggrave les problèmes d'exclusion et d'inégalité, dérivés des modèles de développement économique actuels.

En somme, l'action climatique dans son ensemble nécessite des investissements importants et urgents de la part des gouvernements et des entreprises, en particulier de ceux qui produisent le plus d'émissions, qui ont à leur tour accumulé le plus de ressources, étant entendu que l'inaction climatique est beaucoup plus coûteuse que la prévention. Cependant, les consensus intergouvernementaux atteints jusqu'au dernier Sommet sur le climat à Glasgow fin 2021 pour maintenir le réchauffement en dessous de 1,5°C ne permet pas d'atteindre l'objectif d'émissions quasi nulles d'ici 2050. Cela signifierait que la moitié des réductions d'émissions d'ici 2030 serait obtenue en réduisant la production de combustibles fossiles et en la remplaçant par des énergies renouvelables, soit environ 6 % au cours des huit prochaines années … ce qui semble difficile, dans le schéma actuel de l'accumulation capitaliste mondiale.

En ce qui concerne la sphère culturelle, il manque un travail international beaucoup plus entreprenant sur la génération d'inventaires régionaux, nationaux et internationaux, basés sur une méthodologie commune, sur les pertes culturelles actuelles et celles attendues à court, moyen et long terme, en raison des phénomènes associés au changement climatique. C'est une question de grande importance qui sera abordée lors du sommet Mondiacult 2022, qui a eu lieu dans notre pays.

Ces inventaires devraient aussi évidemment inclure l'impact sur les pratiques culturelles des populations et des communautés, leurs ressources et leurs territoires (y compris leurs territoires sacrés), notamment en ce qui concerne les peuples autochtones, qui sont souvent les populations les plus vulnérables, même s'ils contribuent sans doute le moins au changement climatique.

Cette action nous permettrait de mesurer l'ampleur et le rythme du phénomène et d'adapter les politiques et programmes déjà en place pour faire face au changement climatique et à son impact sur la sphère culturelle.

Enfin, je dois souligner que, selon notre expérience, l'apport des pratiques bioculturelles des peuples natifs du Mexique et du monde, associées à leurs visions du monde, sont non seulement une garantie de résilience face au changement climatique, mais aussi une référence incontournable dans la conception et le design des politiques publiques pour affronter, atténuer et prévenir les effets du changement climatique en général et sur le patrimoine culturel en particulier. C'est un grand réservoir de connaissances, de valeurs et de pratiques qui peuvent aider à contrer la crise civilisationnelle à laquelle nous sommes confrontés.

Il s'agit, en d'autres termes, d'envisager très sérieusement ce que l'on pourrait appeler une approche ethno-politique de la relation entre le changement climatique et la culture.

Une telle approche permettrait de comprendre que les solutions au changement climatique ne vont pas à l'encontre du développement économique, mais le réorientent en fonction du critère essentiel d'amélioration de nos vies et de protection de l'environnement, tout en préservant et en enrichissant à long terme le patrimoine bioculturel sur lequel il repose ; dans la recherche non pas tant de la croissance économique, obsession de la modernité capitaliste, mais surtout du bien-vivre.

Les cadres juridiques internationaux et nationaux, ainsi que les accords mondiaux sur le sujet, bien que toujours perfectibles, constituent déjà un guide pour aller dans cette direction.

Nous devons approfondir cette réflexion. Nous devons agir maintenant pour prévenir cette grave menace pour la vie humaine sur la planète, notre maison commune, la maison de toutes les cultures.

NATURE AND CULTURE

The Scaffolding of Latin American Heritage

Jorge SÁNCHEZ CORDERO*

1. Introduction 184
2. The International Legal Framework............................... 186
   2.1. Climate Change Legislation 186
   2.2. Cultural Heritage Legislation 189
   2.3. The Intertwinement of Cultural and Climate Change
        Legislation.. 191
        2.3.1. The Science.. 191
        2.3.2. Adaptation/Mitigation 192
        2.3.3. Culture 193
        2.3.4. Non-Economic Loss and Damage 194
        2.3.5. World Heritage 196
        2.3.6. Climate Actions.................................... 197
        2.3.7. Change Minds, not the Climate 199
        2.3.8. Nature/Culture Binomial 200
   2.4. The Human Rights Approach.................................. 200
3. The Latin America Region... 204
   3.1. General Remarks 204
   3.2. The Regional Legislation 206
   3.3. Constitutional Issues 208
   3.4. Tangible Cultural Heritage 209
        3.4.1. Archaeological Heritage............................ 209
        3.4.2. Built Heritage..................................... 210
               3.4.2.1. City of Potosí, Bolivia 210
               3.4.2.2. Río Plátano Biosphere Reserve, Honduras... 211
               3.4.2.3. Islands and Protected Areas of the Gulf of
                        California, Northwestern Mexico 213

---

* For his excellent performance as a scientist, to Victor Sánchez Cordero.

Intersentia

    3.4.2.4. Fortifications on the Caribbean Side of
        Panama: Portobelo-San Lorenzo, Panama 214
    3.4.2.5. Coro and its Port, Venezuela 216
3.5. Jurisdictional Approach. 216
3.6. The Mexican Model 220
  3.6.1. The Facts. 221
  3.6.2. Background 222
  3.6.3. Cultural Legitimation 224
  3.6.4. Legitimate Cultural Interest 224
  3.6.5. The Relativity of Adjudications 225
  3.6.6. Cultural Human Rights 226
  3.6.7. Cultural Rights. 228
  3.6.8. The Normative Hierarchy 229
  3.6.9. Epilogue 229
4. Conclusions 230

1. INTRODUCTION

The nature/culture binomial has been severely altered by the effects of climate change, which will inevitably dominate the international agenda in the 21st century. Its prevalence has compelled specialized literature within the cultural realm to initiate debates on the cultural dimension of this phenomenon.[1] This exploration starts from the axiom that both cultural heritage and global climate are global public goods[2] and, therefore, transcend state interests.[3] Both are deemed essential for the international community's benefit.[4]

---

[1] ALESSANDRO CHECHI, 'The Cultural Dimension of Climate Change: Some Remarks on the Interface between Cultural Heritage and Climate Change Law' in SABINE VON SCHORLEMER and SYLVIA MAUS (eds.), *Climate Change as a Threat to Peace. Impacts on Cultural Heritage and Cultural Diversity*, Dresdner Schriften zu Recht und Politik der Vereinten Nationen/Dresden Papers on Law and Policy of the United Nations, Internationaler Verlag der Wissenschaften, 2014, p. 176.

[2] Declaration of the United Nations Conference on the Human Environment issued at the 1972 United Nations Conference on the Environment in Stockholm, http://webarchive.loc.gov/all/20150314024203/http%3A//www.unep.org/Documents.Multilingual/Default.asp?documentid%3D97%26articleid%3D1503.

[3] FEDERICO LENZERINI, 'Protecting the Tangible, Safeguarding the Intangible: A Same Conventional Model for Different Needs' in SABINE VON SCHORLEMER and SYLVIA MAUS (eds.), *Climate Change as a Threat to Peace. Impacts on Cultural Heritage and Cultural Diversity*, Dresdner Schriften zu Recht und Politik der Vereinten Nationen/Dresden Papers on Law and Policy of the United Nations, Internationaler Verlag der Wissenschaften, 2014, p. 145.

[4] CHECHI, *supra* n. 1, p. 163.

To mention the obvious, the primary objectives of climate change legislation consist of environmental protection, sustainable development, and the preservation of ecosystems for present and future generations.[5] Cultural heritage legislation exists, for its part, for the preservation of all cultural, material, or intangible manifestations, governed by non-symbolic values such as artistic, historical, or symbolic ones, to ensure their transmission to future generations. One emphasis is important: cultural assets are an inseparable part of the environment, which implies a holistic combination between nature and cultural heritage.[6]

Both types of legislation seek the same outcome, yet international cultural heritage legislation was drafted and approved long before the climate change debate came to the fore. Despite their differing ages, both types of legislation have been accused of serious shortcomings in protecting cultural heritage. They have their singular independence, yet they are not exclusive of each other, with a range of related points between the two.

This analysis explores this rationality; both types of legislation are guided by the principle of prevention recognized by customary international law.[7] This consists of determining the obligation of every state not to allow, and even not to tolerate, in its jurisdiction, activities that could cause harm to the environment from other states.

The entwinement between climate change and cultural heritage obliges an exploration of the interface between the two types of legislation, particularly relating to safeguarding. Therefore, in section 2, this analysis examines the international legal framework as far as climate change is concerned, exploring its connections to the safeguarding of cultural heritage. Such an analysis will require analyzing international cultural heritage provisions.

The main purpose is to draw conclusions about whether current international cultural heritage legislation is efficient enough to face the impact of climate change on cultural heritage. The analysis focuses on the related points, if any, between cultural heritage protection provisions and those relating to the climate change legal regimes. It considers if and to what extent the international legal regimes of cultural heritage and climate change are complementary in their different areas. The perimeter of this analysis is then extended to a further perspective, the human-rights narrative, asking if this narrative is of any benefit in resolving the climate change/cultural heritage safeguarding dilemma.

---

[5] 'Protection of global climate for present and future generations of mankind: resolution / adopted by the General Assembly', A_RES_43_53-EN.
[6] *Supra* n. 3, p. 141.
[7] Legal Response Initiative, '"No-harm rule" and climate change', 24 July 2012, https://legalresponse.org/wp-content/uploads/2013/07/BP42E-Briefing-Paper-No-Harm-Rule-and-Climate-Change-24-July-2012.pdf.

In section 3, the analysis focuses on Latin America; general remarks are necessary to introduce key issues in the debate on climate change and preservation of cultural heritage in the region. The analysis then moves to regional legislations, highlighting the Regional Agreement on Access to Information, Public Participation and Access to Justice in Environmental Matters in Latin America and the Caribbean[8] (Escazú Agreement) and the most notable constitutions, with Colombia, Ecuador, and Bolivia the most significant. The analysis of the adjudications of Colombian cases and the brand-new Mexican model is essential in the scaffolding of cultural heritage in the region. Lastly, a glance is given to tangible and intangible cultural heritage before some conclusions are drawn.

2. THE INTERNATIONAL LEGAL FRAMEWORK

2.1. CLIMATE CHANGE LEGISLATION

The normative framework in relation to climate change begins with the Stockholm Declaration on the Human Environment of 1972, approved by the United Nations Conference.[9] From then on, international instruments on the matter have multiplied; for example the UN General Assembly adopted on 6 December 1988 Resolution 43/53,[10] in which it resolved that climate change and its adverse effects cause distress for all humanity and affect environments that are vital for survival.[11]

These efforts culminated in the United Nations Framework Convention on Climate Change (UNFCCC), signed in Rio de Janeiro, Brazil, in March 1994.[12] This was complemented by the 1997 Kyoto Protocol,[13] whose validity was extended until 2020, and by the current Paris Agreement, in force since November 2016.[14] The UNFCCC has two relevant bodies: the Conference of Parties (COP), the most recent session having been held in Sharm-el-Sheikh in November 2022,[15] and the Intergovernmental Panel on Climate Change (IPCC).

---

[8] Regional Agreement on Access to Information, Public Participation and Justice in Environmental Matters in Latin America and the Caribbean, adopted at Escazú, Costa Rica, on 4 March 2018, https://repositorio.cepal.org/bitstream/handle/11362/43583/1/S1800428_en.pdf.
[9] *Supra* n. 2.
[10] *Supra* n. 5.
[11] *Supra* n. 1, p. 163.
[12] United Nations Framework Convention on Climate Change, https://unfccc.int/resource/docs/convkp/conveng.pdf.
[13] Kyoto Protocol to the United Nations Framework Convention on Climate Change, https://unfccc.int/resource/docs/convkp/kpeng.pdf.
[14] Paris Agreement, https://unfccc.int/sites/default/files/english_paris_agreement.pdf.
[15] Decision -/CP.26, Glasgow Climate Pact, https://unfccc.int/sites/default/files/resource/cop26_auv_2f_cover_decision.pdf.

The IPCC is an intergovernmental organization of the United Nations whose purpose is to provide objective and scientific opinions on climate change, its impacts, and the natural, political, and economic risks that it entails.[16] The UNFCCC develops obligations for states that, although being common responsibilities, are clearly differentiated and have a clear, diverse common ground. There are adaptation obligations associated with climatic events that attempt to reduce vulnerability, and mitigation obligations, which are correlated with anthropogenic intervention. The message of these international instruments is clear: climate change and its adverse effects constitute a concern for all humanity, since a climate without catastrophic variations is what makes life possible on the planet.[17]

The essential feature of the Kyoto Protocol was a quid pro quo that circumvented the obligations of developing countries to reduce carbon dioxide emissions. The Paris Protocol abandons trading of emissions and the trading of their market value relative to the price of coal; it is an instrument that, although ambitious, is extremely ambiguous, raising questions about the way in which the commitments made can be implemented. Climate policies have changed significantly and gained new momentum from the Paris Protocol.

The UNFCCC, more than substantive, is progressive and procedural. Establishing a central authority with sweeping universal powers would have been nearly impossible, a reflection of the mood of sovereign states that reject a central body. As a result the UNFCCC was reaffirmed as an instrument of major weakness and as lacking common governance.[18]

There is, nevertheless, consensus among the international scientific community that climate change will be one of the greatest challenges of the 21st century. Climate change manifests itself in multiple ways; the most common effects are fluctuating rainfall, sudden changes in hydrological cycles, and thawing of the permafrost.[19]

---

[16] The Intergovernmental Panel on Climate Change (IPCC) is the United Nations body responsible for assessing the science related to climate change: https://www.ipcc.ch/.

[17] 'Introduction to Climate Finance', https://unfccc.int/topics/climate-finance/the-big-picture/introduction-to-climate-finance/introduction-to-climate-finance.

[18] ROMAIN WEIKMANS, HARRO VAN ASSELT and J. TIMMONS ROBERT, 'Transparency requirements under the Paris Agreement and their (un)likely impact on strengthening the ambition of nationally determined contributions (NDCs)' (2020) 20(4) *Climate Policy* 511–526.

[19] S.I. SENEVIRATNE, N. NICHOLLS, D. EASTERLING, C.M. GOODESS, S. KANAE, J. KOSSIN, Y. LUO, J. MARENGO, K. MCINNES, M. RAHIMI, M. REICHSTEIN, A. SORTEBERG, C. VERA, and X. ZHANG, 'Changes in climate extremes and their impacts on the natural physical environment' in C.B. FIELD, V. BARROS, T.F. STOCKER, D. QIN, D.J. DOKKEN, K.L. EBI, M.D. MASTRANDREA, K.J. MACH, G.-K. PLATTNER, S.K. ALLEN, M. TIGNOR, and P.M. MIDGLEY (eds.), *Managing the Risks of Extreme Events and Disasters to Advance Climate Change Adaptation*, A Special Report of Working Groups I and II of the Intergovernmental Panel on Climate Change (IPCC), Cambridge University Press, 2012, pp. 109–123.

There is also an understanding that environmental disturbances such as the transformation of the demographic balance and biological archetypes, as well as the spread of multicultural compounds in the global geography, will generate social turbulence with serious repercussions on natural and socioeconomic ecosystems. Indeed, environmental alterations and forced migrations due to desertification and scarcity of resources and water for survival will inevitably disrupt the interaction of cultural communities with their environments.

Climate change has different rhythms: extreme weather events, on the one hand, and those that are slow and insidious, but continuous and generally correlated with environmental pollution, on the other. The unpredictable nature of these events have forced scientists to develop different methodologies regarding the physical effects directly caused by climatological phenomena and those that will affect social and cultural structures. To these should be added anthropogenic intervention.

Faced with this scenario, the concerns about the safeguarding of cultural heritage was predictable. Thus, with regard to the custody of archaeological heritage, and even more so that which remains undiscovered, serious questions are now necessary. Some pertain to the fact that a substantial part of this heritage, having been built in areas bordering the coasts, will be at high risk due to the eventual rise in sea levels.

Yet this heritage is not only threatened by floods, desertification, and higher water levels. Destabilization of the stratigraphic components of soil by sodium chloride and magnesium affects the efflorescence of clay. The salts dissolve and recrystallize with extreme changes in temperature and humidity. This phenomenon alters the cycles of crystallization and, consequently, causes greater damage to material cultural heritage.

In addition to monuments and historical sites, this type of damage is prevalent in murals, rock art, museums, collections, and libraries. Hence historical buildings are exposed to stains and erosions on their facades, to the leaching of stained glass, and to the corrosion of metals, among other damage.[20]

The uncertainties regarding the magnitude of the evolutionary process of climate change, however, make it difficult to gauge the vulnerability of cultural heritage. To temper them, it is necessary to resort to a set of models that, in turn, weigh up several variables: water as a degradation agent, wind intensity, changes in temperature, chemical degradation, corrosion, thawing of the permafrost, and desertification.

Climate change is subject to a certain degree of uncertainty because it is based on forecasts; such uncertainty extends to the impact that climate change

---

[20] BEATRIZ MENÉNDEZ, 'Estimators of the Impact of Climate Change in Salt Weathering of Cultural Heritage' in CHIARA BERTOLIN (ed.), *Preservation of Cultural Heritage and Resources Threatened by Climate Change*, MDPI, 2019.

could have on the cultural heritage of humanity and its degree of variability. Projections have a higher reliability index with regard to temperature increases, but much less with regard to wind and rainfall changes.

Social anxiety continues due to the increase in negative effects and the great exposure of cultural heritage to climatic changes. Cultural issues demand a response of the same nature, considering how cultures have built resilience through facing crises caused by climatic factors.

2.2. CULTURAL HERITAGE LEGISLATION

Currently, the two instruments available to address climate change are the Convention Concerning the Protection of the World Cultural and Natural Heritage (1972 UNESCO Convention)[21] and the Convention for the Safeguarding of the Intangible Cultural Heritage (2003 UNESCO Convention).[22] The former has the greatest international visibility, obtained by incorporation into the UNESCO World Heritage List. The 1972 UNESCO Convention provides for the establishment of the World Heritage Committee (WHC), whose responsibility is the implementation of this Convention.[23]

One of the responsibilities of the WHC is to determine whether a site or a building deserves the privilege of being inscribed on the World Heritage List (WHL) or on the List of World Heritage in Danger.[24] It has the power to carry out a diagnosis of the conditions in which the site or building is found and issue the measures that states must take for its proper conservation.

An unwritten diplomatic rule is more than evident: international prestige is directly proportional to inscriptions. However, the most serious sanction available to the WHC, which shows the futility of the Convention, is the exclusion of the sites or properties from this list.[25]

The WHC is supported in its efforts by the World Heritage Center,[26] created in 1992, whose mandate is to promote the ratification of the 1972 UNESCO Convention and assist states both in the creation of ad hoc institutions and in training personnel who specialize in the protection and restoration of sites in the WHL methodology.[27]

---

[21] Convention concerning the Protection of the World Cultural and Natural Heritage, https://whc.unesco.org/archive/convention-en.pdf.
[22] Convention for the Safeguarding of the Intangible Cultural Heritage, https://ich.unesco.org/en/convention.
[23] World Heritage Committee, https://whc.unesco.org/en/committee/.
[24] List of World Heritage in Danger, https://whc.unesco.org/en/danger/.
[25] *Supra* n. 3, p. 148.
[26] World Heritage Center, https://whc.unesco.org/.
[27] *Supra* n. 1, p. 165.

The Operational Guidelines (OGs) of this Convention,[28] as well as the resolutions of the WHC, have provided the canon for the establishment of conservation policies, which is based on the axiom of unitary and timeless sites and buildings. The assumption is that heritage sites will remain in one fixed location for eternity, but this may now be a risky assumption to make. So far, these OGs have not been amended to take into account many assumptions about climate change and how different sites may be vulnerable to unavoidable threats.

The future of the 1972 UNESCO Convention is not promising, since it presupposes the existence of heterogeneous societies. The truth is that climate change will subject societies to metamorphosis; as a result of this, cultural heritage will inexorably lose its static character. The very concept of safeguarding cultural heritage will gradually acquire a different dimension, and this Convention will gradually diminish in importance. Furthermore, the cultural approach should not be limited to monuments and sites, no matter how valuable they may be. In this context the consequence of climate change, which is very worrisome, is the loss of collective memory and the safeguarding of cultural heritage to ensure the transmission of knowledge to the following generations.[29]

Indeed, until recently, this safeguarding was based on evidence from sites recognized as cultural heritage of humanity, which presupposed drawing on the experiences from relatively stable societies. Climate change projections are, however, full of uncertainties.

The model of this Convention was replicated in the 2003 UNESCO Convention with dissimilar results, despite both its wide-ranging nature and the existing symbiosis between tangible and intangible cultural heritage. The 2003 UNESCO Convention ends up epitomizing UNESCO's holistic concept of cultural heritage.[30] Yet it is powerless to mitigate the harmful effects of climate change since its content is ephemeral and comes from constantly changing traditions, practices, rituals, and knowledge. Climate change, by definition, will alter all forms of life.[31]

The conclusion is predictable: there is no constructive interaction between the international legislation on climate change and that relating to the safeguarding of cultural heritage. It is clear that climate change will alter the collective memory and with it the talent and creativity embodied in the cultural legacy. From this evidence, eventual disruptions of peaceful coexistence can be inferred.

---

[28] Operational Guidelines for the Implementation of the World Heritage Convention, https://whc.unesco.org/archive/opguide12-en.pdf.
[29] ROLAND BERNECKER, 'Final Remarks' in SABINE VON SCHOLEMER and SYLVIA MAUS (eds.), *Climate Change as a Threat to Peace. Impacts on Cultural Heritage and Cultural Diversity*, Dresdner Schriften zu Recht und Politik der Vereinten Nationen/Dresden Papers on Law and Policy of the United Nations, Internationaler Verlag der Wissenschaften, 2014, p. 145.
[30] *Supra* n. 6, p. 145.
[31] Ibid., p. 152.

2.3. THE INTERTWINEMENT OF CULTURAL AND CLIMATE CHANGE LEGISLATION

On 13 November 2021, the 26th meeting of the Conference of States Parties on climate change (COP26) ended, the final text of which was approved by the plenary meeting. The approved text is relevant: it summarizes a series of decisions that do not have the character of a treaty, unlike the Paris Agreement. Regardless, this string of resolutions is binding on the international community, and therefore, according to the UNFCCC, they were adopted by the subscribing nations.

While the text is obviously carefully worded, it is sprinkled with ambiguous passages that will be subject to interpretation from frustrated countries that were pressing for more and better agreements. This is a situation that is far from surprising, since it is typical of international negotiations.

2.3.1. *The Science*

All in all, COP26 reached important agreements. One of them consists of privileging science over any decision of a political nature; moreover, it hinders political discretion in the area of environmental protection and confirms a constitutional mandate to provide a scientific rationale with ideological neutrality in the matter.[32]

The evolutionary process of science in recent years has been astonishing, which was evidenced at COP26 itself. A careful reading of the section on science shows that from the first draft of the weighted text at the beginning of this conference to the text approved in the plenary, the clarification of the sense of urgency is added with the predicate 'the best available science'.[33] Such a rectification may seem minor, but it is not. This axiom confirms the primacy of science in the climate change strategy, already agreed by the UNFCCC and reiterated in the Paris Agreement.

COP26 highlighted important concerns, informing that the planet's temperature has seen a cumulative increase of 1.1°C due to anthropogenic

---

[32] Francesco Sindico, Makane Moïse Mbengue, and Kathryn McKenzie, 'Climate Change Litigation and the Individual: An Overview' in Francesco Sindico, Makane Moïse Mbengue, and Kathryn McKenzie (eds.), *Comparative Climate Change Litigation: Beyond the Usual Suspects*, Ius Comparatum – Global Studies in Comparative Law, Springer 2021, p. 22.

[33] 'Science and urgency 1. Recognizes the importance of the best available science for effective climate action and policymaking' Decision -/CP.26, Glasgow Climate Pact, Advance unedited version in https://unfccc.int/sites/default/files/resource/cop26_auv_2f_cover_decision.pdf.

causes. If inertia continues, it will be impossible to achieve the Paris Agreement's goals.[34] The cataclysms that will affect the planet as a consequence of such an increase are easily imaginable.

2.3.2. Adaptation/Mitigation

According to the 2018 Intergovernmental Panel on Climate Change's report,[35] adaptation takes place on two levels. In human systems, it is achieved by harmonizing processes with current or predictable weather conditions to moderate damage or benefit from new opportunities. In natural systems, the process of adaptation obeys the climatological conditions of the moment.

The inclusion of the adaptation item was a success for developing countries as adaptation was associated with financing from developed countries. These countries sought to achieve a balance between adaptation and mitigation because the latter is a financial burden to them in the domestic sphere.

It is more than evident that the agreed financing was well below the expectations of the developing countries. Still, developed countries are required to at least double their financial contribution by 2025.[36] The resources will be allocated to developing countries and to specific projects, such as the promotion of renewable energies, the main objective of which is to reduce greenhouse gas emissions.

On the subject of adaptation, financing and technology transfer are essential to increase the adaptive capacity of developing countries, strengthen their resilience and reduce their vulnerability, always in harmony with the best available science. Vulnerability, for its part, implies the susceptibility to receiving damage from adverse climatic effects and the absence of the ability to neutralize or adapt to them.[37]

Adaptation contrasts with mitigation commitments, which are burdensome for developing countries; the goals are to reduce carbon dioxide emissions by

---

[34] 'Expresses alarm and utmost concern that human activities have caused around 1.1 °C of global warming to date and that impacts are already being felt in every region' Decision -/CP.26, Glasgow Climate Pact, Advance unedited version in in https://unfccc.int/sites/default/files/resource/cop26_auv_2f_cover_decision.pdf.

[35] 'Global Warming of 1.5°C: an IPCC special report on the impacts of global warming of 1.5°C above pre-industrial levels and related global greenhouse gas emission pathways, in the context of strengthening the global response to the threat of climate change, sustainable development, and efforts to eradicate poverty', https://www.ipcc.ch/sr15/.

[36] 'Emphasizes the need to mobilize climate finance from all sources to reach the level needed to achieve the goals of the Paris Agreement, including significantly increasing support for developing country Parties, beyond USD 100 billion per year' Decision -/CP.26, Glasgow Climate Pact, Advance unedited version in https://unfccc.int/sites/default/files/resource/cop26_auv_2f_cover_decision.pdf.

[37] *Supra* n. 36.

2.3.6. Climate Actions

The Intergovernmental Panel on Climate Change Research, in association with the Intergovernmental Platform for Scientific Policy on Biodiversity and Ecosystem Services (IPBES),[54] estimates that solution avenues involving local and Indigenous communities can alone ensure a mitigation of 35% of climate change, leading to stimulation of traditional knowledge and practices in facing climate change. These investigations are based on the axiom of the interdependence between biological diversity and vernacular cultures in the socioecological systems that have been added to the criteria for OUV Heritage, against the strong opposition of Brazil.[55]

In these environments there is a constant and mutual adaptation between humans and the environment. This interaction has as its primary effect the strengthening of the resilience processes of cultural communities, which shows that before climate change such an inflection must be weighed to preserve the environment and sustained development. It must also promote the creation of a sustained paradigm in safeguarding the nature/culture binomial. To this end, it must be ensured that the safeguarding criteria provided for in the 1972 UNESCO Convention for the benefit of the OUV Heritage extend to biological and cultural diversities, as well as to the ecosystem services and inputs assigned to the communities that contribute to environmental sustainability.

UNESCO privileged the development of an action plan in accordance with the methodology followed by the UNFCCC, even though this procedure is alien to its legal tradition of implementing OGs.[56] Commonplace in conventions, OGs have been particularly useful to UNESCO in different approaches, either to update the conventions or to give them an up-to-date reading.

UNESCO's options vis-à-vis climate change were scarce; it was not feasible to reformulate the 1972 UNESCO Convention or formulate an adjacent protocol, and to this it should be added that time was pressing. Therefore, the international

---

[54] Intergovernmental Science-Policy Platform on Diversity and Ecosystems Services (IPBES), https://ipbes.net/sites/default/files/downloads/pdf/ipbes-5-inf-4.pdf.

[55] ANNE LARIGAUDERIE and HAROLO A. MOONEY, 'The Intergovernmental Science-Policy Platform on Biodiversity and Ecosystem Services: moving a step closer to an IPCC-like mechanism for biodiversity' (2010) 2(1–2) *Current Opinion in Environmental Sustainability* 9–14. Brazil stated that 'this research [in paragraph 12] was not part of the IPCC and IPBES assessment and should not be highlighted since it is not an agreed data within the scientific community. One-third of all the mitigation needed is an overestimation that is not scientifically supported by any UN Panel. Moreover, EbAs and NbS [nature-based solutions] are not globally taken as synonyms, inasmuch as the latter still does not have a multilaterally agreed definition', https://whc.unesco.org/archive/2021/whc21-23GA-infl1-en.pdf.

[56] *Supra* n. 29.

body was limited to giving the provisions of this Convention a different and updated reading in order to articulate action plans specific to the UNFCCC methodology.

The harmonization effort begins with the documents 'Policy Document on the Impacts of Climate Change on World Heritage Properties' and 'Strategy to Assist State Parties to Implement Management Responses'.[57] These were written to help states implement management responses, approved at the 30th session of the Cultural Heritage Committee of July 2006.[58]

A more elaborate text, dating from 2017,[59] is 'Policy on the Impacts of Climate Change on World Heritage Properties' – a wordy title. A more appropriate and concise one was 'Policy Document on Climate Actions for World Heritage' (hereinafter 'Climate Actions'), which was discussed and approved in the General Assembly in November 2021.[60] The previous policy document was discussed and approved in July 2021 during the online meeting of the Cultural Heritage Committee, organized from Fuzhou, China.[61]

From the outset, the Climate Actions were drafted in order to harmonize them with the directives of UNFCCC and the different resolutions taken by the different COPs, the Paris Agreement and now with the text of COP26. This is to create a synergistic virtuous circle around the directives related to climate change, as well as to encapsulate the rules of the protection and safeguarding of the OUV Heritage within the framework of the general strategy to face climate change. Nothing could have been more harmful than the fact that, in a complex and damaging manner, a Tower of Babel had been created among international organizations.

The Climate Actions document is in tune with the basic notions of the Paris Agreement and COP26 through specific processes of adaptation, mitigation, constructive resilience, innovation, and research, among others. With this it obtains the desired consistency and coherence planned by UNESCO in reference to the OUV Heritage. Furthermore, the Climate Actions constitute a catalyst to promote a change in policies regarding the protection of cultural heritage and to satisfy the social needs generated by the negative course associated with climate change, both in its causes and in its effects.

---

[57] 'Strategy to Assist States Parties to Implement Appropriate Management Responses' (Endorsed by the World Heritage Committee at its Decision 30 COM 7.1): https://whc.unesco.org/en/compendium/80; https://whc.unesco.org/archive/2021/whc21-23GA-infl1-en.pdf.
[58] 'Policy Document on the Impacts of Climate Change on World Heritage Sites', 6 June 2008, https://whc.unesco.org/en/news/441.
[59] 'ICOMOS passes resolution on climate change and cultural heritage', https://usicomos.org/icomos-passes-resolution-on-climate-change-and-cultural-heritage/.
[60] *Supra* n. 52.
[61] *Supra* n. 52.

2.3.7. Change Minds, not the Climate

With the slogan 'Changing Minds, Not the Climate',[62] UNESCO formulates its axiom consisting of promoting, through adaptation and mitigation strategies, the safeguarding of cultural diversity and heritage from the effects of climate change.

Similar to COP26, which advocates the predicate of the best available science, the Climate Actions favor the best available knowledge, alluding to all kinds of knowledge provided by different actors. These, and only these, provide the perspective necessary to deal with the uncertainties and complexities inherent in climate change.[63] Therefore, the primacy of science is reiterated, associated by UNESCO with the traditional knowledge of Indigenous communities and with social systems of knowledge.

The Climate Actions document makes its own the basic notions of the UNFCCC, the Paris Agreement, and COP26. But also, when it comes to adaptation and mitigation, it introduces knowledge sharing and transformative change. In the adaptation area, this document postulates the educational and communicative function of the values of the OUV Heritage, which serves as the basis for the nature/culture binomial and makes it possible to integrate it into relevant socioeconomic actions and policies of a cultural and environmental nature. World heritage and the values it embodies make an invaluable contribution to social resilience, as well as to timely identification of the damage caused by climate change and how to mitigate it. These values encourage social cohesion with regard to collective participation, which is essential to strengthening the adaptive capacity of the new environments caused by climate change.[64]

The OUV Heritage maintains that the Climate Actions contribute the most to mitigating the effects of climate change. Indeed, the OUV Heritage, in its landscape narrative, safeguards natural ecosystems. The canon of safeguarding the OUV Heritage avoids or minimizes the collision of the values of the cultural heritage with those of climate change.[65]

The section referring to knowledge sharing, a UNESCO innovation, maintains that the OUV Heritage is a laboratory and a knowledge and research platform in both the sciences and the humanities to monitor climate change and highlight the social urgency of climate actions. Finally, the transformative change consists of the elaboration of transition systems with adaptation and mitigation policies and the promotion of technologies and the change of mentalities.[66]

---

[62] *Supra* n. 52.
[63] *Supra* n. 52.
[64] Ibid, *supra* n. 55.
[65] Ibid, *supra* n. 55.
[66] *Supra* n. 52, *supra* n. 55.

2.3.8. Nature/Culture Binomial

The significance of the nature/culture binomial is its function in communitarian life, with an emphasis on inclusive social development. The inclusion of respect and equity of local, community, and Indigenous cultural stakeholders is the premise for sustained social development. Safeguarding world heritage makes sense when there is full recognition of cultural diversity and inclusion.

In terms of research, the diagnosis could not be more discouraging: very few studies have been done in Latin America countries regarding the effects of climate change on the world heritage located in their territories and the assessment of the uncertainty that the phenomenon raises. Therefore, there is a lack of reliable basic information with which to articulate the best safeguarding practices.

Nevertheless, in Latin America, the legal architecture on the matter is solid. To the international (UNFCCC, Paris Agreement, and COP26) and regional commitments such as the Escazú Agreement,[67] Latin American countries have added the assumption of ethical obligations. In November 2017, during the 39th session of the General Conference of UNESCO, practically all the Latin American countries signed the Declaration of Ethical Principles in Relation to Climate Change.[68]

These commitments are governed by the primacy of science, its independence, and the dissemination of its principles. It is to the natural and social sciences and the best available knowledge in Latin American countries must submit all kinds of decisions in anticipation of climate risks.[69] For this, the IPCC guidelines are essential.

Access to justice for those who have been affected by climate change due to erroneous policies introduces the notion of transformative climate justice,[70] now substantiated by the Escazú Agreement, to obtain adequate reparation. This transformative justice finds its foundation in the guiding principles of solidarity, sustainability, and equity.

2.4. THE HUMAN RIGHTS APPROACH

It is the human rights narrative that seems to be the natural area of convergence between the two legal orders. Both climate change and cultural heritage

---

[67] *Supra* n. 8.
[68] Declaration of Ethical Principles in Relation to Climate Change, https://unesdoc.unesco.org/ark:/48223/pf0000260889.page=127.
[69] 'Ethical principles for climate change: reports of the World Commission on the Ethics of Scientific Knowledge and Technology (COMEST) of UNESCO (2010–2015)', https://unesdoc.unesco.org/ark:/48223/pf0000245280_eng.
[70] *Supra* n. 48.

legislations have an underlying narrative in which there are similar perspectives and a natural harmony in which the conception of the culturalization of human rights is concerned.[71]

This hypothesis obviously needs to be proved. For this, it is essential to expand the perimeter of analysis to the rapporteurship of reports on human rights and climate change prepared since 2008 by the UN Human Rights Council.[72] It was predictable that the mere introduction of the subject would generate strong disagreement controversies on the part of many states reluctant to assume another set of obligations; for this reason, they questioned from the beginning whether the impact of climate change on international law could be collected points of forced compliance in terms of human rights.[73]

It was evident that the normative construction correlative to rights and obligations would be associated with international efforts to mitigate climate change. Although climate change has altered the use and enjoyment of human rights, it was not clear to what extent this could be classified as a violation of these rights. For this, it is essential to return to the cardinal conclusion of two distinguishing perspectives on human rights: the legitimacy and the obligation of states.[74] The first responds to the statement of the need to preserve life, food, health, and the cultural environment, among other aspects. Therefore, there is evidence that, from the perspective of legitimacy, events such as the delay in mitigating climate change constitute transgressions of human rights in their cultural aspect. Moreover, the reports in this regard are conclusive: climate change will affect vulnerable groups, such as infants and Indigenous communities, with greater severity.

Regarding the second perspective, one of the mainstays in the system of human rights law is the imposition of obligations on states. The mandate is clear: they must submit to the provisions of human rights based on international law, and it is with respect to the entire international community in accordance with the principle erga omnes/erga omnes partes.

The basic question in this perspective requires considering whether CO_2 emissions by a state and their consequent impact on climate change constitute a violation of human rights. To answer this question, the fact that it is impossible

---

[71] Franziska Knur, 'The United Nations Human Rights-Based Approach to Climate Change: Introducing a Human Dimension to International Climate Law' in Sabine von Scholemer and Sylvia Maus (eds.), *Climate Change as a Threat to Peace. Impacts on Cultural Heritage and Cultural Diversity*, Dresdner Schriften zu Recht und Politik der Vereinten Nationen/ Dresden Papers on Law and Policy of the United Nations, Internationaler Verlag der Wissenschaften, 2014, p. 38.
[72] 'Safe Climate A/74/161: A Report of the Special Rapporteur on Human Rights and the Environment', https://www.ohchr.org/Documents/Issues/Environment/SREnvironment/Report.pdf.
[73] *Supra* n. 72, p. 39.
[74] Ibid., p. 41.

to disaggregate the complex causal link between the CO_2 emissions of a specific state and the effects of climate change must be analyzed.

Concluding that such emissions represent a violation of human rights is an even more fruitless exercise. CO_2 emissions are one of the many causes of climate change. The latter obeys a rationale for prospecting, where the violation of human rights is evaluated once the damage has occurred. The jurisdictional precedents, however, go in the opposite direction.

In 1998, the UN General Assembly approved the Declaration of Human Rights Defenders on the occasion of the 50th anniversary of the Universal Declaration of Human Rights.[75] It is a fundamental statement in the evolution of the nature/culture binomial.

In March 2019, the UN Human Rights Council[76] approved a consubstantial recognition of human rights defenders in the environment, whose activity is essential to ensuring the balance of the nature/culture binomial and for ensuring sustainability initiatives.

The forcefulness of the exhortation of this resolution is more extensive. It commits to the approval and application of laws and public initiatives that guarantee, among other aspects, cultural life. It also provides for the facilitation of civil society in extenso by the states by adopting environmental measures in their ecosystems and following up on the 2030 UN Agenda for sustainable development.[77] It also promotes the establishment of legal and institutional frameworks that prevent, reduce, and repair damage to biological diversity and that prevent the alteration of the practice of economic, social, and cultural rights.

The cornerstone of this exhortation is uncontestable, since the cultural legacy is a component of diversity that is considered a universal common good.[78] The uniqueness and plurality of community identities are a wellspring for interaction, innovation, and creativity. This statement is epitomized by the following paraphrase: cultural diversity is as necessary to humanity as biodiversity is to nature.[79]

This exhortation has important immediate precedents; UNFCCC highlighted the transcendent role of cultural communities and Indigenous people in the amalgamation of the nature/culture binomial, especially with regard to the promotion of basic traditional knowledge for ecosystem preservation, climate

---

[75] Declaration on Human Rights Defenders, Resolution A/RES/53/144, https://www.ohchr.org/en/issues/srhrdefenders/pages/declaration.aspx.
[76] Resolution adopted by the Human Rights Council on 21 March 2019, https://undocs.org/en/A/HRC/RES/40/11.
[77] Resolution adopted by the General Assembly on 25 September 2015, 'Transforming our world: the 2030 Agenda for Sustainable Development', https://www.un.org/en/development/desa/population/migration/generalassembly/docs/globalcompact/A_RES_70_1_E.pdf.
[78] *Supra* n. 6, p. 156.
[79] *Supra* n. 12.

change mitigation, and adaptation to the latter phenomenon.[80] The determination of the nature of the law and of the healthy environment, and consequently of the culture/nature binomial, has thrown the international community into an intense debate.

This resolution is of cardinal importance in the development of the symbiosis between culture and nature, one of the mainstays of which is the exercising of cultural rights by communities.[81] The exhortation to the states is crystal clear: only by respecting and protecting human rights, specifically cultural rights, can the anthropogenic aspect of the deleterious consequences of climate change in their anthropogenic aspect be addressed.[82]

The ad hoc report of the independent expert, especially that contained in Framework Principle 15, submitted to the UN Human Rights Council in March 2018,[83] is forceful: there is a virtuous circle between human rights, the environment, and access to participation in decision-making, which leads to the effective observance of preventive provisions in the nature/culture binomial.

In the final report of the Special Rapporteur in the field of cultural rights,[84] it was stressed that the maintenance and cleaning of cultural heritage pieces and sites were severely altered by the Covid-19 pandemic. Moreover, it considered that the right to science and scientific freedom are essential for the enjoyment of many other human rights. These are closely intertwined with the right to take part in cultural life, since both relate to the pursuit of knowledge and understanding and to human creativity.

The UN Human Rights Council, in October 2021,[85] backed by all the Latin American countries active in the Council, took the unprecedented 48/13 Resolution, recognizing the right to a clean, healthy, and sustainable environment as a human right. It was considered as important for the enjoyme of human rights and as related to other rights existing in international law. Council sent it to the General Assembly for further consideration. By so, the Council reaffirmed that all human rights are universal, indi interdependent, and interrelated. Finally, it encouraged nation states policies for the enjoyment of this brand-new human right, including biodiversity and cultural ecosystems.

---

[80] Supra n. 72, p. 43.
[81] Ibid., p 55.
[82] Ibid., p. 51.
[83] Resolution adopted by the Human Rights Council on 22 March dds-ny.un.org/doc/UNDOC/GEN/G18/017/42/PDF/G1801742
[84] https://documents-dds-ny.un.org/doc/UNDOC/GEN/G pdf?OpenElement; see Report of the Special Rapporteur A/HCR/46/34.
[85] https://documents-dds-ny.un.org/doc/UNDOC/GE pdf?OpenElement.

3. THE LATIN AMERICA REGION

3.1. GENERAL REMARKS

In the field of social science, a serious uneasiness can be perceived when trying to prove whether there is a link between climate change and the eruption of social violence or that which is gestated between groups of the same state. If this hypothesis is validated, the consequence is inevitable: the emergence of social and political conflicts in or between states.[86]

It is quite evident that, in isolation, the factual elements of climate change lack sufficient force to detonate destabilizing processes; it is the interrelation between climate change events as well as environmental, economic, cultural, and social elements that helps to explain social violence.[87]

The report entitled 'Access to Information, Participation, and Justice in Environmental Matters in Latin America and the Caribbean. Towards the Achievement of the 2030 Agenda for Sustainable Development', prepared in 2017 by the Economic Commission for Latin America and the Caribbean (CEPAL),[88] a UN agency, meticulously accounts for the growing number of socio-environmental and therefore cultural conflicts. Most of them are related to the management and exploitation of natural resources.

In this context, the Peruvian Ombudsman's Office[89] reported that 73% of the social conflicts in this country are of a socio-environmental[90] and cultural nature,[91] most of them associated with mining and hydrocarbon activities.[92]

---

[86] UN Secretary General Antonio Guterres's COP26 statement in full: https://www.thenationalnews.com/world/cop-26/2021/11/13/full-text-of-un-secretary-generals-cop26-statement/.

[87] SABINE VON SCHORLEMER and SYLVIA MAUS, 'Reflections on Climate Change, Heritage and Peace' in SABINE VON SCHORLEMER and SYLVIA MAUS (eds.), *Climate Change as a Threat to Peace. Impacts on Cultural Heritage and Cultural Diversity*, Dresdner Schriften zu Recht und Politik der Vereinten Nationen/Dresden Papers on Law and Policy of the United Nations, Internationaler Verlag der Wissenschaften, 2014, p. 10.

'Access to Information, Participation, and Justice in Environmental Matters in Latin America and the Caribbean. Towards the Achievement of the 2030 Agenda for Sustainable Development', https://repositorio.cepal.org/bitstream/handle/11362/43302/1/S1701020_en.pdf.

Informe Anual de la Defensoría del Pueblo. https://cdn.www.gob.pe/uploads/document/1154797/Informe_Anual_-2019.pdf.

N° 30754 – Ley Marco sobre Cambio Climático, https://sinia.minam.gob.pe/normas/ley-o-cambio-climatico.

CIA I. VASQUEZ, 'Extractive Industries And Conflicts In Peru: An Agenda For Action', /www.un.org/es/land-natural-resources-conflict/pdfs/Peru%20background%20 20UN%20EU%20partnership%20october%202010.pdf.

9785 – Ley del derecho a la consulta previa a los pueblos indígenas u originarios, lo en el convenio 169 de la organización internacional del trabajo (OIT), https://m.gob.pe/normas/ley-derecho-consulta-previa-pueblos-indigenas-originarios-

In Chile, the National Institute of Human Rights recorded more than 102 conflicts of this type in 2016.[93]

CEPAL maintains that a social disagreement that gravitates around the control of, use of, and access to natural resources, as well as the harmful environmental effects of these economic activities, should be classified as a socio-environmental conflict. The industries that mostly generate them are mining, oil, gas, fishing, forestry, and hydropower. What makes them viable are endemic ills in the region, such as extreme poverty and its persistence, especially in rural areas.

The causes of these conflicts are evident: the juxtaposition of rights over those in force in social and cultural environments, with their consequent alteration; the absence of authorizations for environmental impact studies; and prior, free, informed, good faith, and culturally appropriate consultations towards cultural communities. There is also the seriousness of considering the areas surrounding commercial exploitation as 'not in my backyard' (NIMBY),[94] which is a consequence of the disturbance of the environment that fragments the social fabric, and, among other factors, the asymmetry of power in the economic, cultural, legal, and political spheres. This leads to anomie, mostly within the realm of Indigenous communities.

The basic notions that climate change raise in a cultural context are resilience[95] and vulnerability.[96] The first is explained as the ability of a system to anticipate, prevent, reduce, absorb, and adapt, or to recover from random effects quickly and efficiently; this should include the preservation, restoration, or improvement of its essential structures. In this area, culture is fundamental, since it provides meaning and identity to communities, promotes a sense of belonging, and fosters values and social cohesion, among other factors.[97]

The uncertainties lie in the intangible cultural legacy: although these have permeated cultural diversity due to their constant mutation, fostering clear effects of resilience, now the basic question is the following; how deep is the

---

[93] MAITE BERASALUCE, PABLO DÍAZ-SEIFER, PAULINA RODRÍGUEZ-DÍAZ, MARCELO MENA-CARRASCO, JOSÉ TOMÁS IBARRA, JOSÉ CELIS-DIEZ and PEDRO MONDACA. 'Social-Environmental Conflicts in Chile: Is There Any Potential for an Ecological Constitution?', https://www.mdpi.com/2071-1050/13/22/12701.

[94] U.S. Commission on Civil Rights, 'Not in My Backyard: Executive Order 12,898 and Title VI as Tools for Achieving Environmental Justice', October 2003, https://www.usccr.gov/files/pubs/envjust/ej0104.pdf.

[95] United Nations Office for Disaster Risk Reduction, 'Terminology: Resilience', https://www.preventionweb.net/files/50683_oiewgreportenglish.pdf.

[96] Ibid.

[97] KARIMA BENNOUNE, 'Climate Change, Culture and Cultural Rights: In Preparation for the Report by the UN Special Rapporteur in the field of cultural rights', https://www.ohchr.org/Documents/Issues/CulturalRights/Call_ClimateChange/JMassey.pdf.

alteration of life in cultural forms in cultural communities as a consequence of climate change?

Regarding cultural vulnerability, it is schematically affirmed that this other fundamental notion refers to a significant decrease in existing cultural parameters when they fall below critical thresholds that can cause the fading of cultural expressions.

The weakening of cultural safeguarding systems leads to the destabilization of culture. The reduction of cultural vulnerability has as its main effect the improvement of human development; however, this reduction must be approached with a broad systemic perspective.[98]

3.2. THE REGIONAL LEGISLATION

The Escazú Agreement was formalized under the auspices of CEPAL in Escazú, Costa Rica on 4 March 2018 and entered into force on 22 April 2021, in all participating states.[99]

This agreement is considered one of the most important cultural and environmental instruments in the region. Its objective is to guarantee the full and effective implementation in Latin America and the Caribbean of the rights of access to environmental information and to public participation in those decision-making processes. It also seeks to achieve access to justice in the environmental sphere, ensuring the application and strengthening of capacities and cooperation, while guaranteeing the protection of the right of each person of current and future generations to sustainable development and to live in a healthy environment.

The Escazú Agreement,[100] a pioneering agreement in the international arena, is multifold. One of its main points is ensuring access to justice and its corollary, access to culture. The document recognizes the multicultural character of the region and its peoples, and obliges states to guarantee the right of everyone to live in a healthy environment. It also obliges adherence to any other universally recognized human right that is related to the agreement, since this prerogative, classified as irrefutable in nature, is an unrestricted human right, especially when it comes to groups in vulnerable situations. The ratifying States Parties are obliged to establish the favorable conditions with a view to public participation in environmental decision-making processes and ensure that these are adapted, among others, to the cultural characteristics of the communities.[101]

---

[98] '2009 UNISDR Terminology on Disaster Risk Reduction', https://www.unisdr.org/files/7817_UNISDRTerminologyEnglish.pdf.
[99] *Supra* n. 8.
[100] Ibid.
[101] Ibid.

The role of the judicial branch of each state, in this regard, will be decisive, as the agreement requires an extensive interpretation, the one that is most favorable to the fulfillment and respect of the aforementioned fundamental rights. Furthermore, the judicial branch must value local knowledge, promoting dialogue and the interaction of different visions and knowledge. The state is also required to guarantee respect for its national legislation and its international obligations regarding the rights of Indigenous peoples and local cultural communities.

The extensive interpretation is foreseen in the National Climate Change Action Plan of Guatemala,[102] which, like that of Honduras, provides that climate change actions must be structured with the aim of safeguarding cultural legacy and without disturbing the full exercise of cultural rights.

In Brazil,[103] Paraguay,[104] Chile,[105] and Ecuador,[106] the corresponding actions must be in harmony with the socio-cultural environment, with total respect for cultural diversity. Peru, for its part, in its national strategy for climate change, foresees differentiated actions with an intercultural approach, especially in those related to Indigenous peoples.[107]

From these perspectives, access to justice and culture is given a universal dimension since it must be extended. From now on, each person, group, community, town, and even the general public can sue to safeguard the nature/culture binomial without impeding the verification of the legal interest. It is important that the state should reduce or frankly eliminate barriers to the full exercise of the right of access to justice, facilitate the use of interpretation or translation from languages other than official languages, and favor free technical and legal assistance.

The Escazú Agreement[108] is unquestionably an alternative to mitigate the damage caused to the nature/culture binomial. Its provisions should not be considered reactive, if and only if indispensable cultural mitigation, adaptation, and resilience plans and strategies are drawn up.

---

[102] 'National Action Plan for Climate Change', https://www.climate-laws.org/geographies/guatemala/policies/national-action-plan-for-climate-change.

[103] Decree No. 15.518 creating the State Plan of Mitigation and Adaptation to climate change, https://www.ecolex.org/fr/details/legislation/decree-no-15518-creating-the-state-plan-of-mitigation-and-adaptation-to-climate-change-abc-piaui-lex-faoc135777/.

[104] Segunda Comunicación Nacional: Cambio Climático: Paraguay', November 2011, https://unfccc.int/sites/default/files/resource/prync2.pdf.

[105] 'National Climate Change Action Plan of Chile (2008–2012; 2017–2022)', https://climate-laws.org/geographies/chile/laws/national-climate-change-action-plan-2008-2012-2017-2022.

[106] 'National Strategy on Climate Change 2012-2025 (Ministerial Accord No. 095)', https://www.climate-laws.org/geographies/ecuador/policies/national-strategy-on-climate-change-2012-2025-ministerial-accord-no-095.

[107] Supreme Decree No. ENCC-011.2015, https://www.gob.pe/institucion/minam/normas-legales/317550-encc-011-2015.

[108] Supra n. 8.

The significance of the Escazú Agreement[109] is substantive: it has a radiating and transversal effect. The resolutions of the Colombian Constitutional Court and the Colombian and Mexican Supreme Courts, and the constitutional provisions of Ecuador and Bolivia, permeate states, which reaffirms the safeguarding of the nature/culture binomial.

3.3. CONSTITUTIONAL ISSUES

The term *Pacha Mama*, Mother Earth, is typical in the Quechua language, in which *Pacha* means world or earth, and *Mama*, mother; from there an ecocultural cult of Mother Nature has been established in the Andean region.

As part of this movement, Ecuador[110] and Bolivia[111] gave *Pacha Mama* a constitutional expression, and in an unexpected way they conceptualized nature

---

[109] Ibid.
[110] The Ecuador Constitution, in force since 20 October 2008, states the following: 'Article 71. Nature, or Pacha Mama, where life is reproduced and occurs, has the right to integral respect for its existence and for the maintenance and regeneration of its life cycles, structure, functions and evolutionary processes. All persons, communities, peoples and nations can call upon public authorities to enforce the rights of nature. To enforce and interpret these rights, the principles set forth in the Constitution shall be observed, as appropriate. The State shall give incentives to natural persons and legal entities and to communities to protect nature and to promote respect for all the elements comprising an ecosystem. Article 72. Nature has the right to be restored. This restoration shall be apart from the obligation of the State and natural persons or legal entities to compensate individuals and communities that depend on affected natural systems. In those cases of severe or permanent environmental impact, including those caused by the exploitation of nonrenewable natural resources, the State shall establish the most effective mechanisms to achieve the restoration and shall adopt adequate measures to eliminate or mitigate harmful environmental consequences'. See https://pdba.georgetown.edu/Constitutions/Ecuador/english08.html.
[111] Bolivia's Constitution of 2009, in force since 25 January 2009, states the following: 'Article 98 I.- Cultural diversity constitutes the essential basis of the Pluri-National Communitarian State (Estado Unitario Social de Derecho Plurinacional Comunitario). The inter-cultural character is the means for cohesion and for harmonic and balanced existence among all the peoples and nations. The intercultural character shall exist with respect for differences and in conditions of equality. II. The State takes strength from the existence of rural native indigenous cultures, which are custodians of knowledge, wisdom, values, spiritualties and world views. III. It shall be a fundamental responsibility of the State to preserve, develop, protect and disseminate the existing cultures of the country. Article 99 I. The cultural patrimony of the Bolivian people is inalienable, and it may not be attached or limited. The economic resources that they generate are regulated by law to give priority to their conservation, preservation and promotion. II.- The State shall guarantee the registry, protection, restoration, recovery, revitalization, enrichment, promotion and dissemination of its cultural patrimony, in accordance with the law. III. The natural, architectural, paleontological, historic, and documentary riches, and those derived from religious cults and folklore, are cultural patrimony of the Bolivian people, in accordance with the law. Right to culture Article 100 I. The world views, myths, oral history, dances, cultural practices, knowledge and traditional technologies are patrimony of the nations and rural native indigenous peoples. This patrimony forms part of the expression

as a body of rights. Thus, the Constitution of Ecuador provides that the former has the right to be fully respected in its existence, and the right to the maintenance and regeneration of its vital cycles, structure, functions, and evolutionary processes. In technical terms, the legal articulation confers legitimacy on every person, community, or peoples to sue for their protection and all the elements inherent to their ecosystem.

The development of cultural rights in both legal systems is remarkable. The ecosystem is articulated with the right of cultural communities, in the most generous sense, to build and maintain their own identity, to decide to belong, to exhaust their aesthetic freedom, to rescue their collective memory, and to have unrestricted access to their cultural heritage. These Magna Cartas assure them the right to spread their own cultural expressions and to have access to other diverse ones.

The public space, constituted by the natural environment of the communities, is the innate sphere of deliberation, cultural exchange, cohesion, and promotion of equality in diversity; thus, the Indigenous peoples will be able to establish territorial boundaries for the preservation of their culture.

It is evident that the multiculturalism in Latin America protecting Indigenous peoples' rights has been a central component of progressive constitutionalism since the early 1990s. This can also be seen in the case of the brand-new Chilean Constitution, which is expected to be approved in the near future following the same archetype.

3.4. TANGIBLE CULTURAL HERITAGE

In the WHL's methodology, there is a clear distinction between archeological heritage and built heritage when analyzing climate change impacts and assisting states in overcoming them.[112]

3.4.1. Archaeological Heritage

Chan Chan, capital of the ancient kingdom of Chimú, was a pre-Inca civilization located in the Moche Valley, north of Lima, Peru, which underwent its most significant development between the 9th and 15th centuries. Its sophisticated architecture, its layout and its nine palaces reveal a social structure of great political and cultural complexity. The friezes of its monuments, with abstract

---

and identity of the State. II. The State shall protect this wisdom and knowledge through the registration of the intellectual property that safeguards the intangible rights of the nations and rural native indigenous peoples and of the intercultural and Afro-Bolivian communities'. See https://www.constituteproject.org/constitution/Bolivia_2009.pdf.

[112] *Supra* n. 1, p. 165.

anthropomorphic and zoomorphic characters, find their best expression in textiles from Chan Chan, which are highly valued on the international art market.[113]

Yet the remains of this pre-Columbian civilization are being seriously affected by climate change, since they have always been exposed to the phenomenon of the southern oscillation of the Pacific Ocean known as El Niño, which causes variations in rainfall, as well as the temperatures of the tropical and subtropical regions. Through climate change, the inhabitants of the northern coast of Peru have been particularly affected by unusual rains and an increase in the water levels in the region. As an archaeological site, Chan Chan has been affected by the humidity, which has damaged the basement of its monumental buildings and caused increased growth of vegetation, such as water lilies, forcing UNESCO to inscribe it on its List of World Heritage in Danger.[114] The forecast for this site seems to be bleak; the Peruvian authorities have erected protective structures such as tents or awnings in various parts of the city. Some friezes have been protected with a solution of distilled water and cactus juice, while others have been photographed and then covered to protect them. Panels with photographs of the friezes allow visitors to see what the covered pieces look like.

3.4.2. Built Heritage

The OUV Heritage in Latin America inscribed on the List of World Heritage in Danger are the city of Potosí in Bolivia;[115] the Río Plátano biosphere reserve in Honduras;[116] the islands and protected areas of the Gulf of California in northwestern Mexico;[117] the fortifications on the Caribbean side of Panama, Portobelo-San Lorenzo;[118] and Coro and its port in Venezuela.[119]

3.4.2.1. City of Potosí, Bolivia

Potosí was considered the world's largest industrial complex in the 16th century and became the major colonial-era supplier of silver to Spain. The whole industrial production chain from the mines to the Royal Mint has been conserved, and the underlying social context is equally well illustrated, with quarters for the Spanish

---

[113] 'Chan Chan Archaelogical Zone', https://whc.unesco.org/en/list/366/.
[114] Ibid.
[115] 'City of Potosí Bolivia', https://whc.unesco.org/en/list/420.
[116] 'Río Plátano Biosphere Reserve in Honduras, Central America', https://whc.unesco.org/en/list/196.
[117] 'Islands and Protected Areas of the Gulf of California, in Northwestern Mexico', https://whc.unesco.org/en/list/1182.
[118] 'Fortifications on the Caribbean Side of Panama: Portobelo-San Lorenzo in Panama', https://whc.unesco.org/en/list/135.
[119] 'Coro and its Port in Venezuela', https://whc.unesco.org/en/list/658.

the forced laborers separated from each other by an artificial
colonists ? exerted a lasting influence on the development of architecture
river. p..al arts in the central region of the Andes by spreading the forms
and m..yle that incorporated native Indian influences.¹²⁰
of a ...dation of Cerro de Potosí, also called Cerro Rico (Rich Mountain
rcko), by continued mining operations has long been a concern,
..s of years of mining have left the mountain porous and unstable.
..nticity of the property is thus threatened, and urgent and appropriate
...st be taken to protect human lives, to improve working conditions and
..nt further deterioration of this vulnerable component of the property.¹²¹
Bolivian government issued a law intended to protect Mother Earth
..s development,¹²² the main purpose of which is to include Indigenous
..nunities in the development. As is often the case in the region, the legal
...ative is excellent but the results feeble.

The government created a state-owned mining corporation (COMIBOL) to control the mining sector in the country. It drafted a strategic and ambitious plan (2016–2020) that included the protection of cultural heritage and Potosí City.¹²³

The first attempts to stabilize Cerro Rico, which risks collapse and threatens the whole city of Potosí, cared more for the aesthetics of the hill than amending its structure. Needless to say, it was a failure. Now, the Bolivian Mining Ministry, supported by the technical advice of COMIBOL and the local University Tomás Frías, intends to provide a structural solution for Cerro Rico. The Bolivian government has made efforts to relocate some of the cooperatives operating in Cerro Rico by granting them other mining concessions in different parts of the country.

3.4.2.2.   Río Plátano Biosphere Reserve, Honduras

This site of OUV Heritage is located in the Mosquitia region of northeastern Honduras and, with other neighboring natural reserves, is acknowledged as the largest contiguous forest area in Latin America north of the Amazon.¹²⁴

Despite the strong legal protection, the Río Plátano biosphere reserve has long been suffering from human pressure threatening its integrity. Forests continue

---

[120] *Supra* n. 114.
[121] Ibid.
[122] Ley N° 71 - Ley de derechos de la madre tierra del Estado Plurinacional Boliviano, https://www.fao.org/faolex/results/details/es/c/LEX-FAOC144985/#:~:text=)%20(Nivel%20nacional)-,Ley%20N%C2%BA%2071%20%2D%20Ley%20de%20derechos%20de%20la%20madre%20tierra,las%20generaciones%20presentes%20y%20futuras.
[123] https://www.comibol.gob.bo/images/planestrategico.pdf.
[124] *Supra* n. 117.

to be logged and converted to pasture, while agricultural encroachment and illegal resource extraction are widespread. There is a consensus that the complex environmental challenges requires integrated decision-making strategies, policies, and measures for the entire region and mostly involving communities.[125]

Within the reserve, there are many threats to the plants and animals that live there thanks to the illegal hunting and logging that is occurring. The government regulates the logging industry through the Honduran Cooperation for Forestry Development Law (COHDEFOR), which was issued in 1974. Yet it has been unable to effectively stop the unregulated and illegal felling of trees that continues to destroy the habitat of many plants and animals.[126]

In September 1972, the National Aeronautics and Space Administration and the United States Geological Survey, under the NASA/USGS program, launched the Earth Resources Technology Satellite project. This project was renamed Landsat (Land and Satellite) in July 1972 and Landsat 9 was launched in September 2021. The Spatial Decision Modeler integrated into the TerrSet Software (Land Change Modeler) version of the IDRIS software employed by this satellite is a graphical modeling tool for multi-criteria and multi-objective decision support. These tools are able to predict with certainty the evolution of the deforestation based on data from the last 10–15 years.

Landsat provided imagery of the Río Plátano Biosphere Reserve, which showed evidence of the irreversible deforestation of this crucial reserve. This dynamic is common in the Central American region, including in southeast Mexico. After carrying out the clearance of the land, the Indigenous communities use the soil for precarious domestic agriculture and abandon it after a while, rendering it useless. Wildfires[127] and severe periods of drought contribute strongly to the deforestation process as well.[128]

The forecast is not promising. Landsat predicts that the Río Plátano Biosphere Reserve will lose more than 83,659.72 hectares by 2041.[129] Worse, this reserve, like other World Heritage Sites, is adding to rather than reducing CO_2 emissions.[130]

---

www.ecolex.org/es/details/legislation/decreto-ley-no-10374-ley-de-la-corporacion-a-de-desarrollo-forestal-cohdefor-lex-faoc009417/.

v.un.org/es/node/158118.

.google.com/site/geo121wikifall2012/home/rio-platano-biosphere-reserve-

searchgate.net/publication/305488317_Deforestation_and_Forest_Carbon_deling_Using_Landsat_TM_Imagery_in_the_Rio_Platano_Biosphere_as_Central_America.

g/es/node/158118.

3.4.2.3. Islands and Protected Areas of the Gulf of California, Northwestern Mexico[131]

John Steinbeck, during the Second World War, wrote the non-fictional book *The Log from the Sea of Cortez*, in which he stated that he would take something away from it but that he was leaving something too.[132]

The Gulf of California, located in northwestern Mexico, is recognized worldwide as an area of global marine conservation significance, surrounded among others by the valuable terrestrial conservation areas of the islands and coastal fields, most of which are part of the Sonoran Desert.[133]

The coasts of the Gulf of California (Sea of Cortez) and the larger islands close to the shore were historically settled, before imported diseases severely decimated the Indigenous communities. More recently, guano and egg collection, hunting of sea lions, and whaling occurred in the Gulf of California. Most of such activities have long been phased out, leaving the affected areas to recover naturally. On land, threats today include alien invasive species, with herbivores and predators menacing the delicate small island systems. The biggest ongoing impact on the valuable marine conservation areas stems from artisanal, industrial, and sport fishing.[134]

Cabo Pulmo is a pristine patch of sea at the southern end of Mexico's Baja Peninsula, within the Gulf of California, where the rugged islands and coastal desert contrast with the surrounding turquoise waters. On 15 June 1995,[135] the Mexican Executive Branch declared 7,111 hectares and waters surrounding Cabo Pulmo a National Marine Park (CPNMP). In 2005, with slight amendments in 2007 and 2011, UNESCO inscribed Cabo Pulmo as a World Heritage Site, protected and managed by the Mexican National Commission for Natural Protected Areas (CONANP or CONABIO) in partnership with the local community and the NGOs ProNatura Noreste, the Gulf of California Fund (FGC), and the Mexican Fund for Nature Conservation (MFCN), the latter of which is a private non-profit organization. The CPNMP spans approximately 100 km (60 miles) between Pulmo Point and Los Frailes Cape, occupying just a fraction of the Sea of Cortez. Despite its status as a National Marine Park, Cabo Pulmo has been repeatedly threatened by development projects, commercial fishing, and uninformed visitors. The FGC has provided funds to promote strategic projects, among which are the National Marine Biology Monitoring System (NMBMS) and a monitoring program for Mexico's mangrove forests. The NMBMS's task is to manage and conserve the ecosystems of the Gulf of

---

[131] https://globalconservation.org/projects/cabo-pulmo-and-loreto-baja-sur-mexico/.
[132] http://maxima-library.org/mob/b/249029?format=read.
[133] *Supra* n. 132.
[134] Ibid.
[135] http://dof.gob.mx/nota_detalle.php?codigo=4875024&fecha=06/06/1995.

California and the northern Pacific. The projects include the local communities, without whom all kinds of initiatives run the risk of failure.

One of the endangered species in the region is the vaquita porpoise, of which there are fewer than 30 individuals. A conservation initiative was launched, funded by the Leonardo DiCaprio and Carlos Slim Foundations, that aims to ensure the long-term conservation of the vaquita porpoise. The Mexican Fund for the Preservation of Nature (FMCN, its acronym in Spanish) provided the conceptual framework and in 2016 launched the project 'Biodiversity Conservation in Mexico: Achievements and Challenges from the Perspective of Civil Society (1995–2017)'. It was strongly considered that the main problem in the CPNMP is ocean warming caused by climate change, which poses real challenges for ecological connectivity. The result is less connected larval dispersal networks which, to ensure larvae adaption and to prevent this, require the design of a network that ensures the maintenance of connectivity under future climatic conditions.[136]

Notwithstanding these initiatives, some of them which have been successful, are not taking significant adaptation actions to prevent phenomena related to climate change from affecting and degrading their coastal systems, the CPNMP being no exception. The CPNMP has an institutional framework, but local Indigenous communities are living in extreme poverty and their social fabric is strongly endangered by the strict rules enforced in the CPNMP.

3.4.2.4. Fortifications on the Caribbean Side of Panama: Portobelo-San Lorenzo, Panama

The fortifications on the Caribbean side of Panama are characteristic examples of military architecture developed by the Spanish Empire in its New World territories largely between the 17th and 18th centuries. As a whole, these structures comprised a defensive line to protect Portobelo's harbor and the mouth of the Chagres River, which were the Caribbean terminals of the transcontinental route across the Isthmus of Panama. The defensive system includes fortifications in different styles, some of them skillfully integrated into the natural landscape as part of its military defensive design. In the earliest constructions, a military style with medieval features prevailed, while in the 18th century the structures were erected in the neo-classical style, as observed at the forts of Santiago, San Jerónimo and San Fernando, and in San Lorenzo.[137]

On a regional scale, these military compounds belonged to a larger defensive system, including the ports of Veracruz (Mexico), Cartagena de Indias (Colombia), and Havana (Cuba), to protect the route of commercial

---

[136] https://www.ecologyandsociety.org/vol27/iss1/art24/#area.
[137] *Supra* n. 119.

trade between the former colonies and Spain.[138] These compounds represent an important example of defense and technology development mainly between the 17th and 18th centuries.

The town of San Felipe de Portobelo was founded on 20 March 1597, as a Caribbean terminus of the route through the Isthmus of Panama, and to replace Nombre de Dios as a port of transit and trans-shipment. The need to improve the overland route through the Isthmus during the rainy season called for an alternative route. The Chagres River–Cruces path, a mixed fluvial and land trail, was the counterpart of the Camino Real from Panama City to Portobelo, built in response to this need.[139]

However, the integrity of the site has been compromised to different degrees by environmental factors, by uncontrolled urban sprawl and development, and by a lack of maintenance and management. A number of measures, including conservation works, enforcement of regulations, and the operation of a site management unit, will need to be implemented in a sustained manner to prevent the further erosion of the conditions of integrity, particularly at the component parts located in Portobelo.[140]

In 2007, the Panama government launched the National Policy on Climate Change.[141] After the UN Summit on Climate Change, the Executive Branch issued Panama's Strategy for Challenging Climate Change (PSCC), with the task of assuming environmental commitments and articulating the 2050 Strategic Governmental Plan of June 2019.[142] The ad hoc Environmental Ministry (MiAmbiente)[143] had the town of San Felipe de Portobelo as one of its targets.

The PSCC acknowledged the lack of a national plan for the protection of material and intangible heritage, cultural property, and historic monuments. Under the authority of the PSCC, the former National Cultural Institute[144] was replaced by the Ministry of Culture (MiCultura), created in August 2019,[145] which developed a new Cultural Law, issued in November 2020.[146] The first task of MiCultura was to take care of Panama's World Heritage sites in danger, such as the town of Portobelo.

The deterioration of this town is due to vegetation growth, material loss, disintegration, and salt encrustations, which cause a process of calcite

---

[138] Ibid.
[139] Ibid.
[140] CHIARA CIANTELLI et al., 'How Can Climate Change Affect the UNESCO Cultural Heritage Sites in Panama?' (2018) 8(8) *Geosciences* 296.
[141] https://digitalrepository.unm.edu/cgi/viewcontent.cgi?article=1250&context=la_energy_policies.
[142] https://www.gacetaoficial.gob.pa/pdfTemp/28788_B/GacetaNo_28788b_20190604.pdf.
[143] https://www.miambiente.gob.pa/download/ley-8-2015-crea-ministerio-de-ambiente/.
[144] https://docs.panama.justia.com/federales/leyes/63-de-1974-jun-25-1974.pdf.
[145] https://www.gacetaoficial.gob.pa/pdfTemp/28840_A/GacetaNo_28840a_20190816.pdf.
[146] https://www.gacetaoficial.gob.pa/pdfTemp/29151_A/GacetaNo_29151a_20201111.pdf.

crystallization and the presence of soluble salts and chromatic alteration. Climate change has altered the relative humidity and air temperature, which are detrimental to cultural heritage objects. In the first report issued by MiCultura, it was stated that the customs building of the town of Portobelo had been restored.[147] Nevertheless, it should be pointed out that the report recognized the difficulties in resisting the effects of climate change.

3.4.2.5. Coro and its Port, Venezuela

Coro and its port's buildings of earthen construction, in a rich fusion of local traditions, Spanish Mudéjar, and Dutch architectural techniques, have maintained their original layout and urban landscape to a remarkable degree. Starting in 1527, the town's domestic, monumental, religious, and civil buildings all employed earthen building techniques that are still in use today. Coro was the first capital of the Captaincy General of Venezuela and the first biosphere of continental America, established in 1531. Its Port of La Vela was the first South American town to achieve independence from Spain and is better known by its epithet 'place of winds' or the 'windy city'.

The original layout and early urban landscape of Coro and its port continue to be maintained and much of its earthen architecture remains intact, despite the difficult challenges the site has faced as a consequence of its material fragility and because of drastic environmental changes.[148]

But by 2005, the city's deteriorating condition, caused in part by two consecutive years of heavy rains, prompted UNESCO to place Coro and its port on its List of World Heritage in Danger. A large part of this was due to the city's lack of an adequate drainage system. It is very difficult to access reliable information; nevertheless, it has been stated that the Venezuelan government has spent some funds to reverse this situation. Yet it seems to be that the funds were employed on different issues.[149] Many of its buildings are vulnerable to heavy rains and its material has low resistance to moisture. Venezuela has failed to submit annual reports to UNESCO as obliged by the UNESCO 1972 Convention.

3.5. JURISDICTIONAL APPROACH

The Chocó sits in one of the most diverse regions of Colombia in terms of natural, ethnic, and cultural wealth. This territory is crossed by the Atrato River, which is the largest in the country and the third most navigable after the Magdalena and

---

[147] https://micultura.gob.pa/miculturados-anos-de-gestion/.
[148] https://whc.unesco.org/en/list/658.
[149] https://www.smithsonianmag.com/travel/endangered-site-port-city-of-coro-venezuela-54270187/.

Cauca rivers; its source is in the Andes mountain range and it flows into the Gulf of Urabá, in the Caribbean Sea.

The Chocó has suffered for centuries from social exclusion that is conducive to rampant corruption; its geographic isolation has separated it from colonial institutions, and it has been exposed to excessive extractive industries. The intangible cultural heritage of the region has had to survive the dominant Colombian culture. Its vulnerability is more than obvious. This constantly altered ecoregion is central to the debate on climate change and the natural and cultural environment. It has suddenly become a major catalyst for a radical change in Colombian society.

In the Colombian legal system, there are two constitutional actions: the popular action (acción popular) which protects collective rights and interests, and guardianship, which is an ideal mechanism for the protection of the fundamental prerogatives established in the Constitution.[150]

The Dignified Land Center for Studies for Social Justice (Tierra Digna), representing the Greater Community Council of the Popular Peasant Organization of Alto Atrato (Cocomopoca) and other groups, sued institutions such as the Presidency of the Republic and the Ministry of the Environment

---

[150] The Colombian Constitution, in force since 4 July 1991, states the following: 'Article 86 Every individual may claim legal protection before the judge, at any time or place, through a preferential and summary proceeding, for himself/herself or by whoever acts in his/her name, the immediate protection of his/her fundamental constitutional rights when the individual fears the latter may be jeopardized or threatened by the action or omission of any public authority. The protection will consist of an order so that whoever solicits such protection may receive it by a judge enjoining others to act or refrain from acting. The order, which will have to be implemented immediately, may be challenged before the competent judge, and in any case the latter may send it to the Constitutional Court for possible revision. This action will be followed only when the affected party does not have access to other means of judicial defense, except when the former is used as a temporary constitute device to avoid irreversible harm. In no case can more than ten (10) days elapse between the request for protection and its resolution. The law will establish the cases in which the order of protection should apply to individuals entrusted with providing a public service or whose conduct may seriously and directly affect the collective interest or in respect of whom the applicant may find himself/herself in a state of subordination or vulnerability. Article 87 Any individual may appear before the legal authority to effect the application of a law or administrative act. In case of a successful action, the sentence will order the delinquent authority to perform its mandated duty. Article 88 The law will regulate popular actions for the protection of collective rights and interests related to the homeland, space, public safety and health, administrative morality, the environment, free economic competition, and other areas of similar nature defined in it. It will also regulate the actions stemming from the harm caused to a large number of individuals, without barring appropriate individual action. In the same way, it will define cases of responsibility of a civil nature for the damage caused to collective rights and interests. Article 89 In addition to what is mentioned in the previous articles, the law will determine the other resources, actions, and procedures necessary to protect, through the integrity of the legal order, the individual rights of groups or collectives against the acts or omissions of public authorities'. See https://www.constituteproject.org/constitution/Colombia_2005.pdf.

and Sustainable Development with a view to restoring the full exercise of the affected groups' fundamental biocultural rights. This is the case of those rights held by ethnic communities, such as the right to a healthy environment and culture.[151]

These peoples also have the right to administer and exercise autonomous protection over their territories in accordance with their own laws, customs, and traditions. The emphasis is, of course, on their link with the environment and biodiversity, which reveals a clear symbiosis between nature, resources, and culture of the ethnic and Indigenous groups that inhabit these communities.

Tierra Digna claimed that, in order to ensure the full exercise of its biocultural rights, the government should be obliged to issue a series of orders and measures that would allow the articulation of structural solutions to the serious crisis caused by climate change in terms of culture, socio-environmental, and humanitarian matters in the Atrato river basin, its tributaries, and surrounding territories.

In November 2016, in the face of the epicenter of enormous social pressure, the Constitutional Court issued one of the emblematic resolutions of its kind in Latin America.[152] It determined that the mandate of the Constitution is crystal clear and entails the obligation of the Colombian state and society to preserve natural and cultural wealth; for this, the Constitution establishes obligations that safeguard the bond of human beings with their vital environment and require the conservation, restoration, and sustainable development of the latter. The Constitutional Court reasoned that the Constitution vindicates ethnic and cultural diversity and the bond with the earth as integral elements of the worldview and religiosity of native peoples.[153]

Taking into account the constitutional text and the treaties that Colombia has ratified, the Constitutional Court states that it is unique because it is an ecological Constitution.[154] Moreover, it emphasizes the best interests of nature. For this, the Constitutional Court moved away from the orthodox

---

[151] FRANCESCO SINDICO, MAKANE MOÏSE MBENGUE, and KATHRYN MCKENZIE, 'Climate Change Litigation and the Individual: An overview' in FRANCESCO SINDICO, MAKANE MOÏSE MBENGUE, and KATHRYN MCKENZIE (eds.), *Comparative Climate Change Litigation: Beyond the Usual Suspects*, Ius Comparatum – Global Studies in Comparative Law, Springer 2021, p. 11.

[152] Corte Constitucional, Sala Sexta de Revisión, T-622 de 2016 Referencia: Expediente T-5.016.242, https://redjusticiaambientalcolombia.files.wordpress.com/2017/05/sentencia-t-622-de-2016-rio-atrato.pdf.

[153] Ibid.

[154] MARÍA DEL PILAR GARCÍA PACHÓN, ADRIANA VILORIA, and MARIA DANIELA DE LA ROSA CALDERÓN, 'Climate Change Litigation' in Colombian in FRANCESCO SINDICO, MAKANE MOÏSE MBENGUE, and KATHRYN MCKENZIE (eds.), *Comparative Climate Change Litigation: Beyond the Usual Suspects*, Ius Comparatum – Global Studies in Comparative Law, Springer 2021, p. 53.

anthropocentric conception[155] in order to adopt a biocentric vision and, henceforth, fundamentally eco-centric positions.[156]

The conclusion of the Constitutional Court outlined in its adjudication was that the Atrato River and, with it, nature must be considered as an authentic legal body endowed with rights, typical of the plural and alternative worldviews of the communities, thus being susceptible to constitutional protection. In the same way, it gave inter communis effects to the judgment for all ethnic groups that were in the same factual and legal situation.[157]

This unusual adjudication is in harmony with Colombian jurisprudence itself, according to which nature turns out to be more than an environment and a compound of human beings. It is a body with its own rights that must be protected and guaranteed; unquestionably a progressive resolution. The primary effect was to give any citizen, community, or people legitimacy to request constitutional protection towards the preservation of their cultural and natural environment.

In technical terms, it is observed that nature and the environment have a transversal effect in the Colombian constitutional order, where communities have the right to maintain their distinctive cultural heritage. The function of collective biocultural rights consists of the traditional acknowledgement of nature in accordance with Indigenous cosmogony.

The link between nature and the human species finds its basis in bio-culturalism, with spiritual and cultural meanings intrinsic to communities. Ethnic and cultural diversity is inherent to the democratic, participatory, and pluralistic specificity and to the full acceptance of multiple ways of life, races, languages, traditions, and systems of thought that are far from Eurocentric conceptions.[158]

The Constitutional Court's adjudication has had unexpected repercussions. Shortly after it was issued, 25 young Colombians, including many minors, resorted to the tutelary action (*acción de tutela*) contending that their rights were being violated, as future generations, to a dignified life, health, water, and their culture. Underpinning this claim was the unscrupulous deforestation of the Colombian Amazon.[159]

---

[155] *Supra* n. 33, p. 21.
[156] Corte Constitucional, Sala Sexta de Revisión, T-622 de 2016 Referencia: Expediente T-5.016.242, https://redjusticiaambientalcolombia.files.wordpress.com/2017/05/sentencia-t-622-de-2016-rio-atrato.pdf.
[157] *Supra* n. 131, p. 59.
[158] *Supra* n. 132.
[159] The English version of Case No. 11001-22-03-000-2018-00319-01 (Approved in session on 4 April 2018), http://climatecasechart.com/climate-change-litigation/wp-content/uploads/sites/16/non-us-case-documents/2018/20180405_11001-22-03-000-2018-00319-00_decision-1.pdf.

For this reason, the Supreme Court of Justice, in accordance with the precedent of the Constitutional Court, considered the Amazon region to be a legal body with rights and holder of the responsibilities for protection, conservation, maintenance, and restoration, in charge of the state and the territorial entities that are part of it.[160]

The legal route chosen by the claimants was wrong; even so, the Supreme Court of Justice held that, because of exceptional circumstance, this incorrect option should be followed up. The Supreme Court linked climate change to the impact on human rights and to the recognition of future generations to be heard for the formulation of policies, including cultural ones, that already affect them or will affect them in the future. Furthermore, this adjudication, in an innovative way, excluded technical considerations from its legal system and simply accepted scientific arguments, concluding based on them that deforestation is the main source of greenhouse gas emissions in Colombia.[161]

These new foundations have given access to justice in Colombia a new dimension, especially for isolated communities burdened for centuries by economic devastation or by the constant harassment surrounding their cultural diversity. Access to justice,[162] whose corollary is access to culture, has as its primary effect the safeguarding of highly vulnerable minority cultures exposed to the serfdom of the dominant culture.

After the Colombian adjudications, the Latin American region is experiencing a surge of climate litigation, reactive by nature, based on Indigenous rights in general and on socioeconomic and cultural rights in particular. Cultural rights have gained centrality as a tool for protecting cultural ecosystems and for climate governance.[163] This litigation strategy is spreading, with many countries in Latin America now experiencing social and political mobilizations.[164]

3.6. THE MEXICAN MODEL

The Mexican Supreme Court resolved an appeal filed by the National Autonomous University of Mexico against a project that a real-estate corporation intended to develop – a large-scale housing complex – on land near the university's campus in the south of Mexico City.[165]

---

[160] Ibid.
[161] Ibid.
[162] Supra n. 131, p. 24.
[163] https://www.scirp.org/journal/paperinformation.aspx?paperid=108959.
[164] https://www.lse.ac.uk/granthaminstitute/wp-content/uploads/2020/07/Global-trends-in-climate-change-litigation_2020-snapshot.pdf.
[165] https://www.scjn.gob.mx/sites/default/files/listas/documento_dos/2022-04/581-2.pdf.

The adjudication was in favor of the university, yet it undeniably transcends its text, since it redefines the consequences of the legality of a jurisprudential cultural model. This emphasis is necessary: its importance for the future safeguarding of Mexican cultural heritage is significant.

In resolving this dispute, the court had to decipher and balance different perspectives; the nature of the adjudication is therefore multifold. Its premises, all of great relevance, have a common denominator: the right of access to culture as a human right provided for by the constitutional amendment on culture.[166]

3.6.1. The Facts

The central campus of the university was listed in July 2007 as a World Heritage Site[167] by the WHC,[168] which is the operating body of the 1972 UNESCO Convention.[169]

It should be noted that, if a state aspires to having an site on the World heritage list, the application must meet the criteria of 'outstanding universal value' set out in the Operational Guidelines.[170] Previously, the architectural complex known as Ciudad Universitaria had been declared an Artistic Monument by the Mexican state in accordance with its domestic legislation.[171]

The real-estate corporation intended to build two tower blocks of 23 stories each, and a third of 27 stories, to create a total of 616 homes, self-service stores, and related services. The real-estate complex would cover 115,494 square meters: a large-scale project. The complex was intended to be erected on land adjoining the university campus. For this, the corporation had obtained the respective construction licenses, consistent with the Urban Development Program of Mexico City, approved by its legislative branch.

Dissatisfied with the issuance of the licenses and the promulgation of the program, the university filed an appeal before a federal judge. The Supreme Court exercised its power of attraction, rightly considering that the resolution of the dispute was of national importance.

The project is located in a zone technically known as a World Heritage Site buffer zone; it is common practice in UNESCO declarations to provide for this

---

[166] Article 4 of the Mexican Constitutes states: '[e]very person has cultural rights, has the right of access to culture and the right to enjoy state cultural services. The State shall provide the means to spread and develop culture, taking into account the cultural diversity of our country and respecting creative freedom. The law shall provide instruments that guarantee access and participation of any cultural expression.' See https://www2.juridicas.unam.mx/constitucion-reordenada-consolidada/en/vigente.
[167] https://whc.unesco.org/en/list/1250.
[168] https://whc.unesco.org/en/committee/.
[169] https://whc.unesco.org/archive/convention-en.pdf.
[170] https://whc.unesco.org/en/guidelines/.
[171] https://www.dof.gob.mx/nota_detalle.php?codigo=2082165&fecha=18/07/2005#gsc.tab=0.

type of area. Applications addressed to the Cultural Heritage Committee must be submitted in detail, as was the case here. In the technical draft delivered by the university to the WHC, Buffer Zone 2 stands out. It includes precisely the location of this project, and its substantive point is that it authorizes the construction of houses only two stories high with a minimum of 40% of the area left unbuilt.[172]

Consequently, the dispute involved two conflicting interests: those of the corporation, primarily chrematistic; and those of the university, essentially cultural. This conflict was not minor, since the campus houses the university's governing bodies and many of its faculties, schools, and research institutes, among others. It is, therefore, the university's sanctum sanctorum, constituting a public space that has been the scene of significant national events and that is part of Mexican collective memory.

The legal action filed by the university went beyond being a simple dispute over the use of the land. Its purpose was the defense of Mexican cultural values, which find refuge in the protection measures that derive from the international obligations assumed by the Mexican state.

In this action, the involvement of the university's community was decisive: it generated a legitimate feeling of outrage about a threat to the community's cultural identity, and the community in turn claimed the right to culture as a human right and a social need. The community argued that the dissemination of culture by constitutional mandate is precisely what, among other functions, gave meaning to the university's project.[173]

From another equally valuable perspective, if one examines the reasoning of the WHC, the central campus was built between 1949 and 1952. Outstanding Mexican engineering and architecture were employed in its construction, which associated the appearance of the buildings with social and cultural values, with special emphasis on the pre-Columbian past.

This connection between material and intangible cultural heritage spreads beyond Mexico's borders and constitutes incontestable universal cultural heritage. By itself, the monumental complex is an epitome of 20th-century Mexican modernism, which 'integrates urban planning, architecture, engineering, landscaping, and fine arts'.[174]

3.6.2. Background

The Supreme Court's judgment in the dispute between the university and the developer was the culmination of a cultural process in the Mexican legal system.

---

[172] *Supra* n. 168.
[173] See Article 4-VII of the Mexican Constitution in its English version in the Political Constitution of the United Mexican States. See https://www2.juridicas.unam.mx/constitucion-reordenada-consolidada/en/vigente.
[174] *Supra* n. 168.

This analysis is however limited to the relevant Mexican legislation on the matter. It begins with the ratification, by the Mexican state, of the International Covenant on Economic, Social, and Cultural Rights,[175] which lacked any operational capacity until the ad hoc Committee prepared the General Comments, specifically No. 21.[176]

The international conventions ratified by Mexico have been multifold; among them is the 1972 UNESCO Convention and its correlative OGs.[177] Mexico has registered 35 sites on the World Cultural Heritage List, which indicates the recurrence and timely observance of Operational Guidelines in Mexico. Mexico is also currently a member of the WHC (2021-2025).

On this journey, the constitutional amendments regarding Indigenous communities stand out, having transformed the Mexican cultural landscape.[178] One of these amendments introduced the premise of access to culture, which served as a support, among other aspects, for creating a cultural fabric throughout the national territory. The same can be said for the promulgation of the General Law of Culture and Cultural Rights.[179]

The abovementioned constitutional amendment[180] was developed more extensively in the Mexico City Constitution,[181] especially with regard to cultural rights and cultural heritage.[182] It led to the creation of a cultural model for the city that is founded on two basic axioms: unrestricted access to the right to culture, and the absolute freedom of science and art, along with the correlative prohibition of all kinds of censorship.[183]

The Mexico City Constitution requires that the laws issued by the City Congress be consistent with federal laws and international instruments on the matter of culture and cultural heritage, as well as with its federal rules, operating guidelines, general observations, comments, and official interpretative criteria.[184]

---

[175] https://www.ohchr.org/sites/default/files/cescr.pdf.
[176] E/C.12/GC/21.
[177] FRANCESCO FRANCIONI (ed.), *The 1972 World Heritage Convention: A Commentary*, Oxford Commentaries on International Law, Oxford University Press, 2008.
[178] See Articles 1 and 2 of the Mexican Constitution in its English version, https://www2.juridicas.unam.mx/constitucion-reordenada-consolidada/en/vigente.
[179] https://www.diputados.gob.mx/LeyesBiblio/ref/lgcdc.htm.
[180] As a federal state, the United Mexican States have one Constitution named the 'Political Constitution of the United Mexican States', enforced in the whole country, and each federal state has its own state constitution.
[181] https://www.scjn.gob.mx/sites/default/files/justicia_constitucional_local/documento/2020-01/118922.pdf.
[182] See Articles 8D and 18A of the Mexico City Constitution, https://www.scjn.gob.mx/sites/default/files/justicia_constitucional_local/documento/2020-01/118922.pdf.
[183] JORGE SÁNCHEZ CORDERO, *Entre Escila y Caribdis, Infortunios y Tragedias Culturales. Nuevos y Antiguos desafíos ante la devastación, el saqueo y las políticas hegemónicas en materia cultural*, El Colegio Nacional/Tirant lo Blanch, 2018, pp. 107–126.
[184] See Article 18A of the Mexico City Constitution, https://www.scjn.gob.mx/sites/default/files/justicia_constitucional_local/documento/2020-01/118922.pdfGeneral.

3.6.3. Cultural Legitimation

In its judgment in the dispute, the Supreme Court tackled one of the most relevant issues: that of legitimacy, which is crucial for the exercising of rights in the corresponding jurisdiction. Its judgment resolves the dilemma regarding who holds cultural rights.

In our legal system, various institutions and universities are provided with a specific autonomy, different in nature from that of the other organs of the state. It empowers them to self-govern and to comply with the constitutional mandate that, among other things, orders the dissemination of culture. This essential function, mandated by the Political Constitution of the Mexican Federal States prevents any attribution of an authoritarian character to the universities. To this it should be added that their ability to administer their assets is a consequence of their autonomy in defense of this, the university therefore acted without authority and as a mere private individual.

In this way, in its claim the university appealed to its right to culture, for which it disputed the unilateral imposition of stemming from an act of authority that, by altering the urban environment in the protection zone, inhibited the institution from fulfilling its constitutional mandate, i.e. the dissemination of culture.

Without prejudice to the foregoing, this adjudication provides the legal foundations for going to the court when individual or collective cultural rights are violated and gives proof of the legitimate interest in the field of culture. In this way, it sets out the criteria by providing the legal tools to sue in court under the argument of the cultural legitimacy in the constitutional amendment in matters of culture and establishes a cultural model of enormous importance for Mexico.

3.6.4. Legitimate Cultural Interest

In a previous constitutional amendment,[185] the defense of legitimate interest became viable. This opened invaluable scope for access to justice in Mexico, and now, with this adjudication, cultural justice by extension.

Legitimate interest is identified when an individual, group, or cultural community considers that their human rights, in this case their right to culture, have been violated by acts of authority. To do so, they must prove their links with the rest of the community's cultural population.

The protection is granted to undetermined persons belonging to certain cultural social groups. Clarity is required: there is a conceptual difference between collective rights and diffuse rights. In the former, interests related to a

---

[185] See Article 107-I and II of the Political Constitution of the United Mexican States, https://www2.juridicas.unam.mx/constitucion-reordenada-consolidada/en/vigente.

specific community whose element of cohesion is its legal bond are identified, while in the latter, no legal bond is identified; instead, only contingent or accidental situations are.

The jurisprudential construction in this adjudication order is indubitable.[186] Both collective and diffuse interests are distinguished by a characteristic that is common to them: they go beyond the individual and, therefore, are supra-individual. Anything affecting the human right of access to culture that falls on a group or community as a whole is exclusive to them, which gives rise to the transgression of the human right of access to culture and its distinctive note of indivisibility.

3.6.5. *The Relativity of Adjudications*

By outlining the legal consequences of access to culture, the Supreme Court has determined that the constitutional violation of this right affects an entire group or cultural community. The considerations of such a premise are greater; it encompasses the principle of the relativity of adjudications.

This principle in the Mexican system maintains that the adjudication takes effect exclusively between the disputing parties; its profile is essentially individualistic and therefore lacks effectiveness in the field of collective and diffuse rights.[187]

The jurisprudential innovation consists of protecting the interests that pertain to indeterminate persons belonging to a cultural group or community. It is precisely in this context that the indivisibility of the transgression of the right of access to culture takes on its full dimension; it affects a group or community as a whole.

In this adjudication, the Supreme Court has substantiated the constitutional amendment in matters of culture and introduced the notion of cultural justice. To this end, it has transformed the principle of relativity of adjudications in matters of culture, which, in general, is limited to the legal sphere of the disputing parties; this adjudication extended cultural justice to cultural groups and communities, thereby making it technically operational.[188]

Indeed, on the occasion of this dispute of cardinal importance, the university introduced the outline of a new cultural model, the foundations of which were determined by the court by structuring access to culture and its undoubted nature as a human right with the innovative creation of the notion of cultural justice.

---

[186] https://sjf.scjn.gob.mx/SJFSem/Paginas/Reportes/ReporteDE.aspx?idius=2007921&Tipo=1.
[187] See Article 107-I of the Political Constitution of the United Mexican States, https://www2.juridicas.unam.mx/constitucion-reordenada-consolidada/en/vigente.
[188] *Supra* n. 166.

The intersection between culture and human rights is part of an exciting debate: culture implies not only the promotion and protection of its physical manifestations but also its link with individuals, groups, or communities; it is the diversity of these bonds that now deserves the protection of this specific form of protection. Henceforth, all these subjects, as original holders of the right to culture, will have the necessary legitimacy, which is essential for the exercising of cultural rights.

The culturalization of human rights, part of this cultural model, is now perceived in terms of three approaches: cultural acceptance, assimilation, and legitimation. Cultural communities and groups now realize that the protection of cultural heritage is socially timely and necessary since it forms part of their cultural identity. Human rights are inserted in a complex paradigm with a clear substratum of accretions of human experience in which a clear intersection between individual, collective, and diffuse human rights is observed.

The Mexican Supreme Court reiterates the criterion that human rights cannot be separated from the group or community. Such individual, collective, and diffuse character of human rights belongs to the same unum, which is human dignity in a multidimensional community like the Mexican one.[198]

Consistent with its jurisprudence, the court holds that for the potential exercise of their cultural rights, the individual, cultural group, or community must be in an identifiable legal situation that is linked to the grievance asserted. The specificity of the legal situation, must stem from a personal circumstance that distinguishes the individual, group or community from the rest of society.

The transgression of the human right of access to culture, therefore, must be differentiated from that of other members of society. This characterization is substantive, so that this legitimate cultural interest is protected and its effects are extended to third parties unrelated to the dispute. Qualified, real, current, and legally relevant are the specificities of the legitimate cultural interest that must be proven in court.

3.6.7. Cultural Rights

Initially, cultural rights were designed to harmonize them with social and economic rights, which would ensure their integration into the state. Now, with this adjudication, the interaction between culture and human rights acquires a different perspective.

It is necessary to point out that the Constitution's protection of the right to culture is not meant as access to an alleged national culture, but to the specific culture of groups and communities, without discrimination of any kind. This requires removing any obstacle that prevents it, as well as creating conditions for

---

[198] LENZERINI, *supra* n. 192, p. 107.

the preservation, development, and dissemination of identity, history, culture, language, traditions, and customs.

The natural consequence of this jurisprudential cultural model is the achievement of cultural equality, which can only be obtained when all communities and groups can exercise their cultural rights and have access to resources in order to support and promote their own identity under the same conditions as the dominant culture.[199]

Cultural equality makes sense in the space where the various identities of cultural groups and communities find their fulfillment and the dynamics of interaction and communication that go beyond the official space.

3.6.8. The Normative Hierarchy

Finally, another relevant aspect of this adjudication is to determine the normative hierarchy established by the Constitution. Much ink has been spilled in the analysis of this constitutional realm in Mexican legal literature; however, this is not the appropriate space to participate in such a debate.[200]

This adjudication is, nevertheless, unequivocal with regard to the normative hierarchy in the Mexican legal system in matters of culture. The dispute and this adjudication recognized that the 1972 UNESCO Convention prevails over local legislation. Furthermore, this adjudication suggests that the OGs that give operation to this Convention form a whole and unique instrument which, consequently, do not require subsequent constitutional ratification.

This operability provided by the OGs is essential 'to provide an effective system of collective protection of the cultural and natural heritage of outstanding universal value'. Consequently, the OGs are as binding as the Convention and form an incontestable part of the international obligations of the Mexican state, which in this case also includes the technical opinion concerning in this case the buffer zone.

The importance of this adjudication is enormous. Thus, for example, the OGs for the application of the Convention for the Safeguarding of the Intangible Cultural Heritage (2005 UNESCO Convention) are equally binding and form part of the international obligations of the Mexican state, as does General Comment 21 of the Covenant.

3.6.9. Epilogue

This adjudication requires a holistic understanding that explains its structure, meaning, and purpose to outline the jurisprudential cultural model. The Supreme

---

[199] SÁNCHEZ CORDERO, *supra* n. 184, p. 111.
[200] JORGE SÁNCHEZ CORDERO, *La inextricable Travesía del Acceso a la Cultura*, Tirant Humanidades, 2022, p. 130.

Court, in its adjudication, established a whole cultural model that sets out one of the great jurisprudential innovations elaborated by the Supreme Court.

The creation of a jurisprudential cultural model is a milestone in jurisdictional tradition. Its impact on the Mexican cultural ecosystem will undoubtedly shape the behavior of individuals, groups, and cultural communities in their claims for the enforcement of their cultural rights, which will happen to the extent that this adjudication would become familiar to the the social corpus.

A primary effect of this adjudication by the Supreme Court is to foster in government agents an attitude of aiming to prevents acts of depredation of the Mexican cultural heritage and to temper their constant circumvention of cultural human rights.

The fate of Mexican cultural heritage is now subject to this jurisprudential model. Safeguarding it as a non-renewable cultural resource and has a preeminence in the preservation of knowledge and its transmission to successive generations.

This adjudication is undeniably paradigmatic and its effects radiating out to other areas of the Mexican legal system are still to be discussed.

4. CONCLUSIONS

According to a famous phrase attributed to the French writer Victor Hugo, nothing is more powerful than an idea whose time has come, and it could well be added that it is impossible to put up any resistance. The interaction between culture, human rights, and the environment is an idea whose time is now.

Climate change is a multiplier of warnings[201] but culture is a balm and an effective vehicle towards achieving mitigation and adaptation mechanisms in the face of this phenomenon. Climate change will inevitably continue to affect cultural heritage; regarding intangible heritage, it will continue to force communities to adapt their work habits and ways of life as a result of war, food and water shortages, or uncertainties in terms of cultural diversity and socio-cultural interaction. Hence, it is necessary to rethink the notions of prevention, adaptation, mitigation, and supervision of cultural legacy and, with it, the preservation of international peace.[202] To counteract climate change, a holistic approach that fosters the interaction between science and humanities is inevitable.

Three aspects constitute a conceptual triangle of a multidisciplinary nature in which science and the humanities converge, which is very useful for clarifying the impact of climate change on culture. Firstly, there is the binomial of climate

---

[201] *Supra* n. 86, p. 12.
[202] Ibid., p. 11.

change and violence; secondly, the association between climate change and the safeguarding of cultural heritage; and thirdly, cultural legacy as a vehicle for the achievement of international peace.[203]

At present, culture must be taken on as a proactive element in shaping and ensuring lasting peace.[204] The international community must become aware that the foundation of this conceptual triangle recognizes the principle of equity that must be incorporated into international agreements and domestic legislation. Thus, the principle of equity should be transformed into customary international law.

One of the most intense debates consists in defining whether climate change should be considered a threat to international peace and security,[205] insofar as it alters the stability of states and the human rights system. In effect, climate change subverts the effectiveness of myriad human rights, such as those relating to life and health, and, of course, cultural ones. If successful, this proposal would oblige the UN Security Council to act and adopt resolutions that, in terms of its Charter, are binding on the international community.[206]

The jurisdictional cases that are registered in the international sphere indicate significant fissures in the traditional legal canon, anchored in the Latin American region with deep rooted traditions. At the same time, they try to respond to basic social needs emanating from climate change when the orthodox legal corpus offers few alternatives in the judicialization of climate change.

It is quite evident that the system of liability based on evidence of fault and damage and their causal relationship has serious shortcomings, since climate change is multipolar and multifaceted. Now, in the face of climate change, this model of responsibility proves that it is dragged down as a vestige in our legislation due to its anachronism. The direct and immediate links between damage and fault have been abandoned by the international jurisdiction, which bases and motivates its resolutions on the scientific evidence of the cumulative effect of anthropogenic climate change. International law relating to the safeguarding of the cultural heritage legislation was drawn up in the 1972 UNESCO Convention and is out of sync with the current climate change legislation.

---

[203] Ibid., p. 11.
[204] ROLAND BERNECKER, 'Concluding Remarks' in SABINE VON SCHORLEMER and SYLVIA MAUS (eds.), *Climate Change as a Threat to Peace. Impacts on Cultural Heritage and Cultural Diversity*, Dresdner Schriften zu Recht und Politik der Vereinten Nationen/Dresden Papers on Law and Policy of the United Nations, Internationaler Verlag der Wissenschaften, 2014, p. 334.
[205] GUNTER PLEUGER, 'Climate Change as a Threat to International Peace – The Role of the UN Security Council' in SABINE VON SCHORLEMER and SYLVIA MAUS (eds.), *Climate Change as a Threat to Peace. Impacts on Cultural Heritage and Cultural Diversity*, Dresdner Schriften zu Recht und Politik der Vereinten Nationen/Dresden Papers on Law and Policy of the United Nations, Internationaler Verlag der Wissenschaften, 2014, p. 334.
[206] *Supra* n. 148, p. 334.

The basic questions in the climate change debate consist of inquiring which elements of this cultural legacy will survive and could, consequently, benefit future generations, and what the new environments will be with which cultural communities of all kinds will associate their myths, legends, and traditions.

Meanwhile, the omens are not favorable and the surviving cultural sites will become incomplete palimpsests before which the enigmas of the past must be solved to ensure the transmission of knowledge. The 1972 UNESCO Convention creates a paradox: the World Heritage List aims to safeguard the most valuable monuments and sites, which are in danger from the destructive effects of climate change derived from predatory anthropogenic action.[207]

The COP26 decision is conclusive: climate change has created and will continue to provide a new dimension to the fragility and vulnerability of our cultural and natural ecosystems. It is through the legal and ethical architecture analyzed in this contribution that the imminent Latin American social and cultural tensions will be resolved, and the construction of its cultural heritage achieved.

---

[207] Ibid.

AESTHETIC(S) OF THE LAW

Room for Comparisons?

Alexandre SENEGACNIK

1. A Multiplicity of Angles to Analyze the Relationship between Culture and Law 233
2. Formal Aesthetic of the Law and Legal Style 238
3. Formal Aesthetic(s) of the Law? A Personal Selection of Representative Examples 241
4. A Topic of Interest for (Comparative) Lawyers?..................... 253

1. A MULTIPLICITY OF ANGLES TO ANALYZE THE RELATIONSHIP BETWEEN CULTURE AND LAW

Culture and law – the relationship between these two concepts can be envisaged from a variety of angles and likely through an infinite panoply of rubrics. In fact, the pieces gathered in this book all envisage the relationship through a large variety of rubrics. At the same time, they all share as a common denominator the choice to envisage the relationship from one very specific angle, i.e. culture within law. Put differently, they discuss and consider how culture in all its forms and expressions is – or should be – apprehended, regulated, or protected by the law. Culture has evidently been drawn directly into the orbit of the law as a subject of legal regulation. While this may be the evident angle for lawyers to consider the aforementioned relationship, it by no means constitutes an exclusive one to do so. Over the last century, the legal community has witnessed the development of a series of trendy 'Law and ...' enterprises. Such cultural legal studies all seek to understand cultural phenomena through the prism of law.[1] Some have reached

---

[1] JAAKO HUSA, 'Comparative law, literature and imagination: Transplanting law into works of fiction', *Maastricht Journal of European and Comparative Law*, 28(3), 2021, 371–389, 373: '[t]o simplify a great deal, cultural legal studies is essentially about studying law in cultural contexts. This means reaching outside the mainstream view of law as a normative discipline.

the status of stand-alone disciplines such as Law and Literature and perhaps also Law and Film.[2]

By contrast, other 'Law and ...' enterprises remain arguably more topical. One may in this regard refer to Law and Architecture,[3] Law and Music,[4] or perhaps even Law and Food.[5]

Clearly, this kind of definition leaves a great deal open qua definition but, paradoxically, that is part of the attraction. The fact that there is something intellectually unfinished residing in the phrase "cultural legal studies" makes it appealing.' See also MARETT LEIBOFF and CASSANDRA SHARP, 'Cultural Legal Studies and Law's Popular Cultures' in CASSANDRA SHARP and MARETT LEIBOFF (eds.), *Cultural Legal Studies: Law's Popular Cultures and the Metamorphosis of Law*, Routledge, 2016, p. 3.

[2] Understanding the 'Law and Film' enterprise proves to be as difficult as the 'Law and Literature' enterprise: relevant perspectives in this regard appear to be that some films' modes of social operation parallel those of the law and legal systems; that some films enact viewer-engaging judgment; and that some films elicit popular jurisprudence. The legal aesthetic captured in this contribution is not directly linked to this specific enterprise as it concerns the law itself, and not a representation of law in/through film. See inter alia DAVID A. BLACK, *Law in Film: Resonance and Representation*, University of Illinois Press, 1999; STEFAN MACHURA and PETER ROBSON (eds.), *Law In Film*, John Wiley & Sons, 2001; CHRISTIAN BIET and LAURENCE SCHIFANO (eds.), *Représentations du procès, cinéma et théâtre*, Actes du colloque de Nanterre, Publidix, 2003; AUSTIN SARAT, LAWRENCE DOUGLAS, and MARTHA MERRILL UMPHREY (eds.), *Law on the Screen*, Stanford University Press, 2005; BRUNO DAYEZ, *Justice et Cinéma*, Anthemis, 2007; CHRISTIAN GUÉRY, *Justices à l'écran*, PUF, 2007; STEVE GREENFIELD, GUY OSBORN, and PETER ROBSON, *Film and the Law: The Cinema of Justice*, Bloomsbury Publishing, 2010; MAGALIE FLORES-LONJOU and ESTELLE EPINOUX-POUGNANT (eds.), *La famille au cinema : Regards juridiques et esthétiques*, Editions Mare et Martin, 2016. One may further extend the topic of inquiry to 'Law and Television'. See JENNIFER L. SCHULZ and PETER ROBSON (eds.), *A Transnational Study of Law and Justice on TV*, Bloomsbury, 2016.

[3] The aesthetic of legal buildings has been the object of interesting analysis as well. A particularly fascinating topic in this regard is also the particular architecture of international legal buildings as opposed to national counterparts. See for instance. MIRIAM BAK MCKENNA, '"A Happy Building": Architecture and Universal Justice at the International Criminal Court', 2019, https://artij.org/en/blog.html#9 and MICHAEL A. BAINES, 'Hegemony through the Architecture of the International Criminal Court', *International Gramsci Journal*, 4(3), 2021, 86–127. Such an understanding of aesthetic falls outside of the scope envisaged in this contribution. It is, however, interesting to highlight that here as well, there appears to be room for some comparative analysis. See for instance, CHRISTINE MENGIN, 'Deux siècles d'architecture judiciaire aux États-Unis et en France', *Histoire de la justice*, 21(1), 2011, 191–211.

[4] ERIKA ARBAN, 'Seeing Law in Terms of Music: A Short Essay on Affinities between Music and Law', *Les Cahiers de droit*, 58(1–2), 2017, 67–86.

[5] The topic was addressed by Salvatore Mancuso in a presentation on 'Language, Law, and Food' delivered as part of the Congress on Food Law and Right to Food co-organized by the International Academy of Comparative Law in Pavia in summer 2022. The proceedings of the Congress are expected to be published in a subsequent volume of *Diritto pubblico comparato ed europeo*. See from SALVATORE MANCUSO (ed.), *Law and Food: Regulatory Recipes of Culinary Issues*, Routledge, 2021.

Figure 1. The International Criminal Court (The Hague), the United States Supreme Court (Washington, DC), and the Tribunal de Paris (Paris)

Source: Wikipedia[6]

In the same vein, a Law and Visual Culture enterprise provides yet another take on the relationship between law and culture. A key topic of inquiry in this regard concerns the image(s) of judges within culture.[7]

---

[6] https://en.wikipedia.org/wiki/International_Criminal_Court#/media/File: International_Criminal_Court_building_(2019)_in_The_Hague_01_(cropped).jpg; https://commons.wikimedia.org/wiki/File:United_States_Supreme_Court_Building,_July_21,_2020.jpg; https://en.wikipedia.org/wiki/File:Tribunal_de_Paris.jpeg.

[7] See for instance LESLIE J. MORAN, *Law, Judges and Visual Culture*, Routledge, 2021. The book draws upon a wide range of interdisciplinary scholarship – including art history, film and television studies, and social and cultural studies, as well as law – in order to provide insights into the making, managing and viewing of pictures of judges.

Figure 2. US Supreme Court Justices Ruth Bader Ginsburg and Antonin Scalia ride an elephant in India in 1994

Source: Collection of the Supreme Court of the United States, Dey Street Books.

Differently, what may also come to mind as a different angle to approach the relationship between law and culture is the study of visual representations of the law in art.[8] In this regard, it is hard not to notice a clear focus on representations of justice – and Lady Justice in particular – rather than law itself. Artistic representations of the latter evidently also exist, and one may point by means of an example to Michelangelo Pistoletto's fascinating *Le tavole della legge*.[9] Approaching the law via such representations through art is evidently an beguiling endeavor, yet doing so does not allow us to entertain the concept of law's aesthetic(s) adopted here.

The aim of the present contribution is indeed to pithily explore another among the conceivable angles to approach the relationship between culture and law, and which can, for the purposes of this contribution, be reformulated as law as a reflection of culture. Admittedly, said angle has already been considered in

---

[8] See for instance KEVIN O'CONNOR and ANTOINE MASSON, *Representations of Justice*, Peter Lang, 2007; STEFAN HUYGEBAERT, GEORGES MARTYN, VANESSA PAUMEN, ERIC BOUSMAR, and XAVIER ROUSSEAUX (eds.), *The Art of Law: Artistic Representations and Iconography of Law and Justice in Context, from the Middle Ages to the First World War*, Springer, 2018; see also the chapter on representations of justice by CATHERINE KESSEDJIAN, 'Le tiers impartial et indépendant en droit international, juge, arbitre, médiateur, conciliateur', *Recueil des cours*, vol. 403, 2020.

[9] See for an analysis, CHRISTINE POGGI, 'Mirroring the Law: Michelangelo Pistoletto, Santiago Sierra, Tehching Hsieh, and Chantal Akerman' in LEIF DAHLBERG (ed.), *Visualizing Law and Authority, Essays on Legal Aesthetics*, De Gruyter, 2013.

Figure 3. Michelangelo Pistoletto's *Le tavole della legge*, mirror, 200 × 180 cm

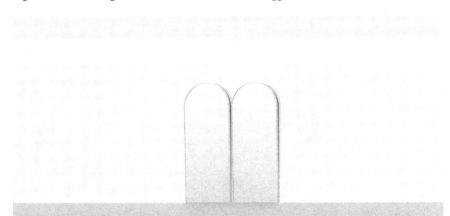

Source: Michelangelo Pistoletto, *The Tables of the Law* (*Le tavole della legge*), 1979. Created by the author.

academic legal scholarship,[10] but there remains one particular subfocus which, as will be discussed in this contribution, has not received great attention. It concerns the extent to which aesthetical elements of the law may be considered to reflect a given cultural identity.

The impetus for the present contribution stems from one of these random discoveries and surprising readings which a scholar occasionally has the chance to experience. In this case, the remarkable 'Contributions to an Aesthetic of the Law' by Heinrich Triepel can be found in a book published in 1947, under the title *Vom Stil des Rechts – Beiträge zu einer Ästhetik des Rechts*.[11] At that time, Triepel laid one of the founding stones of the discussion as to whether law's aesthetic was by nature merely decorative or accessory, or, whether by contrast, it should be a worthy topic of scholarly (legal) investigation:

> If the question can be answered in the affirmative, the path would be cleared for an investigation of what can be identified with some certainty and detail about the aesthetic side of law. But even if the examination of our question should lead to the opposite conclusion, the inquiry would not, I believe, have been made in vain.[12]

---

[10] See for instance recently, Mateusz Stepien and Jan Bazyli Klakla (eds.), *Law and Culture: Reconceptualization and Case Studies*, Springer, 2022.

[11] Heinrich Triepel, *Vom Stil des Rechts: Beiträge zu einer Ästhetik des Rechts*, Lambert Schneider, 1947 (republished in 2007 by Berliner Wissenschafts-Verlag, Juristische Zeitgeschichte, Klassische Texte).

[12] Ibid., p. 19.

As is very well known, scholarly inquiries into the aesthetic dimension of the law have since then flourished.[13] Strikingly, however, scholarly writings interested in law's aesthetic focus on substantial aspects or elements.

2. FORMAL AESTHETIC OF THE LAW AND LEGAL STYLE

In order to best delineate the narrow contours of the proposed topic of inquiry, it is crucial to exclude what is not understood as 'aesthetic of the law' for the purpose of this contribution. To do so, it is helpful to dive into one of the previously mentioned 'Law and …' enterprises as it deals with the notion of writing 'style'.

Law and Literature is arguably the most well-established enterprise in the series; to the point that is now regularly included in law school curricula, albeit mostly in the form of elective courses or stand-alone workshops. The existence of a series of dedicated reviews – *Law and Literature* or *Revue Droit & Littérature* to cite only two – is a remarkable achievement to underscore, alongside the many books dedicated to the topic.[14] The Law and Literature movement appeared in the United States' academic circle in the mid-1970s after the pioneering work of Cardozo in the 1920s.[15] Oftentimes associated with the Critical Legal Studies, it is

---

[13] See SIMONA ANDRINI, *Le miroir du réel. Essais sur l'esthétique du droit*, LGDJ, 1997; COSTAS DOUZINAS and LYNDA NEAD (eds.), *Law and the Image: The Authority of Art and the Aesthetics of Law*, The University of Chicago Press, 1999; COSTAS DOUZINAS and RONNIE WARRINGTON (eds.), *Justice Miscarried: Ethics and Aesthetics in Law*, Harvester Wheatsheaf, 1994; ADAM GEAREY, *Law and Aesthetics*, Hart Publications, 2001. See also the 1996 volume 40 of the *Archives de philosophie du droit* on the topic 'droit et esthétique'.

[14] See inter alia JAMES BOYD WHITE, *The Legal Imagination: Studies in the Nature of Legal Thought and Expression*, Little, Brown & Co., 1973; RICHARD A. POSNER, *Law and Literature: A Misunderstood Relation*, Harvard University Press, 1st edition, 1989; RICHARD H. WEISBERG, *Poethics, and Other Strategies of Law and Literature*, Columbia University Press, 1992; IAN WARD, *Law and Literature: Possibilities and Perspectives*, Cambridge University Press, 1995; PHILIPPE MALAURIE, *Droit et littérature: une anthologie*, Cujas, 1997; CLAUDIO MAGRIS, *Literatura y derecho/Literature and Law: Ante la ley/Before the Law*, Sexto Piso Espana, 2008; CLARICE BEATRIZ DA COSTA SÖHNGEN and ALEXANDRE COSTI PONDOLFO (eds.), *Encontros entre direito e literatura: pensar a arte*, EDIPUCRS, 2008; CHRISTIAN HIEBAUM, SUSANNE KNALLER and DORIS PICHLER (eds.), *Recht und Literatur im Zwischenraum / Law and Literature In-Between*. Bielefeld Transcript, 2015; ROBERT A. FERGUSON, *Practice Extended: Beyond Law and Literature*, Columbia University Press, 2016; ALEIDA HERNÁNDEZ CERVANTES, *Derecho y literatura*, Bonilla Artigas Editores, 2017; ANTJE ARNOLD and WALTER PAPE (eds.), *Romantik und Recht. Recht und Sprache, Rechtsfälle und Gerechtigkeit. Aufsatzsammlung*, De Gruyter, 2018; KIERAN DOLIN, *Law and Literature*, Cambridge University Press, 2018; GRETA OLSON, *From Law and Literature to Legality and Affect*, Oxford University Press, 2022.

[15] See in particular the book by BENJAMIN N. CARDOZO, *Law and Literature*, Harcourt, Brace & Co., 1931. In Europe, the first major works appeared slightly later in the 1980s. PETER HÄBERLE, *Das Grundgesetz der Literaten. Der Verfassungsstaat im (Zerr-)Spiegel der Schönen Literatur*, Nomos, 1983. In France, one may refer to special issues of the *Cahiers*

understood to comprise distinct branches or areas, an exhaustive list of which is hard to make.[16] Admittedly, any outsider to the field – this author included – will find it hard to embark on the Law and Literature enterprise, for this ultimately requires to entertain and engage with a *macédoine* of overlapping theories and the associated complex jargon.[17] Regrettably, many members of the legal community – arguably the core cadre of black-letter legal scholars[18] – further continue to reject the enterprise on what appears to be a caricatural understanding of the latter, i.e. a not-so-serious enterprise grossly limited to the supply of a rich stock of literary quotations or images in legal writings.[19] Luckily, and on the other hand, there exists a certain scholarly interest in a nascent field of Comparative Law and Literature.[20]

At this stage, the reader may likely expect the present contribution on aesthetic(s) of the law to drop anchor on the (Comparative) Law and Literature island. This is so because the very notion of 'style' is a key topic of inquiry on said island.[21] In fact, one may add that it is also nothing new for comparative law

---

    d'action juridique: 'Droit et littérature', *Actes* nos. 43-44, April 1984 and 'Le droit saisi par la pluridisciplinarité', *Actes* nos. 75-76, June 1992.

[16] Philippe Ségur, 'Droit et littérature : Éléments pour la recherche', *Revue Droit & Littérature* 1(1), 2017, 107–123. Jaako Husa, 'Comparative law, literature and imagination: Transplanting law into works of fiction', *Maastricht Journal of European and Comparative Law*, 28(3), 2021, 375, 371–389.

[17] Richard A. Posner, *Law and Literature: A Misunderstood Relation*, Harvard University Press, 3rd edition, 2009, p. 9, discussing the – in his view inappropriate – turn to literary theories within law and literature.

[18] Jaako Husa, 'Comparative law, literature and imagination: Transplanting law into works of fiction', *Maastricht Journal of European and Comparative Law*, 28(3), 2021, 374, 371–389.

[19] Which in itself certainly remains interesting to do. See the well-known debate of Supreme Court Justices Scalia and Breier about the meaning of Robert Frost's poem 'Mending Walls'. *Plaut v. Spendthrift Farm, Inc.*, 514 U.S. 211, 240 (1995) (Scalia, majority opinion: 'Separation of powers, a distinctively American political doctrine, profits from the advice authored by a distinctively American poet: Good fences make good neighbors.'); ibid. at 245 (Breyer, concurring opinion: 'As the majority invokes the advice of an American poet, one might consider as well that poet's caution, for he not only notes that "Something there is that doesn't love a wall," but also writes, "Before I built a wall I'd ask to know/ What I was walling in or walling out." R. Frost, Mending Wall, The New Oxford Book of American Verse 395–396 (R. Ellmann ed. 1976)'.

[20] Jaako Husa, 'Comparative law, literature and imagination: Transplanting law into works of fiction', *Maastricht Journal of European and Comparative Law*, 28(3), 2021, 377, 371–389: '[C]omparative law and literature is a cross-cultural field that draws comparisons between and among literature from different legal traditions, aiming to understand variations of law as they are influenced by the cultural context. Comparative law and literature is about linking laws and contexts as cultural products, along with the economies of their production, legislators and courts as law-creators, audiences, languages of law, politics and the circulation of power that creates the complex texture of interrelated legal knowledge systems that encompass the planet'.

[21] Law and Literature certainly comprises the study of literary works to feed the law-making process. In this perspective, literature, and more particularly themes of legal relevance, are called to help understand the law. Differently, one may also consider the study of the notion

jargon, as it is argued in comparative law that 'legal style' matters. The study of such legal style has been the subject of extensive comparative law scholarship.[22] Style has occasionally become a criterion to classify and distinguish legal systems, but tellingly a series of very different definitions of style still coexist in this regard. For instance, in their *Introduction to Comparative Law*, Konrad Zweigert and Hein Kötz introduce the notion as follows:

> The critical thing about legal systems is their style, for the styles of individual legal systems and groups of legal systems are each quite distinctive. The comparatist must strive to grasp these legal styles, and to use distinctive stylistic traits as a basis for putting legal systems into groups. The concept of style which originated in the literary and fine arts has long been used in other fields. Style in the arts signifies the distinctive element of a work or its unity of form, but many other disciplines use this fertile concept to indicate a congeries of particular features which the most diverse objects of study may possess.[23]

At the risk of disappointing the reader, the 'style' referred to in the previous examples is not the one captured by the aesthetic of the law referred to in this contribution. Put simply, the legal style mentioned above is still very much attached to the substance of the law, while the present contribution steers a different direction which may, by contrast, be labelled as exclusively formal.

To be sure, the very difference between substance and form is anything but clear, and the case could and has been made that 'legal writing style' is also a question of form rather than substance. Fortunately, in the present case, the by contrast 'formal' aesthetic(s) of the law considered for the purpose of this contribution can easily be distinguished from the question of legal writing style. What is meant in this case are pure formal aspects.

---

[22] of law itself as literature. This evidently includes the analysis of rhetorical tools used in legal writings. In addition, one may also consider the relationship between Law and Literature through a comparative analysis of interpretative methods.
Pierre Brunet, Jean-Louis Halpérin and Raphaëlle Nollez-Goldbach, 'Les styles judiciaires : diversité des approches, nécessité des évolutions', *Droit et société*, 91(3), 2015, 465–471.

[23] Konrad Zweigert and Hein Kötz, *Introduction to Comparative Law*, Clarendon Press, 3rd edition, 1998, pp. 67–68. The concept had been explored earlier on by Zweigert, who referred to five factors that together, in his judgment, constitute such style: (1) historical origin; (2) a specific mode of legal thought; (3) particularly distinctive legal institutions; (4) the legal sources and their interpretation; and (5) ideological factors. See Konrad Zweigert, 'Zur Lehre von den Rechtskreisen' in Kurt Nadelmann, Arthur T. Von Mehren, and John N. Hazard (eds.), *XXth Century Comparative and Conflicts Law: Legal Essays in Honor of Hessel E. Yntema*, A. W. Sythoff, 1961, pp. 42–55. See for a recent discussion, Péter Cserne, 'Conceptualising "style" in legal scholarship: the curious case of Zweigert's "style doctrine"', *International Journal of Law in Context*, 15, 2019, 297–309.

3. FORMAL AESTHETIC(S) OF THE LAW? A PERSONAL SELECTION OF REPRESENTATIVE EXAMPLES

The present contribution is adapted from the visual presentation given in Mexico City during the conference on Culture and Law. While it is impossible to reproduce here the visual content of said presentation, a few words are still necessary to explain its overarching aim. The underlying idea for the presentation stems from yet another randomly encountered reading, this time outside of legal scholarship, i.e. Ben Eastham's *The Imaginary Museum*. Eastham's confrontational approach to entertaining a discussion about contemporary art is – mutatis mutandis – adopted in the present chapter for the study of law's aesthetic(s):

> This short essay is not, I should make clear, an attempt to construct an authoritative or remotely coherent overview of contemporary art. Instead it is an exercise in trying to construct a story from the materials available to me, which is to say the works of art at the top of my head ... So let me take you on a tour of the art collection that I keep in my mind and tell you a story that I hope you'll contest.[24]

The presentation delivered in Mexico invited attendees to visit a virtual museum exhibition on 'Aesthetic(s) of the Law: Cultural Identities Compared'. For the occasion, attendees were invited to virtually discover the many pieces which, in the author's view, would deserve to be showcased in such an exhibition. The pieces were presented in a virtual rotunda, resembling the Guggenheim's famous rotunda designed by Frank Lloyd Wright. The choice of a virtual museum was not trivial: it aimed to question whether aesthetical elements of the law could be showcased in a museum – attendees were provocatively asked whether they would be prepared to buy a (pricy) ticket to visit such an exhibition.[25]

The choice of a rotunda was not trivial either – the tour invited visitors to firstly discover examples of law's aesthetic related to national law and progressively, making one's way to the top of the building, discover elements of non-national law. Hence the choice to use the plural aesthetic(s) in the title of the presentation. Law was understood largo sensu to encompass legislations, regulations, judicial or arbitral decisions, etc.

---

[24] BEN EASTHAM, *The Imaginary Museum: A Personal Tour of Contemporary Art featuring ghosts, nudity and disagreements*, TLS, 2019, p. 20.
[25] It may be highlighted that the conference was, in its early organizational stages, set to be hosted at a museum in Mexico City.

Figure 4. Visual created for the presentation in Mexico (Cover)

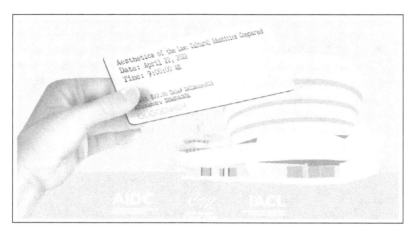

Source: Created by the author.

Figure 5. Visual created for the presentation in Mexico (The Rotunda)

Source: Created by the author.

It is impractical to reproduce here the visual presentation delivered in Mexico. Accordingly, only a reduced selection is reproduced hereafter with the aim to provide the reader with at least some examples of formal aesthetical elements of law.[26] Just like the attendees in Mexico, the reader of this contribution is now invited to consider the possibility for at least some of these formal elements to reflect a distinct cultural identity, rather than being of a merely accessory and fortuitous nature.

---

[26] Other aspects mentioned in the presentation included particular styles of citation within the decision. The examples of OSCOLA and the Bluebook were compared and contrasted on this occasion with a focus on their visual impact on legal texts.

As regards symbols and distinctive elements to identify a given legal text, one can think of the following examples with a clear visual distinctive impact:

- the §, used for instance in the German BGB as opposed to the more commonly adopted 'Art.';[27]
- the use of 'L-' in French law to refer to certain laws;[28] or
- the use of abbreviations in lieu of the full name of statutes, acts or other legal texts, e.g. FSIA for the Foreign Sovereign Immunities Act.[29]

Another salient aspect to discuss concerns the layout of legal texts.[30] It is unsurprising that rules occasionally exist in this regard – for lawyers and judges but also legislators – providing mandatory formal requirements for the presentation of legal texts. This may concern the heading, the fonts used, the line spacing, the use of indented or outdented lines, but also the particular types of headings to be used, the numbering of paragraphs, vel non, etc.[31] All these elements make up the final visual aspect of the text and can be studied separately.[32] What appears particularly striking in this regard is that while there are many examples of such formal requirements, these are never justified – let alone explained – even if they are presented as mandatory. A legal guide on the montage (i.e. assembly) of legal texts by the French Senate for instance meticulously explains how the hierarchical elements are to be structured.[33]

---

[27] The origin of the symbol is discussed by CHRISTIAN AHCIN and CLAUDIA CARL, 'Der Paragraph – ein obskures Subjekt des Rechts: Zur Geschichte eines Zeichens', *JuristenZeitung*, 4 October 1991, 46. Jahrg., Nr. 19, 915–917.

[28] In this vein, a well-known French animal welfare association is named L214, by reference to Article L-214 of the French Rural Code, which recognized animals as conscious 'sensible' beings for the first time in 1976.

[29] The United States Supreme Court directly refers to 'FSIA'.

[30] RUTH ANNE ROBBINS, 'Painting with print: Incorporating concepts of typographic and layout design into the text of legal writing documents', *Journal of the Association of Legal Writing Directors*, 2004, 2, 108–150. See the appendix including all US federal appellate and state court rules affecting typography used in briefs.

[31] In the preparation of this contribution, the author encountered different types of paragraph numbering (certain decisions do not contain any paragraph numbering, as appears to be the case for Supreme Courts for instance in Argentina, China, or Korea). Where included, it will most often appear with the number followed by a dot (e.g. '1.' in decisions by the Brazilian Supreme Court), in brackets (e.g. '[1]' in decisions of the Supreme Court of New Zealand), or only with the number (e.g. '1' in decisions by the Singaporean or German Supreme Courts). The Hague Supreme Court numbers the paragraphs as '1.1, 1.2, 2.1, 2.2', etc., with a reference to the part of the decision each time.

[32] One may in this regard encounter studies of all kinds with often surprising subjects of inquiries. See for instance a study of the fonts used in law reviews. See AMBROGINO GIUSTI, 'The Typography of Law Reviews: A Typographic Survey of Legal Periodicals', (2016), https://digitalcommons.law.uw.edu/law-lib_borgeson/28.

[33] The legal guide covers the 'conventions to be observed' when drafting the text adopted by the Commission before its discussion in public session. It sets out the 'main rules of presentation in this area'.

No specific reason or justification is produced in support of the formal 'conventions' which are to be 'respected'.

Figure 6. Extract from a guide from the French Senate

L'intitulé des **parties, titres, chapitres et sections** est écrit en caractères **gras.**	
- Majuscules – Chiffres romains - Gras-majuscules	PARTIE I **INTITULÉ**
- Majuscules – Chiffres romains - Gras-majuscules	TITRE IER (1) **INTITULÉ**
- Petites majuscules – Chiffres romains - Gras-droit-minuscules	CHAPITRE IER **Intitulé**
- Minuscules – Chiffres arabes - Gras-droit-minuscules	Section 1 **Intitulé**
- Minuscules – Chiffres arabes - Maigre-droit-minuscules	Sous-section 1 Intitulé
- Minuscules – Chiffres arabes - Maigre-droit-minuscules	Paragraphe 1 Intitulé

Source: Extract of the Guide 'Montage des textes', French Senate (2019), p. 6.[34]

A German case provides interesting food for thought and a possible justification for the need to respect certain stylistic conventions. The case in question originated in 2007 with the rendering of a decision drafted in rhyme.[35] The decision was subsequently challenged and a Higher Court on this occasion clarified that:

> In any case, drafting a judgment in rhyme constitutes a violation of procedural rules if it violates the dignity of one of the parties and harms the reputation of the national courts. The principle of judicial independence is limited by the limits of procedural law thus defined.[36]

The reference to the reputation of the courts appears key in this regard. The reputation of the courts is endangered by an unusual style which ultimately endangers the courts' authority.

Quite unsurprisingly, the question of the layout of legal text has been the subject of limited attention by the legal community. That being said, there exist some interesting and telling developments as regards judgments and decisions in particular. Headings or introductory parts of judicial decisions are arguably the most obvious candidate where one will notice a clear distinctive visual aesthetical identity. The inclusion of blazons or logos is very common, but these are typically in black and white only. Counter-examples exist and one may highlight in particular the example of judgments of the Constitutional Court of South Africa, which include a colorized emblem specifically designed at the request of the justices.[37]

---

[34] https://www.senat.fr/fileadmin/Fichiers/Images/seance/montage_texte_janvier2019.pdf.
[35] ArbG Detmold, 23.08.2007 – 3 Ca 842/07.
[36] Higher Court – LAG Hamm, 21.02.2008 – 8 Sa 1736/07 (free translation).

Figure 7. A judgment of the Constitutional Court of South Africa

Source: Constitutional Court of South Africa, Judgment in Cases CCT 89/22 and CCT 92/2, CCT 89/2.

The same holds true for the Russian Constitutional Court:

Figure 8. A judgment of the Russian Constitutional Court

Source: Judgment of the Russian Constitutional Court on the Compliance with a Ruling of the European Court of Human Rights (Russian) of 19 January 2017.

Differently, what appears to be a unique feature of decisions rendered by the Australian High Court is the systematic inclusion of the justices' names on each page of the decision, alternating between the top left and right corners.

---

[37] The justices wanted the logo to reflect the history of the indigenous people of South Africa who were oppressed and marginalized by the apartheid courts. One of the first tasks of the judges, therefore, was to think about the new logo. After some discussion with fellow judges, Justice Kate O'Regan suggested Cape Town designer Carolyn Parton to create the Court's new logo. Initially, there were two options for the logo: people or a tree. The chosen logo combined both concepts and depicts a crowd of people standing beneath the tree, encapsulated in a circle. See https://ourconstitution.constitutionhill.org.za/what-is-the-courts-new-symbol/.

Figure 9. A judgment rendered by the High Court of Australia

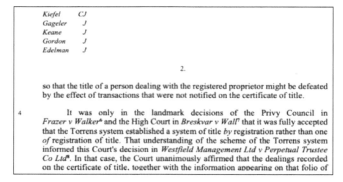

Source: High Court of Australia, *Deguisa v. Lynn* [2020] HCA 39, 4 November 2020, Case No. A4/2020.

Arguably, the most striking and distinguishing formal style encountered in the research came from France. French law students will typically recall the trauma[38] of studying certain decisions of the Conseil d'État, which – luckily together with other French courts – abandoned the old habit of drafting judgments using only capital letters.

Figure 10. A judgment rendered by the French Conseil d'État

Source: Conseil d'État, 6 March 1970, 73035 73042, published in the *Recueil Lebon*.

---

[38] Studies have demonstrated that the use of all capital letters in a heading ('all caps') dramatically decreases speed of reading as compared to sentence case letters. During repeated tests on adults, the studies indicated that the use of all caps lengthens reading time by 9.5–19%. The average reader took about 12–13% more time to read all caps. That translates to 38 words/minute slower than using sentence case. Moreover, when the psychologists asked the test participants for their opinion of legibility, 90% of the participants preferred lower case type. See RUTH ANNE ROBBINS, 'Painting with print: Incorporating concepts of typographic and layout design into the text of legal writing documents', *Journal of the Association of Legal Writing Directors*, 2004, 2, 108–150, 114–115, referring to psychology studies by Miles A. Tinker and Donald G Paterson, who inter alia studied legibility as measured by the speed of reading.

The question of the font used by courts and tribunals is, furthermore, far from trivial.³⁹ The UK Supreme Court's recent change of font from Tines New Roman to Calibri – a sans-serif typeface developed a mere 20 years ago – did not go unnoticed. The motivations for the change were not entirely clear, although observers expected that the switch had been made to improve readability and make the Supreme Court's rulings more accessible to ordinary citizens.⁴⁰

Figure 11. The change of fonts used by the UK Supreme Court

Source: UK Supreme Court, Judgments [2010] UKSC 58 and [2022] UKSC 9.

Figure 12. A decision by the Supreme Court of the Philippines

> **WHEREFORE**, the petition is **GRANTED**. The December 11, 2015 Decision and March 16, 2016 Resolution of the Court of Appeals, which affirmed the July 26, 2012 Decision of the Civil Service Commission in Case Number 120465, and the November 26, 2012 Resolution in Case Number 1202112, are hereby **REVERSED**. The formal charge for Sexual Harassment and order of preventive suspension by petitioner Sherwin T. Gatchalian, former City Mayor of Valenzuela City, against respondent Romeo V. Urrutia, Records Officer IV in the Council Secretariat, *Sangguniang Panlungsod* of Valenzuela City and Chairman of the Board of Directors of the City Government of Valenzuela City Employees Cooperative, are **VALID**.

Source: Supreme Court of the Philippines, *Sherwin T. Gatchalian v. Romeo V. Urrutia* G.R. No. 223595, 16 March 2022.

It may be noted here that while the use of bold or italic is not uncommon in legal briefs – 'overemphasizers'⁴¹ may go as far as to resort to underlining bold text or using bold italic – the present author has not encountered many adjudicatory decisions with such characteristic features, with the exception of certain emphasis in the conclusive part (order or *dispositif*) of a decision.

---

39   Matthew Butterick, *Typography for Lawyers*, Thomson Reuters, 2nd edition, 2018.
40   See the article in the *Times* by Jonathan Ames, 'Lawyers say ditching old typeface is a breach of human writes', The Times, 27 December 2021, https://www.thetimes.co.uk/article/lawyers-say-ditching-old-typeface-is-a-breach-of-human-writes-wvzflrpfx.
41   See on this Matthew Butterick, *Typography for Lawyers*, Thomson Reuters, 2nd edition, 2018, pp. 126–127.

It may be noted that added emphasis in the form of bold or underlining appeared exceptionally in the core text of the random sample of decisions consulted for the preparation of this contribution, for instance at the Peruvian Supreme Court:

Figure 13. A decision by the Supreme Court of Peru

> 68645, igualmente distingue los productos de la clase treinta de la Nomenclatura Oficial, y versa sobre café, azúcar, harinas, cereales, pan, pasteleria, y confiteria, helados, salsas, entre otros, *por lo que, resulta evidente que existe conexión competitiva, en tanto que ambas marcas pretenden distinguir los mismos productos.*
>
> **Vigésimo Cuarto:** Por otra parte, este Supremo Tribunal corrobora que de la comparación entre el signo solicitado y la marca registrada, desde el punto de

Source: Sala de derecho constitucional social permanente of the Peruvian Supreme Court, 20 August 2015, Casación no. 9630-2013.

The same is true for decisions rendered under the aegis of the Court of Arbitration for Sport (CAS).[42]

Figure 14. An award rendered by the Ad Hoc Division of the CAS

> 110. The Panel's view in this respect is also supported by the provision under Article V of the IBSF Appeals Tribunal Code which establishes the entitlement to file a petition with the Appeals Tribunal to *"Any person **whose rights are affected** by a matter within the*

Source: Court of Arbitration for Sport Ad Hoc Division – XXIV Olympic Winter Games in Beijing, Award, CAS OG 22/07 *Jazmine Fenlator-Victorian v. International Bobsleigh & Skeleton Federation (IBSF)*.

Figure 15. An order rendered by the President of the Appeals Arbitration Division of the CAS

> 69. Furthermore, the Division President notes that *"without any concrete evidence to justify damages (or potential damages as the case may be) general allegations of potential harm do not suffice to establish irreparable harm"* (CAS 2014/A/3642).

Source: Court of Arbitration for Sport, Order on Request for a Stay and for Provisional Measures issued by the President of the Appeals Arbitration Division of the Court of Arbitration for Sport, CAS 2022/A/8709, *Football Union of Russia (FUR) v. Union of European Football Associations et al.*

---

42   Contrary to its name, the CAS operates with different arbitral tribunals rendering 'awards' together with supporting institutions of the CAS. The typographic discrepancy between the two CAS texts mentioned here is quite evident.

Other more specific ornamental elements can also be mentioned, such as the use of cul-de-lampe in judgments of the International Court of Justice. A cul-de-lampe is a funnel-like ornamental image which gives the frame of the page a sense of visual perspective, and typically signals the end of a text or chapter.

Figure 16. Use of cul-de-lampe in a judgment by the ICJ

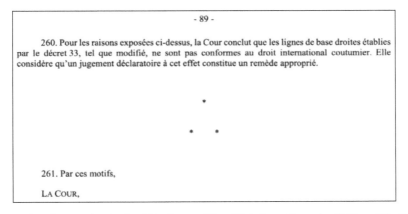

Source: ICJ judgment of 21 April 2022 in the case *Alleged Violations of Sovereign Rights and Maritime Spaces in the Caribbean Sea (Nicaragua v. Colombia)*.

The virtual tour in Mexico proposed – as previously mentioned – to consider whether it would be possible to distinguish between, on the one hand, aesthetical elements which would correspond to national cultural identities (e.g. the § in the German legal system) and non-national identities. A specific emphasis was put on the practice of international and transnational arbitral tribunals in this regard. The latter, quite remarkably, respect a certain visual code for their awards. Of course, the attentive observer will still identify many differences here and there, but an overview of arbitral case law, particularly institutionalized arbitration, evidences a clear trend for visual coherence and uniformity. It is for instance very common for institutional secretaries at the International Centre for the Settlement of Investment Disputes (ICSID) or at the Permanent Court of Arbitration (PCA) to assist arbitral tribunals in drawing up orders and awards. The formal aspects are typically delegated to the secretaries. One may in this sense consider the existence of a sober yet distinct and harmonious visual identity for certain elements of ICSID orders and awards.

While the presentation in Mexico focused on the particular issue of layout, font and symbols in the text, there is no inherent reason to limit the inquiry to textual elements. For example, one may refer to the *Badische Aktenknoten*, a specific filing knot used for the filing of judicial documents still used by 25 courts in Germany's Baden-Württemberg.⁴³

Figure 17. Badischer Aktenknoten

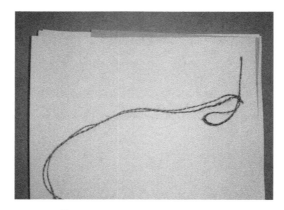

Source: alliance/dpa/Uli Deck⁴⁴

Differently, the covers of the various legal texts produced by the UN Commission on International Trade Law (UNCITRAL) provide yet another interesting point to discuss. A striking feature of these UNCITRAL publications is a distinct color code. This prompted an interesting discussion with the UNCITRAL Secretary as to whether the color code was the result of an administrative service or whether it was a conscious decision. Interestingly, the use of the color code was indeed thought of by the UNCITRAL Secretariat itself in order to help regroup publications depending on their content. What was further clarified during this discussion was that the assignment of a particular color to a particular matter (e.g. blue for arbitration rules) was rather random. This prompted an interesting discussion during the conference about the possibility of identifying the 'color' of law.

It may be noted that the newest update of the ICSID rules and regulations was also an occasion to update the presentation of the various legal texts used at the ICSID. Here again, a – likely random – color code is used.

---

[43] 'Das Aus für den Badischen Aktenknoten', *Legal Tribune Online*, 10 May 2022, https://www.lto.de/recht/feuilleton/f/baden-justiz-verwaltung-badischer-aktenknoten-geschichte-rechtsgeschichte-aktenstecher/. The article highlights that the knot is specifically foreseen in the administrative regulations (Baden-württembergischen Zusatzbestimmung Nummer 12 der bundeseinheitlichen Anweisung für die Verwaltung des Schriftguts bei den Geschäftsstellen der Gerichte und Staatsanwaltschaften).

[44] https://www.lto.de/recht/feuilleton/f/baden-justiz-verwaltungbadischer-aktenknoten-geschichte-rechtsgeschichte-aktenstecher/.

Aesthetic(s) of the Law

Figure 18. Visual created for the presentation in Mexico (Selection of UNCITRAL Documents with the different palette of colors)

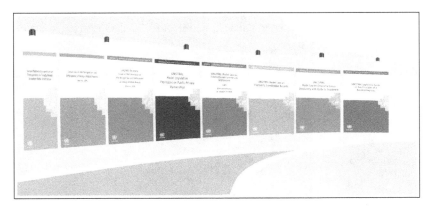

Source: Created by the author using the covers of a selection of UNCITRAL publications.

Figure 19. The new updated compilation of ICSID texts

Source: ISCID.[45]

It is not uninteresting, as an aside, to push the boundaries of the concept of 'law' so as to include therein scholarly writings. Visual elements of such writings, typically the cover, have indeed also been the subject of thoroughgoing analysis with the aim to reflect on the type of imaginative space authors – and possibly publishers – have sought to offer readers and, hence, the kind of games the former want the latter to play.[46] A quick glance at the covers of international law books shows that, of all types of painting, it is probably modern (abstract) painting that has proved to be the greatest source of imagery in recent years,

---

[45] https://icsid.worldbank.org.
[46] JEAN D'ASPREMONT and ERIC DE BRABANDERE, 'Paintings of International Law' in JESSIE HOHMANN and DANIEL JOYCE (eds.), *International Law's Objects*, Oxford University Press, 2018, pp. 330–341, 333.

especially for books which – based on their title – presuppose a more theoretical or critical perspective on international law; Paul Klee is incontestably the most popular painter reproduced on the cover of international law books, followed by Picasso, Malevic, Kandinsky, Pollock, Klimt, Boccioni, Mondrian, Delaunay, Waddams, Rivera, and Staël.[47]

Figure 20. Emmanuel Gaillard's *Legal Theory of International Arbitration*

Source: Cover of the book by Emmanuel Gaillard, *Legal Theory of International Arbitration*, Brill Nijhoff, 2010. The cover is from Wassily Kandinsky, *Several Circles (Einige Kreise)*, 1926, Solomon R. Guggenheim Museum, New York, 41.283.[48]

Last but certainly not less interestingly, the conference was also an occasion to talk about the 'size' and 'format' of law. Admittedly, the author of the presentation realized only during the preparation of this contribution that several arbitration rules were made available by arbitral institutions in a specific format. One may here again only speculate about the particular rationale justifying this specific format. It may well be once more a simple and conscious decision adopted in order to distinguish the arbitration rules from other types of legal texts. Strikingly again, one may note the particular care taken over the presentation and the covers.

---

[47] Ibid., pp. 334–335. Comparatively more classical works are also to be found from Bruegel, Delacroix, Uccello, Goya, and Holbein.
[48] The choice of Kandinsky by the late Professor Gaillard was anything but random, as the author of this contribution had the chance to discuss in person with him on many occasions.

Figure 21. ICC, LCIA, SCC and UNCITRAL Arbitration Rules

Source: ICC, LCIA, SCC, UNCITRAL.

4. A TOPIC OF INTEREST FOR (COMPARATIVE) LAWYERS?

The previous examples should hopefully evidence at the very least that the notion of law's aesthetic deserves at least to be envisaged from a formal perspective. What also seems evident is the existence of a series of particular formal aesthetical elements in national but also non-national legal texts of all kinds. These appear to vary across different legal systems and may in this sense also reflect different 'cultural identities'.

The relevant question is, however, precisely – to pick up on Triepel's previously mentioned interrogation – whether a path can be cleared for useful future (legal) scholarly inquiries in this regard. Are all these elements merely accessory and decorative? Should they interest the lawyer at all, i.e. beyond the mere anecdotal aspect? Paying due regard to the International Academy of Comparative Law's primary subject of interest, the question was – for the purposes of the conference in Mexico – extended to the comparatists: is there room for future work in this regard?

In the author's view, the answer to be offered to these questions is – as perhaps always for the lawyer – it depends! Overall, the answer is rather negative. Put bluntly, one will for instance try in vain to use formal aesthetical characteristics to try to uncover possible influences from different legal systems. For example, one will struggle to try to find a § in national legislations and codes inspired by the German BGB. The aesthetical formal elements are also of little help to understand the very content of the law. In this sense, Victor Hugo's well-known saying that 'form is the essence brought to the surface' simply does not apply.

This does not mean that lawyers should entirely disregard such formal aspects. It is useful in this regard to distinguish between, on the one hand, the relevance of such formal aspects for what may be termed the effectiveness and enforcement equation, and, on the other hand, the accessibility and diffusion equation. These equations are evidently deeply intertwined. Yet, in comparison, the first predominantly relates to the law's authority while the second one concerns the knowledge of the law as well as its diffusion. Fittingly, a dual role may thus be envisaged for these formal aesthetical elements: a symbolic one, so as to reinforce law's authority, and a functional one, so as to facilitate the accessibility and understanding of the law.

Regarding the first, it would seem imprudent to discard upfront the relevance of formal aspects and aesthetic considerations for the enforceability and compliance with the law. Evidently, the difficulty lies elsewhere, i.e. to determine how relevant and decisive such considerations ultimately are. Put bluntly, it seems naïve to argue that the specific layout – i.e. providing textual foothold to a given legal norm – plays a decisive role in the compliance with said norm. Does this allow the reverse conclusion that the layout plays no role at all? The present author is frankly unable to answer this question, the answer for which is probably to be found – if at all – in non-legal scientific fields beyond his reach. In the author's view, the direct influence of the layout, font, symbol, or other aesthetic elements of these kinds for the effectiveness and enforcement of the law is likely to remain very negligible. Certainly, however, there may be room to defend the argument that formal elements of classical 'hard law' are occasionally and purportedly borrowed for non-national legal texts of soft law. An instinctive conclusion in this regard could be that soft law looking like hard law could gain in efficiency. To be sure, the UNIDROIT Principles on International Commercial Contracts substantially represent a nec plus ultra codification of the law, often much more comprehensive and exhaustive than many national legislations. Yet formally, the (soft) UNIDROIT Principles in fact look just like any banal national (hard) legislation. This may perhaps be an interesting subject for future inquiry. For the purpose of this contribution, however, it seems avoidable to advocate for a greater *prise en consideration* by lawyers of formal aspects when it comes to the effectiveness and compliance equation.

Regarding the second equation, however, the author firmly believes that these formal aspects merit being considered with greater care by law drafters and makers of all kinds. Law's aesthetic in this regard becomes very much relevant for the accessibility of the law. The formal elements may be assigned a functional role, i.e. articulating and facilitating the understanding of the law. In this regard, it is striking that law students will have very few occasions to think about how such aesthetical elements are typically used in the drafting

255

CULTURE AND HUMAN RIGHTS IN TIMES OF CRISIS

Ana Filipa Vrdoljak

1. Introduction 257
2. UNESCO: Culture and Human Rights as a Global Initiative 259
3. OAS: Culture and Human Rights as a Regional Initiative.............. 265
4. Conclusion.. 267

1. INTRODUCTION

The international community has experienced and is experiencing a series of crises in the last few years, which appear to have accelerated, intensified and rippled throughout the globe. From climate change, to the pandemic, to armed conflicts and civil unrest. It has been said that international law is a discipline which is forged in, or at the very least defined by and driven by, times of crises.[1]

The moment of crisis that I wish to touch on as a starting point is the invasion of Ukraine by Russia, and the ongoing armed conflict. This event has engaged the thoughts and minds of many throughout the world. I wish to focus on what it means for international organizations and institutions including those addressing culture and human rights.

Many have drawn parallels between the Russian invasion of Ukraine and its implications for the United Nations, with the Spanish Civil War in 1936 for the League of Nations. The images and reports of indiscriminate and deliberate targeting of civilians and civilian property (schools, apartment blocks, theaters) from Kharkiv in the east, to Lviv in the west, the outskirts of the capital Kyiv, and the port of Mariupol,[2] invoke the image captured by Picasso's *Guernica*, prepared in haste in response to the aerial bombing of the town in the Basque

---

[1] Hilary Charlesworth, 'International Law: A Discipline of Crisis', *The Modern Law Review*, vol. 65, no. 3 (May 2022), pp. 377–392.
[2] UNESCO, 'Damaged cultural sites in Ukraine verified by UNESCO' (as at 12 August 2022), https://www.unesco.org/en/articles/damaged-cultural-sites-ukraine-verified-unesco.

Country in April 1937 by Nazi Germany and Fascist Italy in support of the Spanish Nationalists. It was painted for the 1937 Paris International Exposition.[3] A reproduction in tapestry hung outside the entrance to the United Nations Security Council from 1985 to 2009, as a reminder of the horrors of war and its devastating impact on ordinary people.[4]

As we know, meetings of the UN Security Council at the beginning of the Ukraine crisis were thwarted because the aggressor in this conflict was a permanent member.[5] The organ charged after the Second World War with ensuring international peace and security was paralyzed (not for the first time) in addressing this breach of the Charter because of its design flaw: the veto of a permanent member. Instead, there was a need to revert to the go-around established decades before to address the issue before the General Assembly.[6]

The UN Educational, Scientific and Cultural Organization (UNESCO) is a specialist agency of the United Nations whose foundational instrument, adopted in November 1945, commences with the following words:

> The Governments of the States Parties to this Constitution on behalf of their peoples declare,
>
> That since wars begin in the minds of men, it is in the minds of men that the defences of peace must be constructed;
>
> That ignorance of each other's ways and lives has been a common cause, throughout the history of mankind, of that suspicion and mistrust between the peoples of the world through which their differences have all too often broken into war.[7]

UNESCO, like its parent body, has grappled with the organizational constraints and those of treaties adopted under its auspices. It has been subjected to criticism for its slow and limited responses to this crisis and ongoing inability to address

---

[3] See GEORGE STEER, *The Tree of Gernika: A Field Study of Modern War* (first published 1938, reprinted Faber and Faber, 2011); HERSHEL B CHIPP, *Picasso's Guernica: History, Transformations, Meanings* (University of California Press, 1992); and GIJS VAN HENSBERGEN, *Guernica: The Biography of a Twentieth-Century Icon* (Bloomsbury Publishing, 2005).

[4] MARIE LOUISE S. SØRENSEN and DACIA VIEJO-ROSE (eds.), *War and Cultural Heritage: Biographies of Place* (Cambridge University Press, 2015).

[5] SC Resolution 2623 of 27 February 2022.

[6] GA Resolution 377 of 3 November 1950, 'Uniting for Peace'; and GA Resolution ES-11/1 of 2 March 2022 on Aggression against Ukraine.

[7] Preamble, Constitution of the United Nations Education, Scientific and Cultural Organization, 16 November 1945, in force 4 November 1946, 4 UNTS 275 (as amended) (UNESCO Constitution), reprinted in UNESCO, *Basic Texts* (revised edition, UNESCO, 2020), p. 5.

the World Heritage Committee's annual meeting in the 50th year of the specialist organisation proceeding as scheduled in the Russian city of Kazan.⁸

The crises and others confronting the international community today are throwing into stark relief questions of whether organizations designed in the 20th century are able to properly confront the problems we face today. While we certainly live in a very different world, we must also remember (despite their manifest limitations) the deeply tragic and challenging circumstances in which these international organizations were established, and the objectives and values they were designed to protect and promote.

For this reason, it is important to reflect on the words contained in the Preamble of UNESCO's Constitution, which states:

> That the wide diffusion of culture, and the education of humanity for justice and liberty and peace are indispensable to the dignity of man and constitute a sacred duty which all the nations must fulfil in the spirit of mutual assistance and concern;
>
> That a peace based exclusively upon the political and economic arrangements of governments would not be a peace which could secure the unanimous lasting and since support of the peoples of the world, and that the peace must therefore be founded, if it is not to fail, upon the intellectual and moral solidarity of mankind.⁹

The acknowledgement and urgency of this aim is no less important today than it was in 1945.

2. UNESCO: CULTURE AND HUMAN RIGHTS AS A GLOBAL INITIATIVE

In light of the opening words of its constitutive instrument, UNESCO was established with a singular purpose defined in Article 1.1 of its Constitution:

> [T]o contribute to peace and security by promoting collaboration among the nations through education, science, and culture in order to further universal respect for justice, for the rule of law and for human rights and fundamental freedoms which are affirmed by the peoples of the world, without distinction of race, sex, language or religion, by the Charter of the United Nations.[10]

---

[8] GARETH HARRIS, 'Unesco under pressure to pull world heritage meeting from Russia', *The Art Newspaper* (2 April 2022), https://www.theartnewspaper.com/2022/04/01/unesco-world-heritage-meeting-kazan-russia; UNESCO World Heritage Centre, 'Information – 45th session of the World Heritage Committee', https://whc.unesco.org/en/sessions/45COM; WALLACE LUDEL, 'Unesco indefinitely postpones planned world heritage meeting in Russia', *The Art Newspaper* (23 April 2022).
[9] UNESCO Constitution, *supra* n. 7.
[10] Ibid.

Its Constitution provides that to realize this purpose it would:

> Maintain, increase and diffuse knowledge;
>
> By assuring the conservation and protection of the world's inheritance of b works of art and monuments of history and science, and recommending to nations concerned the necessary international conventions;
>
> By encouraging co-operation among the nations in all branches of intellectual exchange of persons active in the fields of education, science and culture and the exchange of publications, objects of artistic and scientific interest and other materials of information;[11]

The Organization was heavily involved in the initial drafting of the international covenants on human rights from the 1950s. Its original contributions provided detailed draft provisions which covered access to or enjoyment of education, science, and culture, which tracked closely the text of its Constitution. So for example its provision on cultural rights reads:

> The signatory States undertake to encourage the preservation, development and propagation of science and culture by every appropriate means;
>
> By facilitating for all access to manifestations of national and international cultural life, such as books, publications, and works of art, and also the enjoyment of the benefits resulting from scientific progress and its application;
>
> By preserving and protecting the inheritance of books, works of art and other monuments and objects of historic, scientific and cultural interest;
>
> By assuring liberty and security to scholars and artists in their work and seeing that they enjoy material conditions necessary for research and creation;
>
> By guaranteeing the free cultural development of racial and linguistic minorities;[12]

UNESCO's internal working documents show that there was a fuller exposition of this right or rights as the drafting process continued.[13] These provisions were reformulated and distilled eventually into Article 15 of the International Covenant on Economic, Social and Cultural Rights concerning the right to participate in cultural life (originally enunciated in Article 27 of the Universal

---

[11] Art. 1.2.c, UNESCO Constitution, *supra* n. 7.
[12] Draft articles on educational and cultural rights subjected by UNESCO Director-General (18 April 1951), E/CN.4/541.
[13] See Study of the 'Right to Participate in Cultural Life': Basic Document (2 May 1952), UNESCO/CUA/42, Annotations on the text of the draft International Covenant on Human Rights (Prepared by the Secretary-General) (1 July 1955), A/2929, pp. 115–116 (draft Article 16 Rights relating to culture and science).

Declaration of Human Rights).[14] This formulation drew heavily from the American Declaration on the Rights and Duties of Man of 1948.[15]

This early work on cultural rights reflects the interwoven nature of all elements of the Organization's mandate: education, science, and culture. It also emphasized their significance and affinity with the concerns of civil and political rights by noting and elaborating upon the usage of the word 'participate' in the articulation of the right to participate in cultural life. This early work reminds us that each of these elements are fundamental to the others. It reminds us that cultural rights, which had been discounted for decades in the late 20th century, are likewise essential, and that we needed to recover our understanding of the significance and complexity of the enjoyment of these rights.

Cultural rights have been reinvigorated in the early 21st century through the work of international and regional human rights courts and bodies, including the Special Rapporteur in the field of Cultural Rights, in which many of these elements and their interconnection have been revisited.[16] The Special Rapporteur, Human Rights Council, UNESCO, General Assembly and Security Council have repeatedly affirmed the importance of cultural heritage to the enjoyment of human rights, particularly cultural rights.[17]

UNESCO's General Conference has adopted a series of culture conventions during its 75-year history. These instruments are vital in ensuring the ongoing safeguarding of various aspects of cultural heritage during peacetime and war. However, it is always essential to recall the context of the authority granted to the Organization by the international community in preparing and implementing these treaties. This is: 'to contribute to peace and security [and] further universal respect for justice, for the rule of law and for human rights and fundamental freedoms which are affirmed by the peoples of the world'. Many of the cultural conventions implicitly or explicitly reference human rights. Yet it is not always clear that the implementation of the cultural conventions is fulfilling the Organization's mandate.

The Convention for the Protection of Cultural Property in the Event of Armed Conflict (1954 Hague Convention) was drafted during the same time

---

14 International Covenant on Economic, Social and Cultural Rights, GA Res 2200A(XXI) of 16 December 1966, entered into force 3 January 1976, 993 UNTS 3; and Universal Declaration of Human Rights, GA Res 217A of 10 December 1948.
15 American Declaration of the Rights and Duties of Man, adopted by the 9th International Congress of American States (8 October 1948), E/CN.4/122/Rev 1.
16 Right to access and enjoyment of cultural heritage, Report of the Independent Expert in the field of Cultural Rights (21 March 2011), A/HRC/17/38.
17 HRC Resolutions 33/20 of 30 September 2016, 37/17 of 22 March 2018 on cultural rights and the protection of cultural heritage and 43/29 of 22 June 2020 on prevention of genocide; and OHCHR, Inter-sessional seminar on cultural rights and the protection of cultural heritage, List of background documents, https://www.ohchr.org/en/issues/escr/pages/culturalrightsprotectionculturalheritage.aspx; SC Res 2347 of 24 March 2017, S/RES/2347(2017).

as the Universal Declaration of Human Rights and the Convention on the Prevention and Punishment of Genocide (Genocide Convention).[18] Yet in recent decades combatants have deliberately targeted cultural sites with the emblem of the 1954 Hague Convention, have confiscated or destroyed protected objects or collections, and have killed cultural workers during armed conflicts and belligerent occupation in contravention of this treaty and international humanitarian law, and in the face of condemnation by the international community.[19] Much more can and must be done through international cooperation to facilitate preparedness for crises like war and disasters, and to document international crimes against cultural heritage and ensure that perpetrators are held accountable.[20]

The Convention on the Means of Prohibiting and Preventing the Illicit Import, Export and Transfer of Ownership of Cultural Property (1970 UNESCO Convention) references Article I of the UNESCO Constitution and the Declaration of the Principles of International Cultural Co-operation adopted by the General Conference in 1966.[21] The *travaux préparatoires* of the 1970 UNESCO Convention concerning cultural objects reveals that an early draft of its preamble referenced Article 27 of the Universal Declaration, the right to participate in cultural life. It read as follows:

> Considering that, to avert these dangers [of illicit trade], it is essential for every State to become increasingly alive to the moral obligations to respect its own cultural heritage and that of all nations ...
>
> Considering that under Article 27 of the Universal Declaration of Human Rights everyone has the right freely to participate in the cultural life of the community and

---

[18] Convention for the Protection of Cultural Property in the Event of Armed Conflict, 14 May 1954, entered into force 7 August 1956, 249 UNTS 240 (1954 Hague Convention); Report on the International Protection of Cultural Property by Penal Measures, in the Event of Armed Conflict (27 March 1950), 5C/PRG/6, Annex I; and Convention on the Prevention and Punishment of the Crime of Genocide, UNGA Res.260A(III) of 9 December 1948, entered into force 12 January 1951, 78 UNTS 277.

[19] *Prosecutor v. Jokić* (Judgment) ICTY-IT-01-42/1-S (18 March 2004); and *Prosecutor v. Strugar* (Judgment) ICTY-IT-01-42-T (31 January 2005); *Prosecutor v Al Mahdi* (Judgment and Sentencing) ICC-01/12-01/15 (27 September 2016) (Al Mahdi Judgment and Sentence); SC Res 2347 of 2017; and ICC-OTP Policy on Cultural Heritage (2021), https://www.icc-cpi.int/sites/default/files/itemsDocuments/20210614-otp-policy-cultural-heritage-eng.pdf.

[20] ISO Evaluation of UNESCO's Standard-Setting Work of the Culture Sector – Part V – 1954 Convention for the Protection of Cultural Property in the Event of Armed Conflict and its Two Protocols (1954 and 1999) (November 1999), IOS/EVS/PI/171.

[21] Convention on the Means of Prohibiting and Preventing the Illicit Import, Export and Transfer of Ownership of Cultural Property, 14 November 1970, entered into force 24 April 1972, 823 UNTS 231 (1970 UNESCO Convention); and Declaration of the Principles of International Cultural Co-operation, adopted by the General Conference of UNESCO on 4 November 1966.

to enjoy the arts, which means that it is incumbent upon States to protect the cultural property existing within their territory against the dangers resulting from the illicit export and transfer of such property.[22]

The inclusion of this provision shortly after the adoption of the International Covenant on Economic, Social and Cultural Rights in 1966 is unsurprising. The International Covenant transformed Article 27 of the Universal Declaration into a binding international obligation on States Parties (Article 15 ICESCR). UNESCO was involved in its drafting. However, the United States opposed the inclusion of this reference in the preamble of the 1970 Convention and successfully negotiated its removal from the final text.[23] Nonetheless, since the 1990s, the UN Committee on Economic, Social and Cultural Rights, which oversees the implementation of the Covenant, has confirmed that Article 15 bestows a positive duty to protect cultural heritage form theft and deliberate destruction.[24] More recently, the Special Rapporteur on Cultural Rights has emphasized that access to cultural heritage is fundamental to cultural identity and effective enjoyment of human rights, including cultural rights.[25] The Security Council has repeatedly made clear that illicit traffic of cultural objects is a threat to international peace and security.[26] The Convention's Operational Guidelines recognize that illicit trade in cultural objects 'infringes upon the fundamental human right to culture and development' and reference the UN Declaration on the Rights of Indigenous Peoples of 2007 and the Principles and Guidelines for the Protection of the Heritage of Indigenous Peoples.[27] The preamble of the associated UNIDROIT Convention on Stolen or Illegally Exported Cultural Objects adopted in 1995 and prepared in cooperation with UNESCO states:

> Deeply concerned by the illicit trade in cultural objects and the irreparable damage frequently caused by it, both of these objects themselves and to the cultural heritage of national, tribal, indigenous or other communities, and also the heritage of all peoples, and in particular by the pillage of archaeological sites and the resulting loss of irreplaceable archaeological, historical and scientific information.[28]

---

[22] Means of prohibiting and preventing the illicit import, export, and transfer of ownership of cultural property, Preliminary report (1969), SHC/MD/3, Annex.
[23] Means of prohibiting and preventing the illicit import, export, and transfer of ownership of cultural property, Final report (1970), SHC/MD/5 Annex I, p 22.
[24] See UN Docs E/1991/23, para. 79; E/1992/23, paras. 310, 312; E/1993/22, para. 186; and E/1995/22, para. 136.
[25] A/HRC/17/38.
[26] SC Res 2347 of 2017.
[27] Operational Guidelines for the Implementation of the Convention on the Means of Prohibiting and Preventing the Illicit Import, Export and Transfer of Ownership of Cultural Property, adopted by Meeting of States Parties, 3rd session (May 2015), Resolution 3 MSP 11, paras. 1 and 12.
[28] UNIDROIT Convention on Stolen or Illegally Exported Cultural Objects, 24 June 1995, entered into force 1 July 1998 (1995), 34 ILM 1322 (1995 UNIDROIT Convention).

Yet the 1970 UNESCO Convention and 1995 UNIDROIT Convention must be more effectively implemented by States Parties at the national level and through international cooperation. UNESCO's Internal Oversight Service Audit noted that the Convention's periodic reporting requirement could complement other instruments, including that of the UN Human Rights Council or review by an independent panel of experts like the World Heritage advisory bodies.[29]

The World Heritage Convention, which celebrated its 50th anniversary in 2022, is often promoted as the flagship cultural convention of UNESCO. It was drafted in the decade which saw the adoption of key treaties of the International Bill of Human Rights.[30] Yet, as noted earlier, the shortcomings of this treaty and the operation of its Committee are being increasingly exposed in respect of human rights and international law violations, often precipitated or exacerbated by inscription on the World Heritage List.[31]

The Convention for the Safeguarding of the Intangible Cultural Heritage (Intangible Cultural Heritage Convention), approved on October 2003, celebrates its 20th anniversary in 2023, commences with a reference to international human rights law, including the Universal Declaration and the two International Covenants.[32] Importantly, it provides that 'consideration will be given solely to such intangible cultural heritage as is compatible with existing international human rights instruments, as well as the requirements of mutual respect among communities, groups, individuals, and of sustainable development' (Article 2.1). Compared to other culture conventions, much has been done to ensure its policies and practices accord with this commitment. The Operational Directives for the Implementation of the Convention for the Safeguarding of the Intangible Heritage Convention reaffirm and elaborate upon this requirement.[33] The Directives 'encourage' States Parties to acknowledge the

---

[29] IOS, Evaluation of UNESCO's Standard-setting Work of the Culture Sector – Part II – 1970 Convention on the Means of Prohibiting and Preventing the Illicit Import, Export and Transfer of Ownership of Cultural Property, Final Report (April 2014), IOS/EVS/PI/133 REV.2, para. 277.

[30] Including the International Covenant on Civil and Political Rights (1966), International Covenant on Economic, Social and Cultural Rights (1966), International Covenant on the Elimination of Racial Discrimination (1965), and Declaration on the Elimination of Discrimination Against Women (1967).

[31] See ANA FILIPA VRDOLJAK, 'World Heritage and Human Rights', in FRANCESCO FRANCIONI and FEDERICO LENZERINI (eds.), *World Heritage Convention: A Commentary* (2nd ed., Oxford University Press, forthcoming 2023).

[32] Convention for the Safeguarding of the Intangible Cultural Heritage, 17 October 2003, in force 20 April 2006, 2368 UNTS 1 (ICHC).

[33] Operational Directives for the Implementation of the Convention for the Safeguarding of the Intangible Heritage Convention, adopted by the General Assembly of States Parties to the Convention at its 2nd session (2008) and as amended at its 7th session (2018), 7.GA(2018), para. 170, https://ich.unesco.org/en/directives.

role of safeguarding intangible cultural heritage in promoting 'peaceful, just and inclusive societies based on respect for human rights (including the right to development) and free from fear and violence' (para. 192). In respect of its Fund, it provides that no contributions should be accepted from entities whose activities are incompatible with existing international human rights instruments, requirements of sustainable development, and the requirement of mutual respect among communities, groups, and individuals (para. 73). There is a need for vigilance nonetheless, with inscription and funding of practices which violate the human rights of vulnerable groups including women and girls, persons with disabilities, etc. UNESCO's Internal Oversight Service Audit noted that more guidance could be given to States Parties in respect of the operationalization of gender equality through human rights and the safeguarding or otherwise of intangible cultural heritage.[34]

3. OAS: CULTURE AND HUMAN RIGHTS AS A REGIONAL INITIATIVE

It is important to recall the groundbreaking contribution of the Western hemisphere in shaping international law and human rights law, particularly as it relates to culture. Let me highlight three aspects that are central to cultural heritage, human rights, and international cooperation in promoting their symbiotic relationship, as it relates to cultural rights.

Concerning cultural heritage law, as indicated in the preamble of the Convention on the Protection of the Archaeological, Historical and Artistic Heritage of the American Nations (Convention of San Salvador) of 1976:

> The continuous looting and plunder of the native cultural heritage suffered by the countries of the hemisphere, particularly the Latin American countries ... [has meant]
>
> That the Member States have repeatedly demonstrated their willingness to establish standards for the protection and surveillance of the archaeological, historical and artistic heritage.[35]

One of the earliest examples of this regional cooperation was the Pan American Treaty on the Protection of Movable Property of Historic Value and the Protection of Artistic and Scientific Institutions and Historic Monuments

---

[34] IOS, Evaluation of UNESCO's Standard-setting Work of the Culture Sector – Part I – 2003 Convention for the Safeguarding of the Intangible Cultural Heritage, Final Report (October 2013), IOS/EVS/PI/129 REV, para. 72.

[35] Convention on the Protection of the Archaeological, Historical and Artistic Heritage of the American Nations (Convention of San Salvador), 16 June 1976, OASTS No. 47.

adopted in Washington, DC in 1935 (Washington Treaty).³⁶ It was prepared at a time when UNESCO's predecessor shunned efforts to prepare a specialist instrument for the protection of cultural property during armed conflict. It afforded protection to public and privately owned cultural property, during peace and wartime. It remains unique to this day. Its preamble – the rationale for protection – preserving the 'cultural treasures of peoples', prefigured the preamble to the 1954 Hague Convention.

When the League of Nations' Intellectual Cooperation Organisation did finally address protection of cultural heritage during armed conflict, it was done at the behest of countries in the Western hemisphere fearful of the damage being done to their cultural patrimony in Spanish museum collections during the civil war.³⁷ The legacy of that project, which drew heavily from the Washington Convention, would inform the 1954 Hague Convention.³⁸

In the field of human rights law, the American Declaration of the Rights and Duties of Man (Bogota Declaration) was adopted in 1948, prior to the Universal Declaration. The preamble of the Declaration provides that:

> Inasmuch as spiritual development is the supreme end of human existence and the highest expression thereof, it is the duty of man to serve that end with all his strength and resources,
>
> Since culture is the highest social and historical expression of that spiritual development, it is the duty of man to preserve, practice and foster culture by every means within his power.³⁹

As a precursor to Article 27 of the Universal Declaration, Article XIII of the American Declaration provides:

> Every person has a right to take part in the cultural life of the community, to enjoy the arts, and to participate in the benefits that result from the intellectual progress, especially scientific discoveries.⁴⁰

It then goes on to reaffirm the right to protection of moral and material interests in such works of the author; the right to leisure time to enjoy such pursuits; and

---

[36] Pan American Treaty on the Protection of Movable Property of Historic Value and the Protection of Artistic and Scientific Institutions and Historic Monuments, 15 April 1935, entered into force 26 August 1935. http://hrlibrary.umn.edu/instree/1935a.htm.
[37] LN OJ, 18th Year, No 12 (December 1937), 1047.
[38] ANA FILIPA VRDOLJAK and LYNN MESKELL, 'Intellectual Cooperation Organisation, UNESCO and the Culture Conventions: A Historical Overview', in FRANCESCO FRANCIONI and ANA FILIPA VRDOLJAK (eds.), Oxford Handbook in International Cultural Heritage Law (Oxford University Press, 2020), pp, 14–41 ar p. 35.
[39] American Declaration, supra n. 15.
[40] Ibid.

the right to freedom of association with others to exercise and promote religious and cultural interests. Although it is a soft law instrument, it is an important precedent for the American Convention on Human Rights and has been repeatedly referred to with approval by the Inter-American Commission in its groundbreaking work and the Inter-American Court in its landmark decisions (especially in respect of claims brought by Indigenous peoples) in exploring the centrality of culture and cultural rights in the enjoyment of all human rights, and its significance in framing remedies and reparations for addressing human rights violations.

Mexico hosted Mondiacult in 2022. Forty years ago in 1982, it hosted the same important conference and its first recommendation recalled the Declaration of the Principles of International Cultural Co-operation, adopted by the UNESCO General Conference in 1966.[41] The Recommendation recalled that 'each culture has a dignity and value which must be respected and preserved' and 'every people has the right and duty to develop its culture'. Article 1 of that UNESCO Declaration also states that 'in their rich variety and diversity, and in the reciprocal influences they exert on one another, all cultures form part of the common heritage belonging to all mankind'.[42]

4. CONCLUSION

The essence of these words from the 1966 UNESCO Declaration remind us of the opening words of the UNESCO Constitution, cited earlier:

> That since wars begin in the minds of men, it is in the minds of men that the defences of peace must be constructed.

They are reproduced on the marble peace monument on the grounds of UNESCO headquarters in Paris. Culture and cultural heritage – access to our own and that of others – is crucial to our identity, self-determination and development, and to peaceful coexistence amongst peoples. Its damage and destruction has often served as an early warning of grave human rights and international humanitarian law violations, and it is increasingly recognized as integral to any hope of lasting post-conflict reconstruction and renewal.

In the face of the multiple challenges facing our world today, we should revisit and reflect on our existing roadmaps (whether treaties or constitutions), global or regional, which though flawed still guide us. Many, if not most, were drafted during earlier periods of crises, and more often than not speak to the

---

[41] 1966 UNESCO Declaration, *supra* n. 21.
[42] Ibid.

importance of human rights, culture, and cultural heritage. We must also soberly address the cries for justice and peace today and recognize that words alone are insufficient. There is an urgent need to address the impediments in the workings of our existing national and international institutions to enable us to renew the commitment to effective international cooperation.

INDEX

A
Académie internationale de droit 8
Academy of Comparative Law 253
Accord de Florence 159
Accord multilatéral sur l'investissement 160
Accord sur la Zone d'investissement commune du Marché commun de l'Afrique orientale et australe 161
Actes de Stockholm 29
action climatique 181
aesthetic(s) 249, 255
   aesthetics of law 4
American Alliance of Museums 176
American Convention on Human Rights 93
American Declaration of the Rights and Duties of Man 261, 266
American Declaration on the Rights of Indigenous Peoples 93, 227
Anahuacalli Museum 172
Archaeological Heritage 75
ARCO 71
art acquisition
   awfulness of 85
art collections 4, 73
Association des Nations d'Asie du Sud-Est 152
Association of Art Museum Directors 176
asynchronies 196
Atrato River 219
Australian High Court 245
auteurs inconnus 24

B
bijoux 29
binomial, nature/culture 184
biodiversity 90
biosafety 90

C
Cabo Pulmo 213
Caribbean side 210
catastrophes accidentelles 179
Cerro Rico 211
Chan Chan 209
Charte culturelle de l'Afrique 148
Charte de la renaissance culturelle africaine 148
Charte française de 1814 47
Chilean Constitution 209
Chocó, The 216
City of Potosí 210

Civil Law 22
classify 240
climate change 4, 232
   transformative climate justice 195
Code commun des investissements de la Communauté économique des États de l'Afrique de l'Ouest 161
Code of Conduct for Collectors 176
cohabitation without marriage 17
collections 171
collections d'art, les 12
collective biocultural rights 219
collective rights 224
collectors 171
Comité interaméricain sur la Culture 150
Commission européenne des droits de l'homme 57
Commission océanographique intergouvernementale de l'UNESCO 165
Committee on Economic, Social and Cultural Rights 114
common good 4
Common Law 22
Communauté Socio-Culturelle 152
comparative law 4
compensation équitable 34
Conférence des Nations Unies sur l'environnement à Stockholm 163
Conférence des Nations Unies sur l'environnement et le développement 165
Conseil d'État 246
Constitutional Court 218
Constitution américaine 47
Constitution de 1848 62
Constitution de l'UNESCO 137
Constitution de Weimar 62
Constitution, ecological 218
Constitution of Ecuador 209
constructive interaction 190
Convention for the Protection of Cultural Property in the Event of Armed Conflict 121
contes 29
Convention de Berne 19–20, 22
Convention de la Haye de 1954 139
Convention de Rome 57
Convention for the Protection of the World Cultural and Natural Heritage 95
Convention of San Salvador 75, 265
Convention on Biological Diversity (CBD) 93, 111

Index

Convention on the Elimination of All Forms of Discrimination against Women   18
Convention pour la protection du patrimoine mondial de l'UNESCO de 1972   157
Convention pour la sauvegarde du patrimoine culturel immatériel   37
Conventions de la Haye de 1899   157
Convention sur la diversité biologique   37
Convention sur l'élimination de toutes les formes de discrimination à l'égard des femmes   156
cooperation, effective international   268
copyright   4
Coro   210
costumes   29
Cour européenne des droits de l'homme   57
craftsmanship   99
création   22
culture   4, 15, 268
   access to   221
   and law   236
   cultural equality   229
   cultural heritage   123, 125, 171, 268
   culturalization of human rights   201
   cultural justice   225
   cultural mafia   175
   cultural model   226
   jurisprudential cultural model   230
cultural identity   133
cultural identities, national   249
cultural property   121, 127

D
Déclaration de Budapest   142
Déclaration de Fribourg   143
Déclaration de l'ASEAN   152
Déclaration des droits de l'homme   47
Déclaration de Téhéran   148
Declaration of the Principles of International Cultural Co-operation   262, 267
Déclaration Universelle de l'UNESCO   136
decontextualization   175
dessins   29
destruction   175
développement durable   38
Diego Rivera   172
diffuse rights   224
Dignified Land Center for Studies for Social Justice   217
dimension collective   24
dimension juridique   46
diversité des expressions culturelles   145
dolus bonus   7
droit d'auteur   12, 28
droit moral   26
droits culturels collectifs   19
droits économiques   26
droits fondamentaux   19

E
Eastham, Ben   240
   The Imaginary Museum   241

Economic Commission for Latin America and the Caribbean   204
Escazú Agreement   206
espace public   27
ethical commitments   171
European and American Conventions on Human Rights   17
European Charter on Fundamental Rights   18
Executive Committee of the Warsaw International Mechanism   195
exploitation économique   26
expressions contemporaines   24
expressions culturelles traditionnelles   21

F
family law   15
family relations   16
folklore   23
fonds du patrimoine mondial   141
food   90
   food chain   101
   food practices   99
   the Mediterranean diet   99
   traditional cuisine   101
formes architecturale   29
Frank Lloyd Wright   241

G
GATT   159
genetically modified organisms   91
Genocide Convention   262
Globally Important Agricultural Heritage Systems (GIAHS)   91
Goldberg case   173
Greater Community Council of the Popular Peasant Organization of Alto Atrato   217
Groupe de Fribourg   143
Guggenheim   241
Gulf of California   210

H
Hague Convention, 1954   261
histoires   29
Human Rights Committee (HRC)   114
human rights   268
   international human rights law   93
   right to adequate standards of living   90

I
licitness   85
ICOM
   Code of Professional Ethics   81
   Statutes   79
ideological trends   16
Import Regulation of the European Union No. 2019/880   85
import regulations   87
inaliénabilité des droits   34
Indigenous Traditional Knowledge   114
Inter-American Commission   93, 267
Inter-American Council for Integral Development   150

Index

Inter-American Court of Human Rights 17, 226
intérêt paléontologique 179
Intergovernmental Panel on Climate Change Research 192, 197
Intergovernmental Platform for Scientific Policy on Biodiversity and Ecosystem Services 197
International Centre for the Settlement of Investment Disputes 249
international community 259
International Council of Museums (ICOM) 74
International Covenant on Civil and Political Rights 93
International Covenant on Economic, Social and Cultural Rights 77, 93, 263
international cultural heritage legislation 185
International Institute for the Harmonization of Private Law 89
International Law Association 177
INTERPOL 83

J
jeux 29

K
knowledge, traditional 4
Kötz, Hein 240

L
laws, workable 171
legal system 90, 239
legitimate interest 224
liberté 46
liberté d'expression 60
libertés culturelles 54
Lixinski, Lucas 177
looting 175

M
Manifeste culturel panafricain 148
Mexican cuisine 92
Mexican Fund for Nature Conservation 213
Mexican Fund for the Preservation of Nature 214
Mexican National Commission for Natural Protected Areas 213
Mexican Supreme Court 220
Mexico 8
Mexico City Constitution 223
MiCultura report 216
Mondiacult 2022 181, 267
mosaïques 29
museography 8
museology 8
museum, definition 79
musique
  instruments de musique 29

N
National Aeronautics and Space Administration and the United States Geological Survey (NASA/USGS) 212

National Climate Change Action Plan of Guatemala 207
National Marine Biology Monitoring System 213
non-economic loss and damage 195

O
objets en terre cuite 29
objets métalliques 29
Ombudsman's Office, Peruvian 204
Operational Directives for the Implementation of the Convention for the Safeguarding of the Intangible Heritage Convention 100, 264
opinio necessitatis 39
Organisation africaine de la propriété intellectuelle 30
Organisation de l'Unité Africaine 148
Organisation des États Américains 150
organisation internationale de la propriété intellectuelle OMPI 20
Organisation Mondiale du Commerce 158
Outstanding Universal Value (OUV) 196

P
Pacha Mama (Mother Earth) 208
Pact of San José/Pacte de San José 57, 227
Pan American Treaty on the Protection of Movable Property of Historic Value and the Protection of Artistic and Scientific Institutions and Historic Monuments 265
Paris Agreement 4
Partenariat transpacifique global et progressiste 162
participation communautaire 179
patrimoine bioculturel 182
patrimoine culturel 145, 179–180
peintures 29
perpétuité des droits 34
Peruvian Ombudsman's Office 204
peuples autochtones 168
phénomènes météorologiques 179
phytosanitary standards 90
poèmes 29
Policy Document on Climate Actions for World Heritage 198
Policy on the Impacts of Climate Change on World Heritage Properties 198
Portobelo-San Lorenzo 210
poteries 29
pouvoirs publics 46
Première Guerre mondiale 50
Principles and Guidelines for the Protection of the Heritage of Indigenous Peoples 263
private art collectors 4
Procureur c. Al Hassan Ag Abdoul Aziz Ag Mohamed Ag Mahmoud 157
Procureur c. Miodrag Jokić 157
production intellectuelle 22
productivist paradigm 106
Programme scientifique intergouvernemental sur l'Homme et la Biosphère 164

Intersentia 271

protection of
  culture 4
  nature 4, 43
  mobility of collections 87
  plant varieties 91
Protocole de Kyoto 167

R
Regional Agreement on Access to Information, Public Participation and Access to Justice in Environmental Matters in Latin America and the Caribbean 186
rencontre inévitable 11
resolution on 'Return or Restitution of Cultural Property to the Countries of Origin', 2021 84
Río Plátano biosphere 210
rituels 29
root source 171
Russia 257
  Kazan 259

S
San Salvador Protocol 227
savoirs traditionnels 20–22, 38
sculpture 29
Sea of Cortez 213
Second World War/Seconde Guerre mondiale 52, 258
signification politique 46
Singaporean hawker culture 99
social rituals 99
soft law 148
Sommet de Johannesburg sur le développement durable 165
Sommet Planète Terre 165
status libertatis 49
Stockholm Declaration on the Human Environment of 1972 186
Supreme Court of Justice 220

T
tapis 29
textiles 29
Tierra Digna 218
Tombouctou 139
travaux d'aiguille 29
travaux sur bois 29
Tribunal constitutionnel espagnol 60
Triepel, Heinrich 237

U
Ukraine 257
  Kyiv 257
UK Supreme Court 247
UN (United Nations)

UN Commission on International Trade Law 250
UN Convention on the Rights of the Child 18
UN Declaration on the Rights of Indigenous Peoples 93, 227
UN Environment Programme 111
UN Food and Agricultural Organization (FAO) 93
UN Framework Convention on Climate Change 186
UN Human Rights Council 201
  48/13 Resolution 203
UN Office on Drugs and Crime 83
UN Security Council 83, 258
UN Security Council resolution 2347 83
United Nations Educational, Scientific and Cultural Organization (UNESCO) 83, 258
  UNESCO's Constitution 259
  1964 UNESCO Recommendation 75
  1970 UNESCO Convention 75
  1972 UNESCO Convention 189
  2003 UNESCO Convention 189
  2015 UNESCO Recommendation Concerning the Protection and Promotion of Museums and Collections 78
UNIDROIT Principles on International Commercial Contracts 254
1995 UNIDROIT Convention 3, 76, 122, 264
United States–Mexico–Canada Agreement (USMCA) 160
Universal Declaration of Human Rights 77, 261–262

V
valeur universelle exceptionnelle 141
vanneries 29
Vasak, Karel 227
verreries 29
Victor Hugo 230

W
World Bank
  Groundswell 2018 study 193
World Customs Organization 83
World Heritage
  Center 189
  Convention 264
    Operational Guidelines 190, 263
  Sites 95
  List of World Heritage in Danger 210

Z
Zweigert, Konrad 239

ABOUT THE SERIES

As globalisation proceeds, the significance of the comparative approach in legal scholarship increases. The IACL / AIDC with almost 800 members is the major universal organisation promoting comparative research in law and organising congresses with hundreds of participants in all parts of the world. The results of those congresses should be disseminated and be available for legal scholars in a single book series which would make both the Academy and its contribution to comparative law more visible. The series aims to publish the scholarship emerging from the congresses of IACL / AIDC, including: 1. of the General Congresses of Comparative Law, which take place every 4 years (Brisbane 2002, Utrecht 2006, Washington 2010, Vienna 2014, Fukuoka 2018 etc.) and which generate (a) one volume of General Reports edited by the local organisers of the Congress; (b) up to 30 volumes of selected thematic reports dealing with the topics of the single sections of the congress and containing the General Report as well as the Special Reports (national and non-national) of that section; these volumes would be edited by the General Rapporteurs of the respective sections; 2. the volumes containing selected contributions to the smaller (2-3 days) thematic congresses which take place between the International Congresses (Mexico 2008, Taipei 2012, Montevideo 2016 etc.); these congresses have a general theme such as "Codification" or "The Enforcement of Law" and will be edited by the local organisers of the respective Congress. All publications may contain contributions in English and French, the official languages of the Academy.

More information about this series at: http://www.larcier-intersentia.com/en/series/ius-comparatum.html

Académie Internationale de Droit Comparé
International Academy of Comparative Law